社会運動のサブカルチャー化

G8サミット抗議行動の経験分析

富永京子
TOMINAGA Kyoko

せりか書房

社会運動のサブカルチャー化——Ｇ８サミット抗議行動の経験分析　目次

目次

第一章　問題の設定

一　本書の問題意識

社会運動論は、社会変革のための集合的な行動を分析する議論であり、社会運動の参加・持続・発展（Johnston and Klandermans eds. 1995）のメカニズムを解明するために、政治的機会構造やフレーム分析などの様々な分析枠組みを用いて事例研究を積み重ねてきた。こうした分析枠組みは欧米の社会運動論者によって構築されたものが殆どであるが、日本の社会運動を検討したものも数多くある。人々は、それぞれ利害が異なるにせよ、一応は運動の提起する目標に同調している（開田 二〇一二）、社会への不平・不満に加え、地域に人的なネットワークを持っている（片桐 一九九五）、世代から世代へと集合的記憶が引き継がれている（Nomiya 2009）、といった要因から社会運動に参加する。これにたいして、運動の不参加（伊藤 二〇〇六）や停滞（西城戸 二〇〇八）を論じた研究もあるが、基本的には一度運動に参加した人々・運動組織に加盟している人々のさらなる運動参加や離脱、停滞を論じたものである。

社会運動論が対象としてきたのは、基本的には「組織」現象としての社会運動の発生・発展であり、そこで分析対象となるのもまた、組織に従属する「個人」の運動への参加・持続に他ならない。社会運動論の主な理論的潮流は第二章にて紹介することとなるだろうが、基本的に対象とされてきたのは、ある程度の人数が、時間と場所とを限定して行う、組織的な集合行動の連続である。社会運動論におけるいずれの分析枠組みも、「社会運動組織」や「集合的アイデンティティ」、あるいは「フレーム」という形で、社会運動従事者が共通の属性や出自、あるいは社会問題への認識といったものを共有することを自明視してきたのだ。

しかし、果たして、現代の社会運動において、ある運動に従事する者が何かを共有しているという強い仮定を前提とすることそのものが可能なのだろうか。とりわけ一九九〇年代や二〇〇〇年代において、個人を取り巻く状況は個人化・流動化してきたと言える。同じ労働運動においても、もはや「労働組合」という単一の組織において、個々人の権利保護を想定することは難しい。また、同様に「権利請願」といった形を取るとしても、そこで希求される権利は大きく異なるだろう。つまり、「労働者」という肩書で括られる人々の権利を想定することは難しくなってきたのだ。現代において、労働にはさまざまなあり方が見られる。それは、正規や非正規といった雇用形態による分類もあれば、業態による違いもある。また、主張される労働問題についても細分化されている。例えば、同じ対人サービス業といっても服飾関連業の従事者と風俗営業の労働者が抱えている問題は大きく異なる。[1] また同じ職種に従事していたとしても、高齢労働者にしかみられない問題もあれば、勤労学生特有の課題もあり、同じ労働問題といっても、共通点を見出すほうがむしろ難しいといえるだろう。フェミニズム運動や環境運動といった、とりわけリベラルな・革新的な主張を行う社会運動[2]に関して、同様のことが主張できる。

こうした実態に直面した際、「組織」を対象として論じてきた社会運動論の枠組みは、どの程度説明が可能と言えるのかは疑問が残る。路上で問題を主張するデモにせよ、パネリストを呼んで行う学習会にせよ、議員や閣僚に対するロビイング活動にせよ、それを運営するための会議にせよ、確かにある目的を持って、ある問題意識のもとで、政治変革のために、「動態」的に行われている活動を形づくる。これらひとつひとつの行動は、時と場所を限定して行う「出来事」ということもできる。しかし、そこに集まっている人々がその場、その時間に集まっているという以上の共通性があるといえるのだろうか。仮にあったとしても、それは従来の社会運動論が前提としてきた、目標や目的への共鳴に基づく「フレーム」や、同様の出自や属性に由来する「集合的アイデンティティ」でありえるのだろうか。

社会運動の社会学が捉えるべきは、ある「出来事」の連続によって記述されるような、組織化された集合行動ではなく、その背後にある個々人の、集合行動と比して「静態」的ともいえるような「日常」ではないだろうか。さらに言えば、人々がどの政治課題に出会い、どういった感情を抱き、どのような人間関係を通じて集合行動に携わるかという、「出来事」と「日常」との連続を検討する必要があるのではないか。

ある特定の運動を政治的課題との関連から研究する立場からすれば、本研究は「社会・政治を革新する試みとしての社会運動」という大前提を放棄しているように見えるかもしれない。実際に、本書の問いは、従来の社会運動論が問うてきた「社会運動の発生・発展」を明らかにするわけでもなければ、「人々の運動参加・継続」を解くわけでもない。しかし、それまで一緒くたに論じられてきた、個人と組織を区別して検討することが可能になる。それに関連して、活動家たちの日常的な営みや、余暇などの文化を描くことは、集合行為を見るだけでは浮かび上がってこない彼らのたたかいを把握することにも、間接的にはつながるのではないかと思う。これは第二章、第三章にて改めて詳述するが、そのための枠組みとして、社会運動を捉える新たな視角を提示したい。先行研究の多くにおいて、運動は「組織」的に担われるものとして描かれてきた。そこで捉えられる現象は、デモやロビイングといった「出来事」であった。先行研究群において、社会運動は組織による出来事の連続という「動態」的なものだったのである。だからこそ、非日常である出来事を生き抜く社会運動参加者たちは、他でもない「活動家」としてのみ記述されることを余儀なくされてきた。

しかし、社会運動参加者らは、活動家としてのみ生きるのではない。活動家たちの運動組織への加入は、あくまで彼らが一「個人」として体験した政治的な不正に対する怒り、誰かの権利が損なわれているのではという義憤に根ざしているだろう。それと同様に、路上でのデモンストレーションや閣僚とのロビイングは、彼らが「日常」の中で職業人として得た金銭、学校教育のなかで獲得した情報や知識をもとに行われているのではないか。従来の社会運動論が見なしてきたとおり、社会運動に参加する人々の中には、おそらくは少なくない数「活動家」や「アクティヴィスト」、あるいは「左翼」[3]といった名称で呼ばれ、またそれを強く自覚し、継続的に市民活動・社会運動に従事する人々がいる。その点で、人々を活動家として捉える運動論の見方はある種正しいと言えるが、しかし彼らを活動家たらしめる振る舞いや自覚も、やはり「出来事」と「日常」の往還があるからこそ成立するのではないか。

さらに具体的に言えば、組織や人間関係といった構造によってそれらが共有され、再生産される場――いわば「文化」が存在しており、その中で再生産される彼らの「しきたり」や「こだわり」こそが彼らの出来事と日常を媒介し、彼らの「活動家サブカルチャー」とでもいうものを形成しているのではないか、という発想について検討してみたい。本書はこうした問題提起を行った上で、人々を「活動家」たらしめるものは何なのか、またそれはどのように生成され、再生産されるのか、ということを明らかにしたい。

継続的に社会運動に携わってきた活動家は、活動家でない人々とそう変わらない生活を送る――例えば仕事やワークライフバランス（あるいはワークアクティヴィズムバランスとでも言うべきか）、結婚や家庭、地域での人間関係、恋愛や学業――に悩みながらも政治にかかわる人々である。こうした彼らの姿は、仕事に邁進する人々、趣味に生きる人々、ある特定の信仰を持つ人々……といった、人生において何らかの「こだわり」を持つ人々と何ら変わらない。しかし、彼らのこだわる何かが政治的であるがゆえに、彼らは社会運動に参加しない人々とは異なる何らかの文化的特質を有することになる。集団を形成している社会運動の担い手たちがもつ、他の文化集団と大きく変わらない側面を示しつつも、しかし活動家たちを活動家たらしめているメカニズム、社会運動に従事しつづけることの特質とは何なのかを明らかにしたい。

筆者は、先行研究とは角度の異なる社会運動の捉え方――組織的に担われる動態的な出来事の連続として社会運動を検討すると同時に、個人が担う日常的な、ある意味では静態的な一風景として、社会運動を捉えること――を提示したい。それはただ単に、活動家が非活動家と大きく変わらないこだわりやしきたりの上で生きていることや、彼らの意味世界を明らかにするという試みにとどまらない。社会運動をサブカルチャーとして検討することにより、従来の社会運動論が問題視しておらずまた解き明かし得ない、社会運動を取り巻くさまざまな問いを主題化することが出来る。

二　分析方針

では、かりに「社会運動サブカルチャー」と名付けられるようなものがあり、彼らの振る舞いや言動を拘束する暗黙の了解や常識のようなものがあったとして、それをいかにして把握し、分析すればよいのか。詳細な分析枠組みと方法については改めて第二章と第三章で言及するが、本章は本書の骨格を示す部分であるため、簡単に分析の方向性を提示したい。

まず、本書は活動家の生活の局面を「出来事（非日常）」と「日常」に区分する。特に、活動家たちの「社会運動の文化」を分析するために「日常」の側に注目する。だが、その文化の分析には、「社会運動をつうじて形成される人間関係やコミュニティ」のあり方や、その変化を見て取ることが不可欠である。そこで、コミュニティのありようを把握するために「出来事」の側を取り上げたい。このようなやり方を取る理由は、以下のとおりである。

第一に、本書が扱う対象の性質について記述する必要がある。多くの場合、社会運動は、ある社会問題が「問題」であると周知することや、具体的な社会問題・政治課題を解決することを目的としている。また、運動の実践によって自分自身を変えることも目的のひとつと言えるだろう。上述したような目的のもとに人が集まり、デモや集会、ロビイングや勉強会などを通じ、問題の周知や解決に携わるような試みが社会運動研究の対象とされてきた。言うなれば、社会運動論は、一連の問題意識のもと組織的に、時間と場所を限定して行われる、非日常的な「出来事」の連続という動態的な現象を対象としてきたことになる（Della Porta and Diani 2006）。しかしながら、注意すべきことに、先行研究はデモやサボタージュ・ストライキといった集合行動の形で、顕在化した運動だけを検討しているわけではない。例えばバータ・テイラーによるフェミニズム運動研究は運動の「休止」を検討し、「運動は死ぬ訳ではないが、縮小と省略を経て、政治的変化に適応している」（Taylor 1989: 772-773）と述べ、運動は大きな組織的ムーブメントがなくとも潜在し続けるということを示す。これ以外にも、社会運動が発生・成功する要件として、集合的なアイデンティティを通じて共有される「潜在するネットワーク」を議論した研究は多く見られる（Melucci 1995）。

本研究は、こうした先行研究において「休止」「潜在」と呼ばれるような、「静態」としての社会運動の状態を、活動家たちの日々の実践に基づく「日常」であることを念頭に置きながら考察する。それによって、彼らがどのような実践によってこうありたいと願う価値やそれに基づいて形成される規範、常識を維持しているのかが明らかになるだろう。さらにこうしたありようは、彼らが「活動家」でありつづけることのできる社会運動の中だけでなく、彼らが様々な生活上のステークホルダーと対峙し、ときに自らの常識や理想を揺るがされる「日常」を見なくてはわからない。

本書が、活動家たちの「出来事」と「日常」を区別して分析するのは、それゆえである。分析対象については次節また第三章で詳述するが、活動家の生活は出来事と日常に区分される。本書で対象とする「出来事」は、政治的目標を掲げて時間と場所を定め、ある手段を用いながらそれを達成しようとする、組織的に行われる集合行動であり、先行研究が社会運動として論じてきた活動でもある。具体的には、デモや集会、勉強会などがその典型である。これに対して、活動家たちが地域や家庭を通じて営む、生存や賃金の稼得に関わる日々のルーチンを「日常」としたい。具体的には、家で寝起きし、食事し、ゴミを出し、家族や同居人と会話すること、職場で働き、同僚と交流することなどが挙げられるだろう。本書で扱う事例の中では、活動家たちによる「出来事」として最も典型的とされる「Ｇ８サミット抗議行動」に加え、彼らが日々継続的に従事している脱原発運動や平和運動、反レイシズム運動、またその運動の中で実施されるデモやシンポジウムなどもまた出来事として扱う。活動家たちは、このような非日常的な組織行動を、原子力発電所の再稼働を防止する、差別的な表現を法で規制するといった政治的な目標のもとで計画し、実行することになるが、場合によっては「原発の再稼働防止」や「差別的な表現に対する規制」といった運動の上位目標に対する貢献が度外視され、運動の実行そのものが自己目的化されることがある。本書では出来事のうち、実行そのものが目的となるようなものを「イベント」と呼ぶことにしたい。その一方で「日常」は、例えば職業選択や結婚・離婚の仕方、週末の過ごし方や友人に対する振る舞い、食物や嗜好品の消費といった、個人的な営みを指す。

ただ、注意すべきことは、「出来事」と「日常」の区別は、それが「社会運動である」「社会運動ではない」という区別ではないということだ。本研究は、先行研究が検討してきたとされる「出来事」に加え、活動家の「日常」が運動としての意味合いを帯びていることに焦点を当てる。ただし、本書は、彼らの中での、言わば文化的コードとでも言うべきルールやマナーを際限なく記述する試みではない。そうではなく、彼らを支えている基本的態度を一種のサブカルチャーと捉え、その構築と再生産の過程を追う。すなわち、彼らを取り巻くあらゆる生活上の行為を決定するための基準はどのように構築され、再生産されるのかという問いを立て、それに答えようとするのである。

この問いを解くために、本研究は個人としての活動家同士の人間関係に着目して分析を行う。活動家たちがこうあるべきと信じる価値や規範、あるいはしきたりやこだわりは、彼らのコミュニケーションを通じて伝播し、拡散するものと考えられるためだ。かりに活動家たちが自身の中で「活動家らしい」生活上のしきたりを守ろうとすれば、情報や物資の共有・流通を行うために他者とのつながりが必要な場面は多くあるだろう。例えば共同での保育活動や、物品の購入を行うとき、そこにはともに活動する保護者たちの存在や、販路を確保することができる専門性を持つ

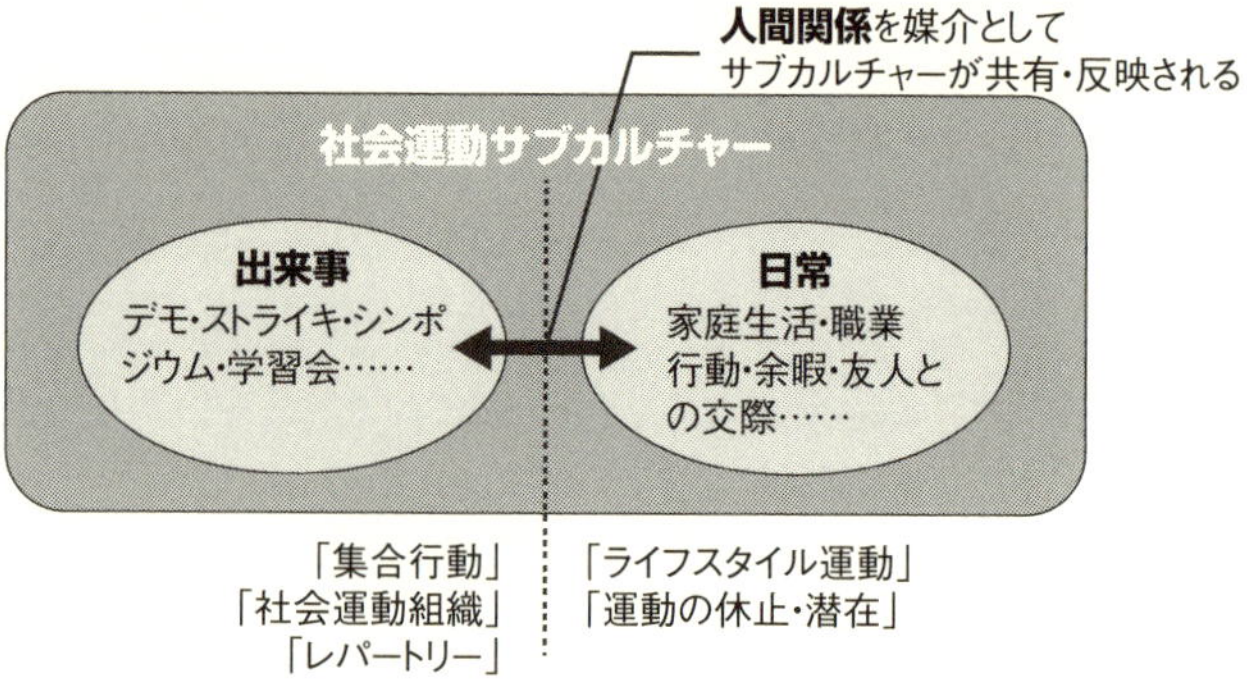

図 1-1　本書の研究対象

人々との良好な関係が必要になるだろう。さらに言えば、こうした規範や慣習自体が人間関係を通じて伝達されるものだが、しきたりやこだわり同士は人間関係を通じて衝突するものでもあり得る。

では、どのようにして活動家同士の人間関係をつかむのか。ここで、人間関係が構築・維持・断絶される基点として、活動家たちが集合し、協働や衝突といったコミュニケーションを通じてその価値や理念を伝え合おうとする「出来事」の側を見たい。本研究が直接の対象とするのは、二〇〇八年北海道洞爺湖G8サミット抗議行動というイベントである。具体的には次節にて言及するが、このイベントは政治・経済のグローバル化に抗議する運動であり、国籍や民族、性別や階層など、多様な出自と経験を持つ人々が集結して行う活動だ。これはまた、女性団体、労働組合、環境NGOの活動や反基地・反軍事運動といった多種多様な運動が集合する「A Movement of Movements」(Della Porta ed. 2007:3)といえる。限られた期間、活動家たちはデモやシンポジウムだけでなく、食住もまた共有することにより、「出来事」と「日常」双方を体験することになる。

従来の社会運動論で論じてきた「社会運動」を本書の分析枠組みに沿って配置すると、上図1―1のようになる。従来の社会運動論では、主たる分析対象としてデモンストレーションやシンポジウムといった組織的な行動が挙げられてきた。これらは本書の分析枠組みで言えば「出来事」であり、これと対置して論じられるのが「日常」である。日常は、従来の運動論では「ライフスタイル運動」や「運動の休止・潜在」として対象化されてきたが、このような議論はあまり多くない。

「出来事」もしくは「日常」のみを論じてきた社会運動研究に対し、本書は「日常」と「出来事」双方を論じる。活動家と呼ばれる人々は日々、家庭生活や職業生活という日常を営みながら、他の活動家たちと集結して出来事を体験することになる。出来事を経て形成した友人や仲間と日常を過ごすこともあれば、近所に住んでいる人々や家族と集合行為に携わることもある。このように、日常と出来事を媒介するのが「人間関係」だと考えられる。さらに、なぜ人間関係が運動の参入や日常の共有に貢献しうる背景となるかといえば、それが「社会運動サブカルチャー」を伝達する媒介であるためと想定できる。

また、多様な出自を持ち、異なる運動に従事している活動家たちが集まる、サミット抗議行動の中では、多様な問題意識や戦略、振る舞いが存在することになる。そこで活動家たちは、自分が普段用いているものとは異なる戦術を採用する人々と衝突したり、自分が想定しているものとは異なる社会の捉え方を理解したりする。環境活動家にとっての正義が、フェミニストにとっての正義ではありえない場合も多くあるだろう。グローバルな運動を遂行するに相応しい試みは、ローカルな運動の従事者にとっては非常識だという場合もある。正の影響か負の影響かということはともかく、サミット抗議行動を通じた他の活動家たちとの出会いは、それぞれの活動家たちの常識をゆるがし、場合によっては日常の実践を変える機会となるだろう。たとえばサミット抗議行動の参加者たちは、偶然出会った環境運動家の影響からゴミの分別を行うようになったり、イベントでの議論を通じて読む本の傾向が変わったり、といった影響を被るかもしれない。または、食事をする際にさまざまなマナーを遵守しなければならないことや、社会的弱者を平等に扱うことに限界を感じ、活動から距離をおくということも有り得る。政府や警察との関係について他の活動家と意見の食い違いを感じ、何を信じていいかわからなくなることもあるだろう。

そこで本研究は、イベント「二〇〇八年北海道洞爺湖G8サミット抗議行動」を通じた人間関係の変容と、活動家たちの間でどのようなこだわりやしきたり、規範や常識が伝達され、融合し、ときに衝突するのかを明らかにする。これによって、活動家たちの運動サブカルチャーを形成する文化的コードがいかに形成され、再生産されるのかを検討する。なお、次章以降にて詳述するが、先行研究は、個人化する時代の社会運動において、活動家が共有する理念や規範といった運動サブカルチャーを維持する上で、活動家同士の関係が重要であることを――明示的にではないものの――主張している（McDonald 2006, 渡邊 二〇一二）。ある意味で、運動の規範や常識を共有することと、関係を形成することは切り離せないものだと考えてもいいだろう。逆に言えば、こだわりやしきたりを共有できない場合、人間関係もまた断絶するか、断絶とまでいかないにせよ一時的な危機へと陥る可能性が高い。本研究は、社会運動を通じた人間関係の変遷を検討しながら、その背景にある社会運動サブカルチャーの存在と機能を捉えたい。

本研究は、従来検討されてきた運動の説明因を批判し否定するものというより、正面から捉えようとする試みは存在したものの、決して成功したとはいえない「文化」の領域に再度、光を当てるものである。この試みは、社会運動研究に対して、その多様性を浮かび上がらせその厚みを把握するための新しい視角を提供するのではないかと考える。

三　事例

本研究では、二〇〇八年に日本で開催された「二〇〇八年北海道洞爺湖G8サミット抗議行動」（以下、サミット抗議行動）を研究する。とりわけ二〇〇〇年代以降、シアトルＷＴＯ閣僚会議への抗議行動を端緒として、ＣＯＰ（Conference Of Parties）、G8、G20といった国際的閣僚会議に対する抗議行動が世界中至る地域で開催されている。このような抗議行動は、グローバル化する政治・経済への抗議、新自由主義への反対といった目的のもとに行われている。グローバリズムに反対する行動の中には、NGOによる署名やアドボカシー活動を中心とした継続的なキャンペーンもある。しかし、中でも閣僚会議への抗議行動に特有のものとして、閣僚会議が開催される数日間の間、活動家たちが閣僚会議の開催地に集結し、閣僚会議が開催される間だけ抗議行動を行うタイプの活動がある。本書はそうした活動と、その活動参加者が織りなす日常を対象としながら、現代における社会運動のあり方を分析したい。

では、なぜ、サミット抗議行動を分析の対象とするのか。サミット抗議行動は、G8サミットが開催される場と期間に限定してデモンストレーションやシンポジウム、ライブ・コンサートや、時としてサミット開催を妨害するための直接行動などを行う、きわめて「出来事」としての側面が強い行動である。この活動は、海外のみならず国内から二五〇を超える団体が集まり、一万を超える人々が北海道に集まって共同で行動する特徴をもつ。サミット抗議行動は、個人化・流動化する現代の社会運動というよりも、古い社会運動論が対象としてきた組織化された集合行為ではないかと考える人もいるのではないだろうか。

しかし、サミット抗議行動に参加する人々は、非常に多様な国籍・性別・職業・世代・民族、といった属性に基づいている。さらに、市民団体・労働組合・NPO・NGOを通じて参加する人から特定の団体に所属しない人々まで多くおり、従事する運動も労働運動、民族運動、フェミニズム運動、環境運動、人権運動から平和運動といったように非常に多様なのだ。サミット抗議行動は政治・経済のグローバル化に異議を唱え、第三世界の社会問題を解決するという「反グローバリズム運動」(Della Porta ed. 2009, 2007, Della Porta et al. 2006) であるため、反グローバリズムと関連する民族、労働、環境、人権といった大きなイッシューが問題化される。そのため多くのNGOやNPO、市民団体がG8サミットの開催地である北海道に集結し、サミットの開催期間に様々なイベントを行う。

さらに、G8サミット抗議行動は「反グローバリズム運動」であり、G8サミットへの抗議や反対というスローガンを掲げている。しかし、従事する活動家の出自が多様であり、また普段から携わっている活動も大きく異なるがゆえ、政治的な目的が共通していたり、目標や敵手に関する認識が共有されているとは言いがたい。そのためこの行動は、普段から社会運動に参加している活動家たちによる「抗議イベント」としての側面も大きかった。対象とするG8サミットが終了すれば抗議行動も完結せざるを得ないため、始まりと終わりが明確に区切られ、デモや集会といったイベントの設営・運営にその目標が定められていたサミット抗議行動は、実行自体が目的となる。そのため、「どのように設営するか」「何を考えて運営するか」といった手法に対するこだわりが前景化される。

活動家たちが自らの政治的なこだわりを活動に込めやすいという特質は、彼らの「日常」が反映されやすいという特徴に繋がる。例えば、行政や警察といったステークホルダーを「敵」とみなすべきか、それとも「協力者」とみなすべきかといった点から、宿舎において女性や男性、セクシュアルマイノリティといった人々の差異をいかにして扱うかといった点まで、実にさまざまな論点から既存の社会運動組織・従事者間に潜在していた問題が、サミット抗議行動の設営過程を通じて表面化していた。さらに、異なる国や地域から人々が移動し、特定の場で食住をともにするというサミット抗議行動の局所性・時限性は、生活や日々の振る舞いに対する理想が反映されやすい活動であるという性格をより強調する（Feigenbaum, Frenzel and McCurdy 2013）。

彼らはサミット抗議行動という「出来事」としての特性が強い抗議イベントの中で、自らの「日常」を通じた活動家としてのこだわりを反映させていた。それは、人々が食住といった普段のやりとりをも活動の中ですることにより、さらに強調される。だからこそ、「日常」と「出来事」の両側面を検討するにあたり、多様な人々が集結し、ある場所と時間の中で、彼らが培ってきた異なる経験を共有する「サミット抗議行動」は、本研究の事例として相応しいと言えるのだ。

また、本書の主要な分析枠組みとして、活動家の出来事と日常を媒介する要素として想定される「人間関係」がある。本書では、サミット抗議行動の過程で個々の組織と個人が運動のどの段階において協調し、どの段階において別々に活動するのか、またその協調と決裂の背景にはいかなる「社会運動サブカルチャー」があるのかを明らかにする。

サミット抗議行動を経て、組織や個人の関係が変動する背景には、それぞれの担い手の間にある考え方の違いがある。それは、性差や属性の差をどのように認識し、またどのように扱うか、食住の調達をどこから行うか、公安警察や行政といったステークホルダーとどのように付き合うか、といった大小様々なものである。これこそが社会運動のサブカルチャーというべき、活動家たちの集合行動を支える「日常」を構成するのではないか。活動家たちが共有するこだわりや規範、常識や手法のようなものは、主に日本で活動する、社会運動家・活動家・アクティヴィストと呼ばれる人々が歴史的に作り上げてきたものでもあるだろう。そうした「こだわり」や「規範」は、場合によっては個々の活動における目標や目的を効率的に果たすことよりも、活動家たちにとって優先され、重要視すべき事柄なのである。だからこそ、フェミニストや環境活動家、あるいは年長の活動家や若年のアクティヴィストといった様々な社会運動サブカルチャーが合流し、関係の形成を促しもした。一方で、異なる運動同士の規範や常識は、ときに衝突し関係の断絶に至る場合もあった。

活動家同士の関係形成とサブカルチャーの関連は、限られた場所と時間において企画・設営・運営が行われるというサミット抗議行動の特性によって、さらに明瞭なものとなる。サミット抗議行動は、一年や半年、数ヶ月という準備期間と数日間の実行期間をもつ。少なくとも実行期間は、多くの活動家たちが現地（北海道）で活動を行う。その結果、限られた資源（場所、資金、人員）をめぐる競合や、利害の一致による連携が盛んに見られた。こうした過程の中で「どのように運動を実行するか」という手続きや手段は、活動家によって大きく異なる。人々は自らの「活動家」としての態度、理想、倫理、規範といったものを、個々のイベントを設営するための資金調達や、活動中に出会う他者との交流、社会運動の「外」にいる人々との接し方、さらに彼らの食住といった振る舞いに込め、それをめぐって互いの経験を交流させ、理解し合いあるいは断絶してしまう。

このようにサミット抗議行動は、活動家たちのサブカルチャーを見るには適している。しかし、数ある社会運動のなかでこの事例を分析対象に選び、そこからサブカルチャーを取り出すことが適切なのか、サミット抗議行動は社会運動の典型例とするに適切なのかという疑問が生じるかもしれない。サミット抗議行動は様々なイッシューを担う大人数の活動家たちがある一地域に集結し、場合によっては食住にいたるまでともに行う。しかも、その開始と集結が明確に区切られているという点で、典型的な社会運動とは言いがたい。すると、ここまでサブカルチャーと呼んできたものは、実はそうした特殊な社会運動のもとでのみ観察されるものではないか、との疑いがかかってしまうかもしれない。

しかし、社会運動組織や活動家が「出来事」をめぐってコンフリクトを起こしたり、ルールを形成したりする様子は、脱原発運動や民族運動、フェミニズム運動といった単一の問題を扱う継続的な社会運動にも、大規模施設の建設反対運動や薬害被害者に対する救援活動のような、比較的類似した出自や居住地をもつ人々の運動にも、デモやシンポジウムといった個々の出来事の中にも多く見られてきたものであろう。いずれの社会運動にも、背景にはやはり、個々の活動家が過ごす「日常」を通じた規範や理念が内在し、それが出来事のなかで衝突したり融合したりしているのではないか。そうであるなら、社会運動の文化が従事者の振る舞いや人間関係に影響し、出来事をつうじて表出するという事態は、サミット抗議行動にのみ生じる特異な事態ではないと考えられる。

本書はサミット抗議行動のフロントステージとバックステージの検討を通じて見出した知見が一般的であることを確認するために、活動家たちのサミット抗議行動（出来事）を離れた「日常」として、G8サミット抗議行動以外の生活に焦点を当てる。活動家たちの日常は、普段から従事している社会運動と、それ以外の職業・家庭・学校での活動を中心とした、普段の生活に分類される。活動家たちの日常においても、サミット抗議行動と同様に、人間関係の構築や断絶が普段の社会運動と生活を継続する上での媒介となっていることが考えられる。普段の生活を営む上での、職場での付き合いや学校でのルールの遵守といったしきたりやこだわりが、普段の社会運動にも反映されたり、運動を通じて変更させられたりする。これらを伝播させ、ときに衝突させるのは、職場における上司や家庭における子や配偶者、あるいは社会運動における仲間や同僚との関係なのではないかと考えられる。

サミット抗議行動という事例は、予めその時間と空間を定められる形で、実行それ自体を目的として行われる。これは「イベント」的社会運動とでも言うものであり、活動家たちの出来事と日常を分けて分析するにあたり適した事例と主張できるだろう。この事例から引き出された知見は、他の社会運動を分析する際にも有効なものだと考えている。

四　各章の構成

本研究は八章から構成されており、第一章から第三章までは、研究の枠組みや意義、先行研究の検討・手法の提示をおこなう。本章にて、本稿の問題意識と大まかな方針を示した。第二章では、資源動員論の潮流に基づく社会運動論と、近年台頭している個人化・グローバル化の時代における社会運動研究に分類されるふたつの先行研究群を検討する。第一に、社会運動論は社会運動・集合行動の説明因をさまざまな形で示してきたものの、その対象の多くは組織的に行われる、予めその実行を予定された「出来事」に集中していること、またその背景にある活動家をめぐる日常の分析が不十分であることを示す。その一方で経験運動論やライフスタイル運動研究といった近年の「行為論的運動論」（濱西二〇〇五）は、活動家たちの会合のやり方や食嗜好、消費をめぐる選好といった「日常」に目を向けるものの、そうした手法や嗜好の発生と集合行動がどのように結びついているかを十分に記述していない。ここで本書は、活動家たちの人間関係を媒介として、ある社会運動イベントによって生じた紐帯が、活動家同士の規範形成や情報共有にどのような影響を及ぼすのか検討するという方針を示す。

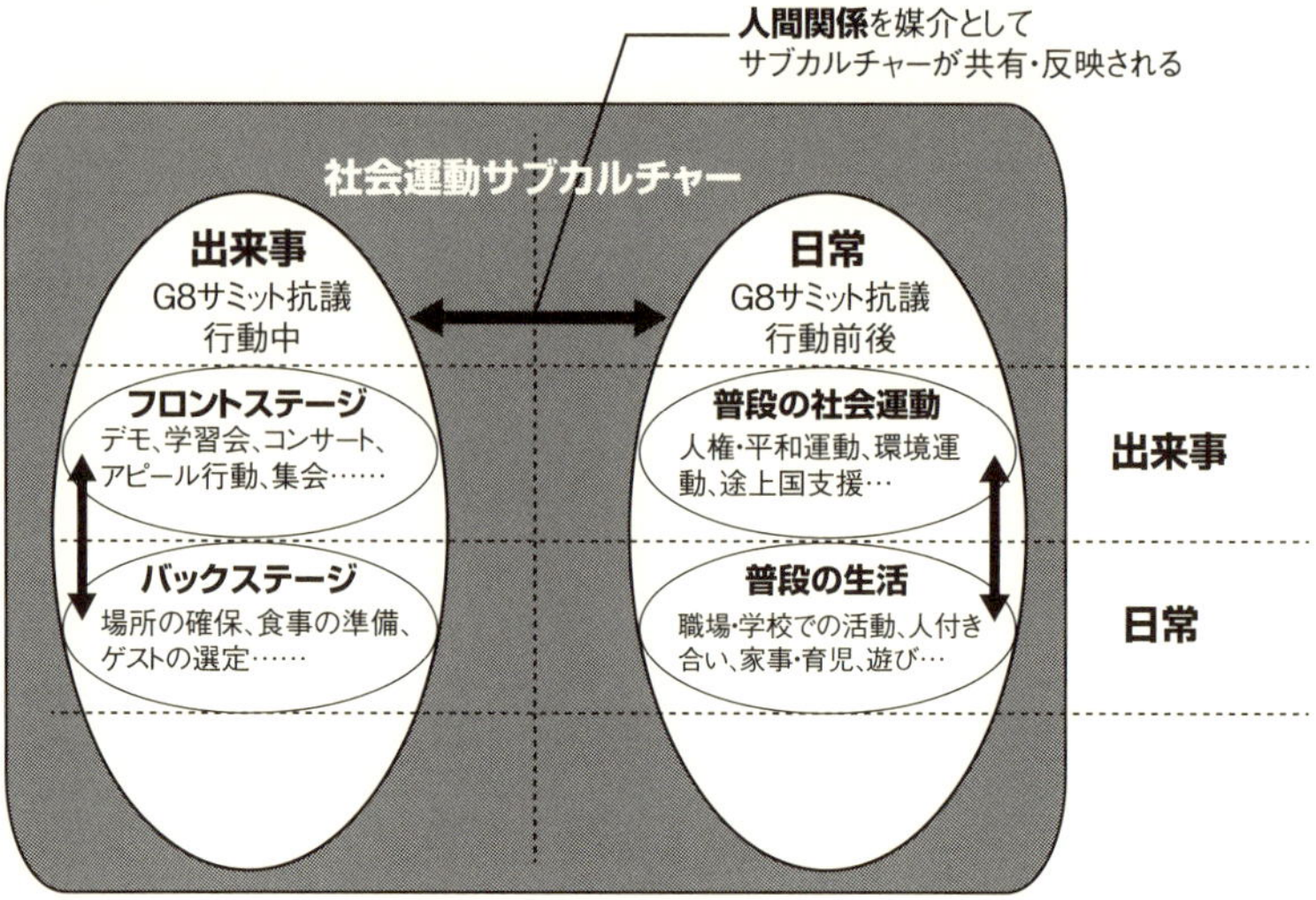

図 1-2　本書で取り扱う事例

第三章では、分析枠組みを提示する。活動家たちの集合行動である「出来事」と、その準備やその過程に内在する日常的要素を分析するために、反グローバリズム論者たちをはじめとした研究者たちが提示したのは運動の「フロントステージ」と「バックステージ」という概念であった。本書はサミット抗議行動を、多様な分野の問題に従事する活動家らによる「一時的集合」として捉えた上で、そのバックステージとフロントステージが活動家らの政治活動ないし私生活における様式や形式とでもいうべき要素を反映するものとして分析する。さらに、活動家としての活動や日常に込めた「こだわり」は、集合行動の中のコミュニケーションを通じて伝わったり、衝突したりする。本書はサミット抗議行動の中で生じた活動家同士のコミュニケーションと、そこでの規範や慣習、運動のための具体的な手法の伝達過程を記述するために、社会ネットワーク分析を用いて、サミット抗議行動参加者・参加組織間の紐帯が活動をする上での規範や常識の伝播へと及ぼす影響を明らかにする。さらに、本研究は二段階の研究戦略をとる。それは前節にて示したとおり、活動家をとりまく「出来事」とその背景にある「日常」に着目する、というものであり、上図1―2のように図示される。

サミット抗議行動を通じて、人々はどのようなコミュニケーションを行い、その背景にはどのような要因があったのか。それを明らかにする第一段階として、活動家・活動組織間における関係の変遷を明らかにするために、社会ネットワーク分析を行う。第四章第一節ではその導入として、分析対象である「二〇〇八年北海道洞爺湖G８サミット抗議行動」の概説を行う。二〇〇八年に日本で開催された「北海道洞爺湖G８サミット」に対する抗議行動は、グローバルな運動であるがゆえに「問題の当事者」が判然としない。それゆえ、主な担い手が問題によって規定されない活動であった。また運動が生じる場所に関しても、原子力発電所や軍事基地建設をめぐる問題のように、社会問題の起こっている場所ではなく、閣僚会議の開催地へと自動的に決定される。その結果、サミットの開催地に住む人々が主な従事者となることを期待され、また実際に中心となって運動を牽引していたことが明らかになる。彼らは活動家としての自覚や義務感ゆえに活動に参加しており、反グローバリズムの問題意識や目標を共有していたとは言いがたい。だからこそ、サミット抗議行動は、それぞれの参加者のやり方やこだわりが表出しやすい活動であり、本研究の問題意識を検討するに適切な事例である。

第四章第二節・第三節では、具体的なサミット抗議行動の研究として社会ネットワーク分析に着手する。はじめに、非日常的な出来事としてのサミット抗議行動に際して、既存のNGO・NPO・市民団体といった「組織」はどういった形で関係を築いてきたのかを検討する。一般に、組織がトップダウンか否か、設立からの年数、多様な問題意識を抱いているか否かといった点が、ネットワーク形成において重要な変数として挙げられる。しかし、サミット抗議行動において、個々の組織は非常に属人的な要素から結びついていることが明らかになる。このため、組織に加え、個人同士のネットワークに照準を定めて分析した。サミット抗議行動は「反グローバリズム運動」として、個々人の差異を乗り越え、他者の抱える社会への問題意識や課題の捉え方を学び、経験を共有することによって集合的アイデンティティにかかわる連帯の媒介を形成することが可能になった。それはお互いの差異を理解することであったり、手法に込める意味付けをめぐる相互理解という形でおこなわれる。しかしその一方で、活動家たちは自らの政治的な信念や政治に対する態度を「手法」をもって表現することになり、その手法をめぐって衝突や無理解が生じることになる。

第五章では、サミット抗議行動のバックステージとフロントステージを通じてどのようなこだわりやしきたりが顕在化されたのかを明らかにする。デモやメディア活動といったそれぞれの抗議のやり方は、同一のものであっても活動家たちによって異なる意味を付与される。それは活動家たちがこれまで担ってきた過去の運動だけでなく、職業キャリアや余暇活動の経験によって解釈され、改めて意味付けされるものだった。サミット抗議行動を行う上で、活動家たちは「管理」と「自治」という規範の間で揺れ動き、敵対するアクターは何なのか、社会の歪みから被害を受ける人々を守るとはどういうことなのか、活動家同士信頼しあうとはどのようなことなのかという問いかけを通じて、自分にとって社会運動とは何かを考えることとなる。普段から異なる社会運動に従事している者たちの合意形成は困難を極めるが、結果はどうあれ過程を共有したことにより、一部の活動家たちやステークホルダーたちは良好な関係を形成することに成功する。さらに、人々が衝突や信頼形成に至る背景には、活動家たちの社会運動履歴だけでなく、彼らが日常生活を通じて築いてきた理念や思想があることもまた読み取れる。

第六章では、サミット抗議行動の検討を通じて見られた活動家たちのこだわりやしきたりをなす要素が、活動家たちの日常を通じても観察可能であるかを確認する。動員拡大に伴うステークホルダーや差別といった問題、運動の中で誰が権力を握るかなど、サミット抗議行動を通じて見られた課題は普段から人々がかかわっている社会運動にも沈潜しているものだが、それはやはり活動家たちの参加を支える、家庭や職場といった場での日常生活をめぐる他者とのコミュニケーションやそこで得られる知識・情報に依存している。ここから第七章の、活動家たちの運動参加を支える日常という主題が導き出される。

第七章では、日常生活と社会運動との関わりを、彼らの家庭生活や職業生活から検証する。活動家たちの運動参加は、彼らの知識や家庭での教育に依存していることがわかる。その一方で、職業生活や家庭生活の状況によって活動家たちが運動参加を妨げられる事態も頻繁に起こりえる。この場合、人々は自らの生活を通じて政治的な理念を個人的に実現させようとするのである。こうした営みは、何らかの原因により集合的な社会運動への参加を拒否したり、組織的な社会運動から退避する人々が運動へと復帰する際にも有効な手立てとなる。

第八章では考察として、第四章から第七章にて示された知見のまとめを、本書の分析枠組みに沿って行う。また、サミット抗議行動をこのような形で検討することで、社会運動論に対する貢献としてどのようなものがあるかに再度言及し、本書の締めくくりとしたい。

〈注〉

1　近年、雇用形態を問わず「誰でもひとりでも入れる労働組合」として、労働相談を中心とした活動団体である「コミュニティ・ユニオン」が台頭している（大林 二〇一三）。コミュニティ・ユニオンは非正規雇用労働者やパート労働者を想定しているが、企業や事業所に労働組合がない場合の代替的な組織として結成されることも多く、その場合は産業別組合のような形を取る。近年発足したものとして、風俗営業専門のコミュニティ・ユニオンとして、東京都に事務所を持つ「キャバクラユニオン」（http://ameblo.jp/cabaunion/ 最終アクセス日時二〇一四年一二月三〇日）などがある。

2　一口に社会運動といっても、必ずしも全てが革新的なものや左派的なものであるとは限らない。排外主義的なものや保守的・右派的な主張を行うものまで多くあり、日本では排外主義運動を扱った樋口直人の研究（樋口 二〇一二）やフェミニスト運動に対するバックラッシュを扱った山口・斉藤・荻上の研究（山口・斉藤・荻上 二〇一二）などがその代表的な例だろう。本研究では、社会運動論が今までに多く扱ってきた事例を異なる観点から問いなおすという点で、一般に革新的・左派的・リベラルといった概念で定義づけられる社会運動を対象として扱う。また、特別な表記がない場合、本稿で論じる「社会運動」はそういった主張を持つ運動を指す。

3　組織に所属するか否かを問わず、継続的に特にリベラルな社会運動に従事する人々を名指す呼称は、上述したように様々である（国際交流インフォセンター／キャンプ札幌実行委員会 二〇〇八など）。本稿では自らを継続的に社会運動に従事していると捉え、また実際に人生を通じて複数の社会運動に携わってきた人々を「活動家」と呼ぶことにする。第三章では実際にインタビュー対象者を選定する手続きについて記述するが、その際に具体的な作業上の定義について述べたい。

第二章　先行研究

本章では、社会運動論における問題関心の変遷を検討する。社会運動論は多くの場合、社会運動の参加、あるいは運動の持続や発展を問いとし、ある特定の問題意識やアイデンティティを共有する明確な敵手をもつ集団による社会変革のための行動を「社会運動」としてきた（渡邊二〇〇一）。運動論がこうした見方を推し進めてきたことによって、社会運動参加者の運動参加動機や継続メカニズムもまた、あくまで限定された面から検討されざるを得なくなった。こうした運動論の現状に対して、ケビン・マクドナルドや濱西栄司らが提唱する「経験運動」論は異なる見方を提示する。経験運動論は、それまで運動に必須の要素とされてきた「集合的アイデンティティ」がもはや成立し得ない社会状況を前提に、「現代の社会運動をいかにして捉えるべきか」という問題意識から生じた議論である。経験運動論者たちは、運動が組織的に行われる集合行動であると同時に個人の生活を通じて担われる身体的実践であり、今日の社会運動は集合的アイデンティティによって担保されるのではないとする。むしろ異質性を乗り越える「経験」に着目することこそが、現代における社会運動の発生因と目的を論じる上で重要である、と主張する。本研究もまた、現代における社会的排除や政治への問題意識が個々人の体験の上で生じるものであり、異質な他者と経験を共有すること自体が運動である、と論じる経験運動論に立脚しつつも、社会運動の中には、政治的体験に固有に見られる、従事者同士が異質性を乗り越える際の「経験の様式・形式」があるのではないかと主張する。流動化・個人化しつつある現代社会において、集合的アイデンティティ、組織といった、活動家たちを論ずる既存の概念は無効化しつつある。しかし、政治に関わるという経験は、人々に対してはある一定のこだわりや理念を、集団に対してはある程度統一化されたしきたり、規範、慣習といったものをもたらすのではないか。本書は個人化・流動化の時代における社会運動が、経験の多様性・異質性を担保すると主張する先行研究に対して、あくまで政治的な体験の形式・様式が存在すると主張する立場である。

では、こうした経験の様式・形式が存在すると仮定してそれらを論じる上で、本研究はどのような視点を持つべきか。「社会運動と文化」研究、「ライフスタイル運動」研究は、本研究と問題意識を部分的に共有している。両研究は、直接的には経験運動論と接合点を持たないものの、日々個人的に営むタイプの活動を検討していない点について批判してきた。その上で、消費者運動や宗教活動といった個人によって日常的に営まれるタイプの活動に注目した。本研究もまた、社会運動を「組織」だけでなく個人を、「出来事」だけでなく「日常」として検討する。

では、「個人による日常」をどのように分析対象として規定するか。ライフスタイル運動研究や「社会運動と文化」研究は、ライフスタイル運動に従事する個人の日常的実践、またその共通性をみるために、休止中の運動組織を介したネットワークや消費者のあつまりといった複数の主体が集合する場を検討してきた。本研究は、社会運動論と経験運動論が十分に検討しておらず、また、ライフスタイル運動研究が個々の実践における政治的含意を指摘するにとどまった、家庭や職場、学校、余暇活動といった日常生活の「場」と、そこでのコミュニケーションを検討する。

加えて、本研究が政治的経験の様式における特殊性をみる上で、「外部者との葛藤」を重要視したい。ライフスタイル運動や「社会運動と文化」論が活動家たちの日常的な実践を強調するとすれば、本研究はそうした日常的実践の中にある、活動家たちに固有な経験のあり方を記述する立場である。彼らの「社会運動サブカルチャー」に基づくこだわりや理念、しきたりや規範の特殊性を考察する上で、「出来事」と「日常」、また「組織」と「個人」を分析枠組みとして繰り入れる必要がある。また、社会運動が「動態」としてのダイナミズムを持つ中で、そこには個人の日常的営みという、「静態」的な側面があると指摘したい。

最後に、本書の題名ともなっている「サブカルチャー」という概念について説明を加える。社会運動は、支配的な文化に対抗するための「カウンターカルチャー」として歴史的に論じられてきたが、本書で分析概念として提示するサブカルチャーは「活動家たちが日常と出来事を往還する中で共有され、伝達され、再生産される、個人のこだわりや理想、あるいは組織的なしきたりや規範を通じて意識的・無意識的に表出されるもの」である。社会運動サブカルチャーという概念を用いることで、「社会運動と文化」論に新たな意義をもたらすことが出来る。本研究の「社会運動サブカルチャー」という概念は、社会運動の主体を「組織」と「個人」に区別し、社会運動のあり方を「動態」と「静態」へと精緻化して分析することで、個人から見た新たな社会運動の世界のあり方を描き出す。これらの分析枠組みから「社会運動と文化」研究を検討することで、活動家の意味世界をより豊かに描くための研究としての意義を提示するものである。

一　社会学のなかの社会運動論

社会における「社会運動」の位置付けとして、まずは「社会変革の担い手」であることが挙げられるだろう。近年行われた大規模な政治行動である「アラブの春」や国内の脱原発運動を挙げるまでもなく、社会運動はたびたびグローバルとナショナル、そしてローカルとを問わず、社会における政治・経済状況、また民衆意識の重要な変化を引き起こしてきた。政治学者シドニー・タローは、社会運動を、純粋な「社会変動の預言者」「社会の変動の先駆け」として議論しているとおり（Tarrow 1998=2006）、社会運動を研究する意義は、社会運動そのものが社会変動を引き起こす可能性があるからに他ならないだろう。

社会運動論はいったいどのような活動を「社会運動」として扱ってきたのだろうか。最も日本でよく引用されるであろう「エリート、敵手、当局との持続的な相互作用の中での、共通目標と社会的連帯に基づいた、集合的挑戦」（Tarrow 1998=2006: 24）という定義や、「明確な敵との間に対立的な関係にあり、密接でインフォーマルなネットワークによって繋がれ、明瞭な集合的アイデンティティを共有した人々による集合行動（Collective Action）」（Della Porta and Diani 2006: 22-23）、また古くは「社会または集団の中で持続的に変化を亢進し、また変化に抵抗しようとする集団」（Turner and Killian 1957: 308）といったものまでさまざまである。しかし基本的には、アイデンティティや目的意識を共有し、変化させようとする対象や敵手をもち（社会変革志向）、ある手段を用いて複数の人々が集合して行う行為（集合的行為）が念頭に挙げられている（渡邊二〇〇一：四）。

大畑（二〇〇四）は、社会運動論がいままで社会学において担ってきた役割は、大きく分けて運動の「説明」と「解釈」であると論じた。「説明」に分類される研究が、人々が「どのように」（How）運動を組織するのか、運動へと参加するのかということを論じるものであれば、「解釈」に分類される研究は、人々が「なぜ」（Why）運動を組織し、参加するのかを主に論じるものとなる。濱西（二〇一〇）は、前者の潮流としては「資源動員論」「動員構造論」「政治的機会構造論」「フレーム分析」「Contentious Politics」があり、これらの議論を「動員論」的運動論として分類している。そして後者の潮流の中で論じられるのが「新しい社会運動論」「経験運動」の概念を「行為論的運動論」として区別している。このような分類は社会運動論が今日のような様相を呈する以前から行われており、高畠（一九七六）は、一九七〇年代時点での運動の考察における分化を「大量現象を生み出す社会―心理構造の分析」と「集団としての力を生む運動の組織化の技術」（高畠 一九六六：三二）として論じ、マルクス主義運動論を「組織化（説明）」の議論に分類し、ニール・J・スメルサーの集合行動論を「解釈（社会―心理構造の分析）」の議論として位置づけている。こうした位置付けは、濱西栄司（二〇一〇）による「動員論」「行為論」の分類ともオーバーラップするところが大きいだろう。

集合行動論（Smelser 1962=1973）は、社会に対する不満・不平をきっかけとして行われる行動として社会運動を位置づけており、政治運動に限らず宗教運動や暴動など、人々がある時ある場に集合して従事する活動すべてを分析の対象としている。不平・不満により発生した社会運動の展開過程を分析するにあたり、集合行動論者らは「一般化された信念の普及」や「行為に向かっての参加者の動員」といった段階があると主張した。集合行動論の目的の一つは、社会運動を動態的なものとして捉え、運動の展開やナチュラル・ヒストリー（自然史）を論じることだった。また、重要なのは、ここで論じられる集合行動が社会病理によるものとして論じられている点だ。社会運動はスメルサーら集合行動論者によって、社会が異常であるときに生じ、正常であれば生じることのない「逸脱行動」だったのである。しかし、不平と集合行動が一対一の関係になっている点、集合行動であるにもかかわらず運動発生の原因が個人的特性に回収されている点、また運動参加者と不参加者の比較のもとに心理状態を検討していない点、社会運動が政治的な目標を持った活動であるという「政治性」を看過している点に批判が集まった。これらの限界は、集合行動論が組織的現象としての社会運動の中に個人を埋没させ、個人と組織を混同して論じたからこそ生じる点だろう。原因である社会問題と運動発生との間のリンケージが上手く行っておらず、分析において組織的現象と個人的特質を混同しているという欠点はあるものの、運動の発生原因を感情というきわめて個人的な要因に求めた点、活動の政治性から距離を置いた点は、現代社会の社会運動を分析する上で改めて評価すべき点ではないだろうか。次節において、改めて集合行動論と現代社会の運動との関連について言及したい。

マンカー・オルソン（1965=1996）による「集合行為論」は、人々は合理的に行動するため、社会運動を積極的に担うことはせず、集合財の享受のみを図るはずである（フリー・ライダー問題）と主張した。オルソンは、人々が運動へと参加するのは、運動参加によるメリットがある場合（集合的誘因）、運動集団が小集団である場合、集合財が排他的に手に入る場合のみであると主張した。この主張を引き継いで本格的に提唱されたのが「資源動員論」

(McCarthy and Zald 1977=1989) であった。資源の有無こそが運動の持続、発展を決定し、個人の運動参加を説明するという議論であり、社会運動を「社会病理」とみなした集合行動論に対し、社会運動の理性的側面を強調した。資源動員論は、それまでの社会運動論者が立っていた階級論的価値観から離れ、比較的・客観的・中立的な仕方で運動を検討可能にしたと言える。その一方で、運動の資源調達（外部支援）を要件とするためにエリートの存在を強調し、「不平・不満」を結果的に軽視してしまい、また「資源」の定義が曖昧である点を後の理論家に批判されている。資源動員論は、孤立した個人ほど社会運動に動員されやすいとする大衆社会モデルの仮説を「崩壊モデル」と捉えた上で、社会運動の基本単位として「組織」を重要視する（Freeman 1979=1989; 長谷川 一九八五：一三四、一九九〇：一六）。だからこそ、資源動員論で語られる運動の発生・持続・発展は、基本的には運動組織の発生・持続・発展であり、さらに組織に従属するかたちで個人の運動参加が語られることになる。

この時点まで、集合行動・社会運動の発生メカニズムを論じる「社会運動研究」と、より大きなレベルでの政治変動・社会変動を論じる革命研究（Skocpol 1979; Gramsci 1971=1981）の間には距離があったものと考えられるが、この二つの議論を繋ぎ、ミクロなレベルの動員と、マクロなレベルの社会変化の統合を行ったのが「政治過程論」（McAdam 1982）であった。政治過程論は、運動の持続・参加において重要なのは、資源ではなく運動以前からのネットワークであると主張し、資源動員論を批判する。また、心理的なアプローチを全く無視したわけではなく、自らの運動の成功可能性・重要性に対する認識として変数化し、分析に組み込んだ。政治過程論のアプローチは認知的・構造的要因、またより大きな政治的機会を統合した点で評価すべきモデルだが、認知的要因として運動参加者の「自らの運動の成功可能性・重要性に対する認識」を変数としている点や「社会変動の端緒としての社会運動」を強調する点で、目的志向型の集合行動を分析対象としていると言えるだろう。本研究が対象とする運動のあり方は、むしろ会場の設営やデモの日程ぎめ、あるいは活動家の私生活といった手段そのものである。こうした点で、資源動員論も、政治過程論も、本研究が対象とするような、手段志向型の個人化された運動を研究する際に適切な分析枠組みとは言いがたい。

一九九〇年代に入り「フレーム分析」「動員構造論」「政治的機会構造論」と言った、資源動員論や政治過程論の影響を色濃く受けた分析枠組みが多く採用される（McAdam et al. eds. 1996:7）。「動員構造論」に属する研究は、運動組織のアイデンティティと運動の組織構成が互いに影響を及ぼし合って成立する「動員構造」によって運動の発生・持続を説明する。この議論が本書にとって重要なのは、運動の「自己変革」的側面（次頁にて詳述する）と、集合行動の手法との関連に言及していることだ。例えばエリザベス・クレメンス（1993）による研究は、女性団体と政治的機会の相互影響をみる。それによって、ジャーナリストやより大きな政治的セクターとの関係が運動体の組織アイデンティティを形成し、またそこで形成された組織アイデンティティが、今度は政治的セクターとの関係を拘束することもあると論じた（Clemens 1993: 755, 1996: 208）。動員構造論に属する研究は、ステークホルダーとの関係の処理や組織のオーガナイズそのものを目的達成の手段としてだけではなく、それ自体を他者に提示すべき集合的アイデンティティとして捉えているのだ（Clemens 1993, 1996; Bernstein 1997 など）。動員構造論者たちにとって社会運動は、単なる目的達成の手段というだけはなく、「自分はこのような政治志向を持つ者だ」と呈示する過程でもあったのである。この点で動員構造論は、社会運動を組織による特定の目的を達成する行為として捉えている点では政治過程論や資源動員論と違いがないが、本書が論じようとする「個人化された運動」とも接点を持っていると言えるだろう。個人が生活上のあれこれを「社会運動」として実行しようとするのと同様に、組織もさまざまな抗議のための手法を目的達成のためのみならず、自己呈示のために用いるのである。

フレーム分析に属する研究（Snow and Benford 1988; 本郷 二〇〇七など）は、運動の発生因を人々の認知的要因に求めるという点で、集合行動論の問題意識を引き継ぐ研究と言えるが、不満が直接行動につながるわけではなく、不満と社会運動への参加を架橋するためには「解釈のフレーム」が必要だと論じた。フレーム分析を代表する論者であるデヴィッド・スノウらは、その解釈のフレームの源泉として「文化的要素（Value, belief, Goal）」が重要であると主張する（Snow 2007）。運動を組織する人々は、参加者の信条と運動の目的が正確に一致しない場合でも、最大限人々を動員させられるようにシンボルやスローガンを用いながら解釈のフレームを拡大しようとする。また、不安や怒りを持っている人も、いない人も、フレームに共鳴させて動員させられる点で、怒りや不満といった認知的要因よりもさらに操作的であると言うことができる。「文化」をある種の資源とし、それらを操作的に動員するという点では個人のライフスタイルをめぐる運動にも近い点があるが、フレームを投企するコアな参加者や運動組織、投企されたフレームを解釈して運動に参加する人々という構図が第一にあるため、やはり分析の対象として組織による集合行動が念頭にあり、資源動員論で論じられたのと同じく個人は組織のフレームに従属するものと考えられる。

また、一九九〇年代を代表する主な議論として、政治過程論から独立し、分析枠組みとして用いられるようになった「政治的機会構造論」がある。人々が政治にアクセスする事の出来る回路がどれくらいあり、政治体制がどの程度の開放性を持っているかが、社会運動の生起や変質を決定するという議論である。タローは、政治的機会構造を決定するチャンネルとして（一）政策決定の公開性（二）政治的配置、とりわけ選挙における不安定性（三）有力な同盟者の存在（四）権力エリートの分裂を挙げている（Tarrow 1998=2006）が、「政治的機会構造」とされる要素があいまいで、分析がトートロジーに陥りかねないという批判も生じた。基本的に政治的機会構造論の枠組みを用いた研究は、「政治変革としての組織的な試み」としての社会運動を主に検討している。社会運動は政治変動の過程において、さまざまに発せられるシグナルに呼応する存在としてのみ描かれているのである。政治的機会構造論の分析枠組みは日本の事例研究においても多く取り入れられており（山本・渡邊二〇〇一、中澤二〇〇五）、日本における社会運動の発生や持続を説明する際、ある一定の説明力をもつものと考えられるが、同じ社会運動を対象としている点で本書と対象を同一にしているとはいえ、本研究の問題意識とは基本的に異なる問題領域だと言えるだろう。

さまざまに理論分化した社会運動論であったが、ジェイムス・ジャスパーとジェフ・グッドウィンは、特にダグ・マックアダムの「政治過程論」や上述した政治的機会構造論に代表される議論を、認知的要因に対する軽視や、構造的要因を論じる際のトートロジー性、分析の変数を「政治」に絞っているという点から批判している（Goodwin and Jasper 1999）。この批判が生じる前後から、運動に対する個々人の意味付けや記憶に注目した「社会運動と文化」研究や、運動の感情的側面に対する研究が発展した（Johnston and Klandermans eds. 1995など）。また、従来の動員論的な分析枠組みに認知的・文化的要因を組み入れ、これまで検討されてきた構造的要因を統合し、分析の対象を社会運動からＮＧＯ活動、テロ、企業間の争いなどへと拡大したのが、「たたかいの政治（Contentious Politics）」の議論である（McAdam et al. 2001）。しかし、強調する変数が構造的要因か認知的要因かという違いはあれど、基本的に上述した研究のほとんどは社会運動を集合的に行われる、ある手段を用いた社会・政治変革のための活動として論じており、やはりその目的は社会運動の「説明」にある。その根底にある問いが「社会運動をどのように成功させるか」という点では、いずれの理論も共通している。また、具体的な分析の対象とされる行動は、「レパートリー」（Traugott ed. 1995）という概念に代表されるような手段を持つ組織単位の行為、例えば集合的な暴動、デモンストレーション、あるいはロビイングやアドボカシー、キャンペーンといったものになる。

以上で紹介した議論は、いずれも基本的には社会運動の「説明」のための研究として、社会運動の生成・参加・持続・発展がいかになされたかを分析するという問題意識のもとに行われてきた。こうした議論とは異なる理論的潮流として、ユルゲン・ハーバーマス、アラン・トゥーレタ、オッフェ・クラウス、アルベルト・メルッチらの提唱した「新しい社会運動論」がある。一九六〇年代以降の文化の崩壊と合理化による支配（生活世界の植民地化）に基づき、新しい社会運動論者たちは「社会運動」として分析の俎上に載せる対象を労働運動（階級闘争）から、環境運動・女性運動・先住民運動・マイノリティをめぐる運動（生活の文法をめぐる闘争）へと拡大した。生存に直接関連しない、プロレタリアートが従事するものだけではない自己変革の運動も「社会運動」とみなし、社会運動の「説明」でなく、「解釈」に焦点を当てる。「人々はなぜ運動に参加するのか？」という問題意識のもと、社会運動参加者に共通する属性（女性、先住民、マイノリティ……）や問題関心（生活環境、公害、医療……）といった「集合的アイデンティティ」に着目したのである。社会運動が自己変革のために存在しており、必ずしも目的志向ではないことを示す点で、新しい社会運動論は本書の問題意識とも多くの部分を共有している（Harbermas 1981; Touraine 1984=1988; Offe 1985; Melucci 1985）。だが一方で、新しい社会運動論者によって提唱された「集合的アイデンティティ」概念は、旧来の社会運動論における「組織」と語を入れ替えたに留まっており、社会運動論においてほぼ同様の役割を担ってきたのではないかとも批判される（McDonald 2004: 580）。新しい社会運動論は、日常的な活動を事例に含めつつも、他の運動論者と同様に、分析枠組みとしては色濃く「組織」「集団」への関心を残していた。また、個々人のアイデンティティを「組織」や「集団」に従属する形で定義せざるを得なかった点でも、資源動員論と同様の限界を有していた（McDonald 2004: 580-581）。

二〇一〇年代に入り社会運動研究は、さらに組織化・大規模化・広範囲化し、企業や国家、警察や市民社会といった異なるセクターから成立する社会運動の状況に対応するかのように、運動内外のステークホルダー同士におけるコンフリクトや利害調整の過程を検討したもの（Van Dyke and McCammon eds. 2010; Bob 2005 など）や、組織間における人員資源や金銭資源をめぐる分配や管理のあり方を描いた研究（Haug 2013; Rodgers 2010 など）など、さらに研究の対象は細分化され、他の研究分野との連携も盛んに行われている。日本の社会運動論もまた、こうした問題意識を共有し、基本的には欧米で形成された枠組みを踏襲しながら事例研究を積み重ねてきたと言える（近年の主な研究として、本郷 二〇〇七、西城戸 二〇〇八、青木 二〇一三、樋口 二〇一三、など）。しかし、基本的に社会運動論は、組織現象としての運動がいかに社会を変えてきたか、あるいは変えようと試みる中でどのように人々を動員し（参加させ）、持続（継続させ）・発展していった（変質させていった）かを説明することに重点を置いてきた。あるいは、社会がいかに変容しており、それを社会運動を通じてどのように解釈するかということに関心を抱いてきたと言えるのではないか。

二　個人化の時代における社会運動

社会運動論の多くは、政治体制の変化や集合的なアイデンティティといった点から、組織現象としての運動がいかに政治を変革してきたのかを論じてきた。そこで運動に参加する個人は、組織の中でのある役割や、集合的アイデンティティを形成する主体として、集団に従属するかたちで語られてきた。これに対して、本研究が描き出そうとしている活動家たちのすがたは、先行研究が扱ってきたものとどのような点で同じく、また異なるのであろうか。それを説明するにあたり最も相応しいと考えられるのが、フランソワ・デュベやケビン・マクドナルドによって提唱される「経験運動」の概念である。

マクドナルド（2002, 2004, 2006）は、現代社会において、既に社会運動が「集合的アイデンティティ」や「組織」によって提起されないものだと主張する。マクドナルドは、組織が説明力を失っている原因として、第一に組織における個人の役割の重要性が低下した点、第二にヒエラルキーと代表制という点で組織的意志決定の形式が力をなくしている点、第三に「メンバーシップ」とそれを決定づける参入の儀式的性質が弱まりつつある点、最後に現代において、人々は長期にわたり組織へとコミットすることは少なくなっており、プロジェクト単位でのネットワークや行動に参与するため、という四点を挙げ（McDonald 2002: 116）、現代の運動がいかに「組織文化」や「代表制」を明確に拒否しているかを論ずる。

また、大畑裕嗣は、モダニティの変容との関連から現代の運動をめぐる変化を論じている（大畑　二〇〇四）。とくに大畑が強調するのは、市民社会と運動のあり方、「政治」概念の変容、「自我の公的な経験＝差異の媒介」としての運動という点である。個人化が進行する現代において、人々は日常的な生活実践によって政治参加を行う。これは、前節にてタローら社会運動論者が挙げた「社会運動」の定義とは大きく異なる。そこでは、従来の社会運動論者が対象としてきた組織や集団だけでなく、個人が政治参加の単位となる。組織化された活動だけでなく、生活実践のための活動が運動と成り得る。それがたとえ、誰かに見せたり、伝えたりすることを目的としていなくても、である。個人化の進行は人々の意識をコミュニティへと向かわせ、統一された集合的アイデンティティでなく、差異を媒介し、それぞれの居場所を見つけようとする運動を実現する。大畑はこのようなタイプの運動として「ＮＰＯ」「住民投票」「ボランティア」、また「だめ連」のような「自己を受け入れていく運動」を提示する。

前節にて言及したが、社会運動の発生・持続・発展を論じる際に、動員論系社会運動論の論者からも要因として言及されることになった認知的概念として「集合的アイデンティティ」がある。この概念を提唱した論者の一人、メルッチ自身も、それまで集合行動の基盤となってきた「社会的階級」という概念が説明力を失い、個人化に伴う新たな資源へのアクセス不平等こそが現代の運動において問題視されていると述べている。もはや運動は、階級間や組織間のレベルでなく、個人間の多様な属性、さらにそれに基づく「経験」のレベルで争われるようになったというのがメルッチの主張だ（Melucci 1996）。

第一章にて論じたとおり、社会の個人化・流動化によって、人々が運動において同じ夢を見ることは困難になっており、社会運動の側も変わることを余儀なくされている。では、「集合体としての運動」に取って代わることができる現代的アプローチとして、社会運動の研究はどのような戦略を取ってきたのか。それまで組織を対象に論じてきた動員論系運動論や新しい社会運動論に対し、「個人」から社会運動を解釈してきた研究として「経験運動（Experience Movement）」（McDonald 2004）の議論がある。「経験」という、この奇妙とも言えるタームについては、補足説明を行う必要があるだろう。

マクドナルドは、「社会運動」という概念に対抗し、他者性・差異性・同時性（身体性）から構成される「公的経験」や「経験運動」という概念を提示する。その上で、現代の運動は、自分自身の経験や主体性をめぐって抵抗する個人が、同時に同じ場所で互いを承認し合いつつ共に存在する場として運動を再構築する試みであると主張した（McDonald 2004: 588-589）。マクドナルドの主張を引き継いで議論した濱西は、経験運動を「多様な人々が差異を承認しあいともに生きることの可能な社会のモデルを遂行的に提示するひとつの実験」（濱西 二〇〇五：一二三）と主張している。

なぜマクドナルドが「経験」という、一見奇妙なタームを用いるのかについて説明する必要があるだろう。彼が「経験」という言葉を用いる背景を、フランソワ・デュベが提唱する「経験の社会学」（Sociology of Experience）概念、そして「新しい社会運動」の提唱者であるアラン・トゥレーヌの議論との関連から説明しなければならない。とりわけ経験の社会学は、後期のトゥレーヌによって提唱されたという、社会的主体をめぐる「三つの行為論理」を色濃く引き継いでいる。トゥレーヌは「経験の社会学」と「主体の社会学」という概念の中で、行為者自らの「経験の構築」とその一貫性に焦点を当てた。人々は、日々、政治の歪みやシステムの崩壊、社会的排除の中で生活している。この中で行為者たちは、自らの行為とシステムの与える弊害や恩恵を結びつけ、社会的存在としての自分自身を社会の中でアイデンティファイ（統合）する。さらに、他者との関係の中でみずから戦略的に生活のための諸資源を獲得しようとし（戦略）、ときにシステムに対して抵抗し、システムの中での競争を拒否しようとする（主体化）。トゥレーヌのモデルは、「統合」「戦略」「主体化」のモデルのいずれかを研究者の判断で優越化し、重要と思う局面を取り上げ、行為を検討してきた（濱西 二〇一〇：四四）。

これに対してデュベは、三つの観点や側面を優越化させることなく同時に分析する必要性を主張する。行為者たちにおいて、統合・戦略・主体化の三側面はそれぞれ別々に立ち現れるのではない。トゥレーヌの論理の中では「主体化」こそが社会運動への従事ということになるが、自己顕示のためや、他者との競合として活動する、「戦略」の論理の中で社会運動をする人々もいれば、社会運動に参加することそのものがシステムの中に順応することだ、と考える人々もいる。いずれか三つを研究者の判断で抜き出し、優越させるのではなく、かわりにこの三つの論理を秩序付け、接続させる作業として「経験」に焦点を当てる必要がある、とデュベは主張するのだ（Dubet 1994=2010）。

マクドナルドはデュベの論点を踏まえつつも、デュベは個々人の経験から集合的な現象・運動へと繋げる道筋を明確に示していないとして批判し、社会運動という研究対象に立脚しつつ「経験」に着目する重要性を主張する。その中で生まれたのが、身体性・空間性に対する視点であった。同一の階級や立場によって提起される集合的アイデンティティが失われた時代において、人々は何をもって連帯し、集合行動としての社会運動を可能にするのか。こうした問いかけに対し、マクドナルドは音楽を聞いて皆でリズムをとるような身体的なコミュニケーション、映画や演劇を見に集まるといった限定された空間に集まるような空間におけるコミュニケーションによる「経験の共有」をその回答とする。こうした議論は、具体的にはオキュパイ・ムーブメントなどの反グローバリズム運動が「経験の空間」（Players 2010:37）であるという主張や、時空を超えた活動家たちのコミュニケーションが経験の共有であるという議論（Kavada 2010）において、後の論者にも引き継がれてきた。それまでの新しい社会運動論における集合的アイデンティティ論と関連付けるならば、集合的アイデンティティ論は、同一の出自や属性を持った人々の連帯により運動が発生・持続すると主張するのに対し、経験運動論は従事者たちの出自や属性を問わない。その代わりに、運動が行われる場・時間に集合し、ともにコミュニケーションを行ったという経験こそが、運動を生起させる要因となるのだと主張する。

マクドナルドやポール・リヒターマンは実証的な見地からも、それまで運動参加・持続の主要な要因となってきた「集合的アイデンティティ」が既に成立し得ないことを主張する。リヒターマンは、有害物質からコミュニティを守る運動を事例として研究した論者である。彼の議論で強調されているのは、「個人化されたコミットメント(personalized commitment)」(Lichterman 1996:17) という概念だ。運動の組織構造は、公式化され、ヒエラルキー化する傾向があるが、参加者はそうした組織の硬直化に対抗しなくてはならないという強い意志を持つというのが、リヒターマンの議論であった。こうした主張は、それまで動員論者が論じてきた集合的アイデンティティによる運動の議論には見られ難いものだった。運動内部における「個人主義」のもとで、参加者たちはそれぞれに異なる「自己実現」的なレパートリーをもって活動を行う。こうした社会運動の実態を強調しながら、リヒターマンは「新しい社会運動」論の中で、集合的アイデンティティという概念とともに論じられる「新しさ」を批判する。レパートリーによる自己実現を強調する点では、前節にて述べたクレメンスの研究ときわめて近い部分があるが、クレメンスが集合的な自己実現を論じているのに対し、リヒターマンは「集合体(Community)」にいる人々それぞれが、個人主義を実現する」型の社会運動が存在すると主張した(Lichterman 1996: 180-181)。

また、マクドナルドは「運動の個人化による『組織』の衰退」を立証するため、事例として「アフィニティ・グループ(Affinity Group)」を検討した。アフィニティ・グループは反グローバリズム運動にも見られる組織形成のあり方の一つで、それぞれのグループがある集合行動の中で自発的にそれぞれのやりたいこと(e.g.「メディア発信」「バンド演奏」「扮装」など)を軸に集まり、活動するというものだ。古いタイプの労働運動と比較して、アフィニティ・グループはあくまで「集団」という形式を取るものの、基本的には個々人が集団を通じてやりたいことをする。その集団は、彼らの友情にも似た関係が基盤となっている(McDonald 2002: 116)。アフィニティ・グループを通じて人々が連帯して活動することにより、抗議行動は単なる機能的な空間から、活動家たちがそれぞれの経験を通じて得た知識や情報を持ち寄り、コミュニケーションする空間となる。このコミュニケーション自体が、資本主義社会に対抗するという意味を持つ。マクドナルドは、運動は「集合的アイデンティティ」を形成するのではなく、個人化された身体的実践を通じ「自らの場所を見つけ出す」という試みだとして、あくまで個人化された活動参加者たちが、活動の中で異質性や差異を保つのだと強調する（McDonald 2002:116-117, 2004: 576）。

さらに日本の研究者たちも、明示的に自らの研究を「社会運動論」と名乗ってはいないものの、現代の社会運動に対し「経験運動」と同様の要素を見出している（橋口 二〇一一、古市・本田 二〇一〇、渡邊 二〇一二）。彼らの議論は、奇しくも集合行動論が示したのと同様に、社会運動を「ワケのわからない」（渡邊 二〇一二：一六）、「信仰」に基づく「共同性」による（古市・本田 二〇一〇：一一二―一一五）行動と捉え、ある種の「逸脱」として位置づける。それにより、「社会運動」という対象を通じ、個人化・流動化が進み、個々人が連帯し得ない現代の社会を描いている。彼らの描く社会運動は、個人をとりまく状況がそれぞれ大きく異なり、既に単一の「集合的アイデンティティ」では連帯が不可能である様をあるがままに反映している。

人々が個人的な感情や欲求を強調しながら運動に参与する点も、経験運動論と集合行動論、また、現代日本における社会運動研究の共通点と言えるだろう。古市は、ピースボートの活動にのめりこむ若者たちが最初は政治的な関心などなくあくまで「自分探し」「リフレッシュ」としてピースボートに乗り込んだものの、「九条ダンス」や「メディアリテラシーの講義」を通じて、社会運動・政治運動に没頭していくさまを描く。彼らは世界平和や環境保全に対して夢を持ちながらピースボートでの旅を終了させるが、ボートを降りるやいなや政治活動からは距離を起き、パーティーやシェアハウスを通じた「友達とのゆるいコミュニケーション」という居場所に埋没し、大きな野望や社会への希望を「あきらめる」過程を描いている（古市・本田 二〇一〇）。

橋口（二〇一一）はマクドナルドや濱西の「経験運動」概念を用いながら、それぞれ境遇は異なりながらも怒りや不平によって運動に参加する人々の姿を描く。労働運動は、戦後五〇年以上の間を経て大きく変動している。労働は高度経済成長を経て「周辺化」され、今や「労働が生活のすべて」という人々は多くなくなった。労働が最重要課題でなくなったこと、労働組合が「賃上げ」という要求に答えてこなかったことが合わさって、労働問題もまた周辺的な存在となり、若者が「組合離れ」を起こしてしまう。これと同時に、労働をめぐる意識や労組の問題だけでなく、以前よりも多くの若者が非正規労働化・非労働力化したことで、労働者の個人主義化・アトム化が促されたと橋口は主張する（橋口二〇一一：八四—八五）。無力化した労働組合や社会運動に対する失望と「生活防衛は個人的に」という意識が芽生えるなか、個人主義的であったり、労働に違和感を持ったり、といった人々が集まったのが「若者の労働運動」であった。労働運動への参加は人それぞれだ。中心的に活動する事務局のような人もいれば、悩みを相談する人もいて、組合費だけを払い続ける人、ニュースレターを購読するだけの人もいる。こうした人々がそれぞれ違う形で「つながり」を感じているのが若者の労働運動である。彼らは同一の組合にいるものの、「労働者」や「プレカリアート」としてくくられるのを嫌い、自分のありたい姿で組合の中にあろうとする。その中では、例えば学歴や性別の差異をめぐって葛藤が起こることも頻繁にある。しかし、こうした差異について語り合い、乗り越えはせずともお互いに承認し合うことが「経験運動」なのだ、と橋口は結論付け、新しい労働運動のあり方を提起する。

日本と韓国を中心とし、居心地のいい居場所づくりやユーモアに満ちた運動を活き活きと描いた渡邊（二〇一二）の研究も、この流れに連なるものである。渡邊は活動家や大学関係者が集う「くびくびカフェ」や「スユ・ノモ」の実践を記述し、自由に学び合い、語り合う「居場所」こそが現代の社会運動であり、同じ目的やイデオロギーは現代の運動においてさほど重要ではなく、「おもしろさ」「居心地の良さ」を保つことこそが現代の運動において重要なのだとした。社会運動の定義として、タローが提唱したのは「エリート、敵手、当局との持続的な相互作用の中での、共通目標と社会的連帯に基づいた、集合的挑戦」であり、他の運動論者もこれを踏襲している。しかし、渡邊と橋口の描く運動のあり方は、こうした既存の社会運動論者による「社会運動」の定義とは大きく離れていることが、よくわかる。彼らが研究対象とする活動家は、デモや雇用者との交渉、議員への陳情ばかりを行うわけではなく、集合的に運動をするわけでもない。政治的な目的のもとに居場所づくりを行っているのか否かも定かではない。しかし、大畑やマクドナルドの議論を踏まえて考えれば、両者の分析する活動は確かに、現代における社会運動の要件を満たしているのだ。彼らの描く活動家たちは、参加者それぞれのコミュニケーションや、怒りや不満をいかに表現するかという点や、居場所の秩序をいかに守るかといった点も「運動」のひとつとしている。

「居場所」を守ることで社会運動が続くと主張する渡邊と橋口とは異なり、古市は社会運動が若者の日常から消え、居場所所は完全なる私的空間になったと主張する。だが、彼らの運動は「居場所」が重要であるという普遍性においても、続いているとは言えないだろうか。確かにピースボートを離れた人々は、公的空間での集合行動という意味において社会運動を担うどころか、むしろ無意識に退避してすらいる。ただ、彼らが帰着した「居場所」は私的空間と考えられるが、居場所への退避が運動の消滅を意味するわけではない。ピースボートを離れた人々は、ルームシェアやホームパーティーといった「人間関係」に回帰し、自らの小さなコミュニティの中で生活することを選ぶ。世界平和や環境保護といった、大きな野望や夢を諦めるのである。しかし、ルームシェアやホームパーティーの中に、彼らの「政治」があるとは言えまいか。例えばそこで供される料理、生活の中のさまざまな取り決め、人間関係におけるふるまい方の中に、彼らがピースボートの経験を通じて得た価値観や理想が込められているのではないだろうか。彼らが運動をやめたと判断するのは、誰より古市自身が「古い形の運動」だけを運動と捉えてしまったことによる落とし穴ではないのだろうか。

一方、マクドナルドや濱西の「経験運動」議論や、それを実証によって明らかにした橋口や渡邊の議論にも疑問が残る。労働組合や活動家が運営するカフェは、確かに、多様性をみとめる共同体であるだろう。しかし、異質性を認める「居場所」であるのは、あくまで多様性・異質性を認めようとする人々にとってだけの話であり、そこにおいて新たな同質性が生じてしまうのではないか。また、彼らがそうした理念のもと、意図せず誰かを排除してしまう可能性もあるのではないか。例えば、最も象徴的な意見として、橋口は「(労働組合で様々な議論をすることが)『しんどい』ときもあるが、組合内で『立ち去ったり止まったりすることよりも、適当に進めることをしちゃいけないっていうふうに思って』きた」(橋口 二〇一一：二一三)と、労働組合の「Jさん」の語りを引用する。こうした語りに対して、橋口は労組での集まりが「アイデンティティを持った人々が『バラバラ』でありながら集合性を保っていくための実践だと考えられる」(橋口 二〇一一：二一三)と述べ、異質性から成る承認の場である「経験運動」として、フリーター全般労組を評価している。

個人化の時代において、活動家たちは集合的なアイデンティティを失った。同じ運動の中でも、個々人の経験や、彼らが置かれている社会的状況をめぐり、大きな断絶が見られる。たとえばフリーターやプレカリアートと呼ばれる人々の活動に関わってきた雨宮(二〇一〇)のドキュメントもまた、こうした時代の左派活動を論じる上でまた象徴的と言える。雨宮は、彼女が初めて社会運動に参加した際に、他の参加者らとの意識差に驚く。彼女は、比較的年長世代の活動家の飲み会参加費が高額であり、また英語やドイツ語といった言語を理解できる参加者が大半であるさまを目の当たりにし、「ここは私の居場所ではない」と落胆する。だが、それと対照的に、「詩」や「音楽」、「生存を求める切実な言葉」(雨宮 二〇一〇：一九)といった豊穣な文化的価値をもつ「プレカリアート運動の現場」に共感するのである。これは、既に女性や少数民族といった属性や、あるいは生活環境や公害といった問題関心にもとづく集合的アイデンティティによる「新しい社会運動」がそう簡単には成立し得ないことの証明でもある。しかし、彼らの「経験運動」の中には、同時に「多様性を認める」「トップダウン型の意志決定の拒否」といった、活動家固有の規範や慣習がある。いわば、経験を認め合うための「様式」や「形式」とでもいうべきものが生成されつつあり、それが無意識のうちに遂行されているのではないか。

現代日本における社会運動の従事者たちは、階層や職業、性別もばらばらだ。こうした属性の違いは、政治課題への取り組み方においても、全く異なる様相をみせる。しかし、自然発生的に「社会運動とはこうである」「活動家とはこう振る舞うものである」というコードのようなものを作り出しているとは言えないだろうか。たとえば、フリーター労働組合の事例研究を行った橋口は「適当に進めることをしちゃいけない」というある参加者の語りを、多様性を乗り越える過程である「経験運動」として解釈しているが、見方によっては運動組織の「ルール」や「規範」が成立する過程とも言えるだろう。様々な異質性がこの共同体の中で承認されているからこそ、若者による労働運動は「経験運動」なのだと橋口は主張するが、このルールを推進する限り「適当に進めたい人」「立ち去ったり止まったりするよりも、適当に進めることを優先する人」は運動から排除されてしまうという意味で、「多様性や異質性を認める」空間では既にありえない。さらに言えば、こうした活動の形や、ヒエラルキー制の意志決定構造を持たない組織のあり方は、反グローバリズム運動（Maeckel burgh 2007）や一九七〇年代の反原発運動（砂田 一九七八）、またため連といった近年の運動（神長・長谷川 二〇〇〇）にも既に見られた形である。また、労働組合など比較的「古い」とされる運動の中でも、伝統的な「左翼の活動」の論理に則っていると捉えられることも多く、しばしば「熟議」や「民主的合意形成」といった形で運動の戦略として研究されることも多い（Polletta 2002: 207-208, 2005, forthcoming; Wood 2012）。

古市・本田や橋口と、マクドナルドや濱西の議論は、経路は違うとはいえ同じ問題の中にある。それは「居場所」や「承認」の場として運動を見なしてしまったことによる陥穽とも言えるだろう。彼らは、社会運動に参加している者や、かつて参加していた者が、社会運動やその後の活動を「居場所」や「承認」の場としてのみ捉えたせいで、そこで営まれる日常や、その日常に潜む「形式」ないし「様式」を看過してしまったのではないか。彼らは社会の個人化や流動化に基づき、旧来のような形の社会運動が困難になっていることを示した上で、承認の共同体である「ホームパーティー」や「シェアハウス」、「若者の労働運動」に焦点を当てる。これらは居場所を作り出す試みであり、政治運動とは一見無関係であるものの、振る舞い一つ一つに「社会運動」的なエトスやこだわりがあるとも考えられる。現代日本の社会運動家たちは、異なる経験や背景のなかで、実は無意識的に自らの理念を行為の中に反映し、実践し、それを活動家間で共有しているのではないか。いずれの社会運動の中にも少なからず同様の要素、例えば「脱中心的なオーガナイズ」「差異を承認しあう（他者を尊重する）」といった態度、「音楽」「詩」といった文化的な行動を通じて互いを認め合おうとする、経験運動の中にある「形式」「様式」のようなものが見られる。

社会運動論は、社会運動を組織立った社会変革としての行動として分析してきた。これは、運動論の端緒となる「集合行動論」「集合行為論」が議論された一九六〇年代、またその後の「資源動員論」や「フレーム分析」、「政治的機会構造」といった理論的枠組みが発展した一九七〇、八〇、九〇年代の運動を把握する上では重要な役割を担っていた。しかし、その枠組みは、現代の日本社会、また運動従事者が置かれている現状を把握するにあたってつねに適切であるとは言えないのではないか、というのが本書の主張である。政治・経済、またそれに基づく労働や文化のグローバル化を端緒として社会の流動性が増加し、個人化が進行し、運動従事者をめぐる背景がそれぞれ異なるという社会状況の中で社会運動を捉えるには、活動家個人の日常的実践に注目しなければならない。そこで行われるのは個人の異質性を認め合う「経験運動」であるが、その認め方や活動の仕方において、経験を共有するための形式や様式が存在すると考えられる。

前節と本節にて、古典的な社会運動論によって論じられてきた「集合的アイデンティティ」によるデモンストレーションやシンポジウムといった「イベント」「出来事」中心の組織的な集合行動と、個人化・流動化がすすむ現代において、それぞれ異なるバックグラウンドを持った担い手によって行われる、個人的な経験運動を紹介した。この二つの間には、対象の違い、時代の違いが研究者に対してもたらす、越えがたい認知的枠組みの違いがある。しかし、いずれも今日における「社会運動」における重要な特性を示していることは確かだ。これらふたつを社会運動論という枠組みで論じるためには、どのような分析視角が必要か。次節ではライフスタイル運動研究・「社会運動と文化」研究の先行研究を検討しながら、本書の分析枠組みを提示したい。

三　分析視角

本章では、第一節において組織的な政治変革としての社会運動を論じた研究を紹介し、第二節にて個人的な、異質性に基づく身体的実践としての経験運動についての研究を紹介した。流動化・個人化しつつある現代社会において、集合的アイデンティティや組織といった、活動家たちを論ずる既存の概念の有効性は薄れつつある。しかし、その経験が「政治的」であるがゆえに、活動家たちはしばしば無意識に、統一された価値観や規範をもって差異を乗り越えようとするのではないかと想定できる。いわば、政治という経験をめぐる形式・様式が存在し、それは従来の組織的な社会運動を通じて検討できるものとも共通性があるのではないかと議論したのが前節であった。では、個人化された活動家たちは、経験を共有する「形式」をどこで醸成するのか。本節では、ライフスタイル運動研究、「社会運動と文化」研究の検討を通じ、分析視角を提示したい。

ライフスタイル運動・社会運動の文化研究――「日常」と「出来事（非日常）」の連続性

ロス・ヘンフラーらは、ライフスタイルが「社会変動を引き起こすための戦略」として存在し、個人のアイデンティティを形成し、維持するための作業として中心的な役割を担っており、日々の余暇活動や食事、料理、服装のモード、金銭管理、通行や旅行、そして水やエネルギーの消費に至るまで、我々が生活を営む上で、多くの行為が社会運動となりえるのだと主張する（Haenfler et al. 2012: 2-7）。彼らもまた、マクドナルドとは異なる視点から「新しい社会運動」の対象が生活主義的な日常性に根ざし、脱中心的な・分散的な・セグメント化された運動である一方、結局のところは「組織」への視点を捨てきれていないことを批判する（Haenfler et al. 2012:4）。ミシェル・マクレッティはとくに消費者運動へとフォーカスを当て、それが「集合化された個人的選択」であり、確固たる組織行動のように永続的に続くものでない「ライフスタイル」による活動だと主張し、消費者運動をはじめとしたライフスタイル研究の理論的基盤となった（Micheletti 2003）。日本では稲増一憲と池田謙一が、環境主義的倫理消費（バイコット）を事例としながら参加者の意識調査を行っている。稲増と池田は、ライフスタイル運動自体が、私的空間を通じながら公的な領域を変革していこうとする「ソシオロトピックな社会参加行動」であるとともに「エゴセントリックな消費行動」だと結論づける（稲増・池田 二〇〇八：八二—八三）。いずれの研究が示すところも、ライフスタイルは選択を通じて公共に貢献しようとする個人的なコミットメントであり、集合的でありながら基本的には個人の選択に基づく点を強調している。また、ライフスタイル運動は一見消費主義社会や環境保護への配慮から行われるように思われるが、比較的スピリチュアルな要素に基づいた運動や、宗教的な活動をも対象としている（Tuğal 2009）。

ライフスタイル運動の研究者は、基本的には分析の枠組みとして「組織的な社会運動」と「ライフスタイル運動」を対置させつつも、しかしライフスタイル運動における多くのアイディアが組織的な集合行動をめぐる言説やレパートリーから生じていることを指摘する（Haenfler et al. 2012: 12-13）。ロス・ヘンフラーらは、保守的クリスチャン団体による「クリスマスを支持しようキャンペーン（Stand for Christmas）」による主張が、活動家たちの消費行動を形成したと論じた（Haenfler et al. 2012）。またツハン・トゥガル（2009）によれば、不動産を取り扱う事務所やモスク、また家庭といった場が、ムスリムの人々にとってイスラムやイスラミズムについて語り合える政治的な意見形成の場であった。その場を通じて彼らは倹約や礼拝、装うという行為が帝国主義への「闘争」となることを学習し、日常生活でそれを実行した（Tuğal 2009: 430, 438）。また、構造的にも、ライフスタイル運動と組織的な社会運動は補完関係にあると言える。バータ・テイラーは、政治的機会が活動家たちに開かれていないときも、フェミニズム運動は自らのライフスタイル運動を通じてネットワークを維持し、関心を共有したと主張する。それにより、政治的なエリートへの接近機会がなく、また世論がフェミニズムへの抵抗を示す時にも、フェミニストたちのライフスタイルが組織的な社会運動の基盤を作り続けたことを明らかにした（Taylor 1989）。

ここから見られるのは、「出来事」としての組織的な社会運動やキャンペーンが存在する一方で、それとは全く性格の異なる「日常」としての消費や議論といったライフスタイル運動が社会運動を支えている、という視点であろう。三章にても記述するが、組織的な運動における主張、資源獲得、レパートリー選択とその実行は、単に社会変革のための手段となるだけではない。その実行の過程において、活動家たちを感化し、日々の生活を変える。また、その一方で、活動家たち個々人の、生活における議論や消費、装いや食事もまた、集合的な活動へと影響を及ぼす。

こうした知見は、現代日本の社会運動研究者たちが観察した社会運動の実態にもあてはまるものだろう（橋口 二〇一一、門野 二〇〇五）。非正規雇用の労働者たちや、戦争に反対し基地建設を阻止しようとする地主たちは、彼らにとっての「日常」である労働や地域での生活を通じ、自らが遭った理不尽な待遇や、他の労働者と平等に扱われないという思い、政府によって虐げられているという自覚から運動に参入する。組織や団体、地域での生活を通じて、彼らにとっては「非日常」とも言える団体交渉や書類作成、大規模な抗議行動を行う中で、他者との差異を感じつつも参加者同士で互いを承認するように働きかけたり、なるべく他者の意思を尊重するような意思決定手段を学んだりする。こうした「非日常（出来事）」としての集合行動から、彼ら個々人はもう一度「日常」へと戻り、他者を平等に扱う、尊重する、弱者に対していたわる、日々の生活の中で問題について語り継ぐ、といった、個人でも継続可能な運動を継続することになる。

ライフスタイル運動研究の限界点――「活動家」であることと「生活者」であること

ライフスタイル運動研究は、本研究に対し、集合的な「出来事」と個人的な「日常」の連関を示唆するという点で非常に重要な役割を担っている。同時に、本研究がただ単に日常的実践に関心を持っているだけでなく、活動家たちが「政治運動家」や「左翼活動家」であるがゆえの特殊な経験のあり方、経験を共有する上での様式に注目している点を今一度顧みなければならない。

ライフスタイル運動研究の論者らは、しばしば集合行動に比してライフスタイル運動が「コストの低い」活動であると論じる（Haenfler et al. 2012:7）。確かに、デモへの参加やシンポジウムでの議論と比べ、スローフードや環境にやさしい商品の消費といった活動にかかる金銭や知識、時間や労働といったコストは比較的少ないと言えるだろう。しかし、それは集合行動と比べた場合のコストの多寡の問題であって、異なる質のコストが存在している点も見落としてはならないのではないか。

こうした「ライフスタイル運動のコスト」について論じているのが、現代日本の活動家たちによるドキュメントである。比較的若い世代の活動家たちは、運動の日常的実践のドキュメントを多く残している。衣食住の実践を記した「素人の乱」（松本 二〇〇八）や「だめ連」（神長・長谷川 二〇〇〇）のドキュメント、「食」（速水 二〇一三）や「婚姻」（白石 二〇〇六）に至るまで、個々の生活実践に言及したルポルタージュを挙げると、枚挙に暇がない。彼らはしばしば、活動を行う上でのコストについて言及している。

例えば、スローフードを徹底的に行おうとすれば、外食が可能な場は限られ、学校や職場での人付き合いにも影響を及ぼす可能性は十分にある。「事実婚」は政治的な意図を示す上でも、実践的にも有効な手段だが、因習的な人々からはよく思われない可能性も十分ある。また、多くのライフスタイル運動は個人的に行われるとはいえ、やはりある程度同じような目的をもつ人間関係がなければ成立しないため、都市規模や生活水準といった構造的要因も無関係とはいえないだろう。速水健朗（二〇一三）は、マクロビオティックフードの消費や環境にやさしい食材の購入といった「フード左翼」の行動様式を挙げているが、食材の調達や情報の共有には他の活動家とのコミュニケーションが不可欠である。渡邊はカフェや共有空間で労働や生きづらさについて語り合い、学び合うといった運動のやり方を挙げているが、語り合いや学び合いは一人で出来るものではない。雨宮（二〇一〇）は、年長活動家と若年活動家においても、規範や常識があまりに異なっており、ときにこうした規範がぶつかり合うさまを克明に描いているが、このような衝突すら他の活動家がいなければ達成できない。さらに、人間関係を前提としているということは、その関係を良好に維持するというコストが存在することでもある。政治的な主張や議論をＳＮＳ（Social Networking Service）で行うことは、デモやシンポジウムへの参加に比べれば容易い「個人的な運動」ではあるが、所属している企業や学校から忌避されたり、友人たちから不思議がられるということも十分あるだろう。

ライフスタイル運動研究は、多くの場合運動コミュニティの内部や、運動参加者同士のネットワークに注目してきたため、運動の不参加者、運動コミュニティの外部との関連を見てこなかった。そのために、彼らの観察したライフスタイル運動は、活動家たちの「生活者」としての側面を検討するにいたっていない。ライフスタイル運動研究は、ライフスタイル運動を単に集合行動の低リスク・低コスト版としてしか捉えていないという限界を持っているのだ。活動家たちが日常生活の中で行う、ライフスタイルを通じた政治的理念の反映という営みを分析するためには、生活者としての活動家たちをとりまく、集合行動とは異なる質からなるライフスタイル運動のコストとリスクに着目しなければならない。そのために、本研究は政治的な経験の特殊性、活動家固有の行動様式を検討する必要がある。

本研究は、活動家をめぐる「出来事」と「日常」に注目すると同時に、活動家らが日常において演ずるさまざまな「活動家」以外の役割、言わば「生活者」としての役割に注目し、「社会運動サブカルチャー」を捉える。その重要な媒介となるのが活動家同士の「人間関係」であり、そこで生じるコミュニケーションであろう。次項では、本書の重要な分析視角である運動内の「人間関係」に焦点を当てた研究をレビューしたい。

ネットワークと伝播の研究

社会運動の「発生・持続・発展」、あるいは人々の運動「参加」を問う社会運動論において、他の活動参加者とのネットワークは、人々を運動参加へと導く構造的要因として説明される（片桐 一九九五、McAdam 1988 など）と同時に運動の戦術が伝播する媒体でもある（Wang and Soule 2012, Givan et al. 2010）。また情報や金銭といった資源の流通を促し（Van Dyke and McCammon eds. 2010）、運動の持続や発展に貢献する。「出来事」の中での人間関係が、活動家たちの価値観や振る舞い、規範を伝播させる媒介となり、それが社会運動サブカルチャーの再生産に繋がると主張する本書も、部分的には「活動参加者のネットワーク」を論じた研究となるだろう。

では、そもそも他の参加者とのネットワークはどのように形成されるのか。前章でも述べた通り、近年では反グローバリズム運動の研究が、組織間ネットワークの形成メカニズムへと踏み込んだ分析を行っている（Della Porta 2007, 2009, Della Porta et al. 2006, Wood 2012, Byrd and Jasny 2010, Juris 2008 など）。これは反グローバリズム運動が平行で非ヒエラルキー的なネットワーク形成を目的の一つとする運動であるためだろう。G８やG20、ＷＴＯ（World Trade Organization）閣僚会議といったサミットへの抗議行動、世界社会フォーラム（World Social Forum）やヨーロッパ社会フォーラム（European Social Forum）には、毎回一万人から二〇万人という多数の動員があり、普段から市民活動に従事する人々や組織の参加も多く見られる。

反グローバリズム運動は、フェミニスト・民族活動家・環境活動家・労働組合といった様々な問題に従事する活動家たちによる「多様な運動による社会運動（A Movement of Movements）」（Della Porta ed. 2007）とされている。活動家たちはこの中で、普段は交流することのできない、異なる政治課題や戦術を扱う人々と接する。それにより、異なる視野を開拓し、新たな戦術を学ぶことを目的としている（Della Porta et al. 2006, Della Porta ed. 2007）。このような交流が可能になるためには、問題意識や国籍、民族によらず、多種多様な活動家たちが平等に参加できるような運動でなくてはならない。そのために、活動家たちが平等に参加できるような「平行な組織間ネットワーク」（Juris 2008）を構成することもまた、運動の主要な目的となる。反グローバリズム運動研究者は、反グローバリズム運動の目的と共振するかたちで、平等なネットワーク形成を行うために、組織間における意志決定構造の実情把握を彼らの問題意識としたのだった。

先行研究はとくに、反グローバリズム運動を構成する組織間ネットワークにおいて、どのような特質を持つアクターが権力を持ち、情報の伝播を促し、運動を発展させるのかという点に関心を寄せていた。デラ・ポルタらの研究は、G8サミット抗議行動やヨーロッパ社会フォーラムの参加組織間ネットワークを比較検討し、環境問題や人権問題だけを扱う組織よりも、複合的な政治課題を扱う組織や、メディア関連の活動を行っている組織が組織間ネットワークの中心となりやすいことを論じた。なぜなら、こうした組織はラディカルな市民団体とフォーマルなNGOを仲介する役割を果たして、大規模な動員が可能になるためである（Della Porta ed. 2007, Della Porta et al. 2006）。またシアトルWTO閣僚会議の抗議行動を主題としたレスリー・J・ウッド の研究は、ニューヨークとトロントの運動組織を対象とし、抗議発生地であるシアトルから双方の組織に対し戦術が伝播したか否かを検証した。その結果、組織の意志決定構造こそが、新たな運動戦術が伝播するか否かを決定すると主張した。ウッドは、具体的には「ブラック・ブロック」という運動手法を受け入れた運動団体と、そうでない団体の違いを紹介している。ブラック・ブロックとは機動隊に対する投石や、実力行使による交通遮断を行う組織であり、シアトルのＷＴＯ閣僚会議抗議行動でみられた代表的な戦術である。トップダウン型の意志決定構造を持つ団体は、「ブラック」という手法の名前が黒人差別に繋がるとして採用を拒否した一方、ボトムアップ型の意志決定構造を持つ団体は、手法の名前や意義に至るまで、構成員が納得するまで議論した結果、採用することとなった。ここからウッドは、戦術の受け手となる組織がボトムアップ型の意志決定構造を持ち、組織の構成員同士で「熟議」をする文化があるか否かによって、他組織から伝達された運動手法を採用するか否かが決定すると論じた（Wood 2012)。ジェフリー・ジュリスらは世界社会フォーラムの研究を行っている。彼らは反グローバリズム運動の組織間ネットワークにおいて、抗議行動が実行される地域で長く運動を行っているグループの中心性が高く、若者や地元出身でない活動家たちは周辺的な参加をせざるを得ないと主張する（Juris et al. 2013: 342-343)。活動家たちの経験や、ボトムアップ型の意志決定に慣れ親しんでいるか否かは、反グローバリズム運動の組織間ネットワークを決定する上で重要な変数になっている。中心性の高いアクターは戦術の伝播や問題意識の伝達をする上で不可欠だが、時として人々の平等な参加や議論を阻むことにもなりうる（Haug 2013, Flesher Fominaya 2007)。

反グローバリズム運動研究は社会運動におけるネットワークを目的変数とし、どのような特質を持つアクターが中心となり、伝播や問題意識の伝達を可能にしたのか、ときに活動家たちの平等な運動参加を妨げてきたのかという点を各組織の属性を説明変数としながら検討してきた。この点で、本研究は反グローバリズム運動研究と、社会運動内における「熟議」や「平等な関係構築」が遂行され、理念や規範が伝播しているか否かという視点において共通している。また、対象とする事例も先行研究と同じく反グローバリズム運動という共通点があるため、先行研究の多くの知見が本書においても共通して見られることが予測される。

本書がなすべき具体的な手続きとしては、「出来事」としての社会運動と、そこで見られる活動家たちの社会運動サブカルチャーを分析する導入として、反グローバリズム運動のネットワークを分析した先行研究の主張が本研究の事例にも適合的か否かを検討する。反グローバリズム運動の先行研究は、活動組織同士のネットワークを分析し、活動家同士が交流するにあたり、いくつかの変数が重要な役割をなすことを主張してきた。こうした変数は本研究の対象である北海道洞爺湖G8サミット抗議行動にもあてはまるか否か、社会ネットワーク分析を用いて確認したい。

先行研究は、反グローバリズム運動を通じた組織間ネットワークの形成と戦略の伝播、問題意識の深化を分析し、ネットワーク形成に際して「熟議文化の受容（所属する組織がトップダウン型でない）」と「問題意識」、「社会運動の経験」が重要な変数であると述べている（Haug 2013; Wood 2012; Juris et al. 2013; Juris 2008; Della Porta et al. 2006; Della Porta ed. 2009, 2007）。ひとまずは、本書で対象とする「出来事」としての社会運動における組織間ネットワーク形成においても上記の変数が重要であると仮定し、これを踏まえ、各変数と各組織のネットワーク中心性との関係を確認する形で分析を進めたい。先行研究の議論から、三つの仮説が導き出されるだろう。

（一）多様な政治課題を扱う組織は、他の組織と連携しやすい。
（二）トップダウン型の組織は、他の組織との交流が困難になる。
（三）長い社会運動キャリアを有する組織は、他の組織と活動しやすい。

これらの仮説については、活動家たちの社会的ネットワークを検討する第四章にて再度、具体的な分析枠組みとともに記述したい。ひとまず本章では、本書が「人間関係」と定めるものは先行研究によってどのように示されており、また、活動家のふるまいや社会運動の手法を伝達する上でなにが重要な変数となっているのか、ということを示すにとどめる。

四　本書の記述対象

本研究の大まかな分析視角として「組織」と「個人」、「出来事」と「日常」、さらに「生活者」と「活動家」という三つの軸、さらにそれを取り結ぶ、人々のコミュニケーションによって生成される「人間関係」という媒介を提示したところで、本書の題名ともなっている「サブカルチャー」という主題について説明を加えたい。

社会運動は、歴史的には、資本主義的な消費活動をとりまく支配的な文化である「マスカルチャー」に対抗するための「カウンターカルチャー」という概念とともに論じられてきた。また「サブカルチャー」もまたカウンターカルチャーという枠組みに包含されるひとつの概念であると考えられている（佐藤・吉見 二〇〇七）。対抗すべき主流文化を失い、カウンターカルチャーという概念が説明力を持たなくなって以降、「マンガ」や「音楽」といった趣味的なものを指す概念として用いられるようになる（宮台・石原・大塚 一九九三）

社会運動は、資本主義的でない「もうひとつの社会」を作るべく、新たな生活の作法・集団を統率する規範・行為へのあらたな価値付けをもって、コミューンやヒッピー運動などの形で生活を革新していく試みであった（Chesters and Walsh 2011: 55-56）。カウンターカルチャー研究の問題意識は、前節にて述べたようなライフスタイル運動とも部分的に重なるものであろう。実際に、一九六〇年代から一九八〇年代にかけて、コミューン運動や学生運動といった社会運動を対象とした研究は「社会運動論」の枠組みではなく「若者研究」や「文化研究」、「政治的社会化」の枠組みを用いて行われている（Kanter 1973[2]、富永 近刊）

しかし、本研究の分析枠組みである「サブカルチャー」は、こうした「カウンターカルチャー」との関連において論じられるそれとも、現代用いられている趣味的な概念ともまた異なる。むしろ理論的潮流としては、社会運動論における「社会運動と文化」研究との関連性が高い概念であるため、「社会運動と文化」論について言及する必要があるだろう。一九九〇年台以降、カウンターカルチャーやサブカルチャーといった議論とはまた別に、社会運動論において様々な要素が「文化」として論じられ、色々な形で記述されてきた。おそらく最も影響力の大きい文献としてグッドウィンとジャスパー（2003）、ジョンストンとクランダーマンス（1995）らの研究が挙げられるが、これらの研究は、シンボル、コード、アイデンティティ、語り（narrative, discourse）といった人々を動員する認知的要素を「文化」の諸側面として提示している。具体的には、政治エリートから独立して存在している、少数民族やジェンダー的マイノリティが集合可能な「場」（Fantasia and Hirsch 1995）や、抵抗する人々が共有している「集合的記憶」（稲葉 二〇〇九、Nomiya 2009）、「儀礼」（Taylor and Whitter 1995）、敵手の評判を傷つけるための「身振り」や「言葉遣い」（Scott 1985）といった、運動をなす多様な要素に注目している。ここでは先述した「集合的アイデンティティ」（Melucci 1985）を論じたメルッチの研究もまた、「文化的研究」として引用されている（Johnston and Klandermans eds. 1995）。社会運動論における文化の定義は困難だが、基本的には非構造的かつ、認知的・自覚的な要因の多くをまとめて「文化」として論じているとも言えるだろう（野宮編 二〇〇二）。

本研究もこの「文化」研究に連なるものであると言えるが、「社会運動と文化」研究とは異なる問題設定を検討する。「社会運動と文化」の研究群は、あくまで自らが社会運動論の潮流に属する研究であることを念頭に置いていたために、意図的・政治的な要素に基づく行動のみを扱わざるを得なかった。また、動員論的社会運動研究の一部として位置付けられていたために、文化的要因を運動の発生・持続に対し直接的間接的に寄与するものとして論じ、運動のダイナミズムを論じるための変数として扱う傾向が強かった。しかし、活動家たちは、半ば無意識に日常生活を通じて政治的理念を実現する人々でもあり、その「文化」とされる行為は、すべてがすべて運動の発展のために営まれてきたわけではない。彼らは、日常と出来事を通じて自らの政治的な問題意識を深化・拡大させながら、ある様式に則り、

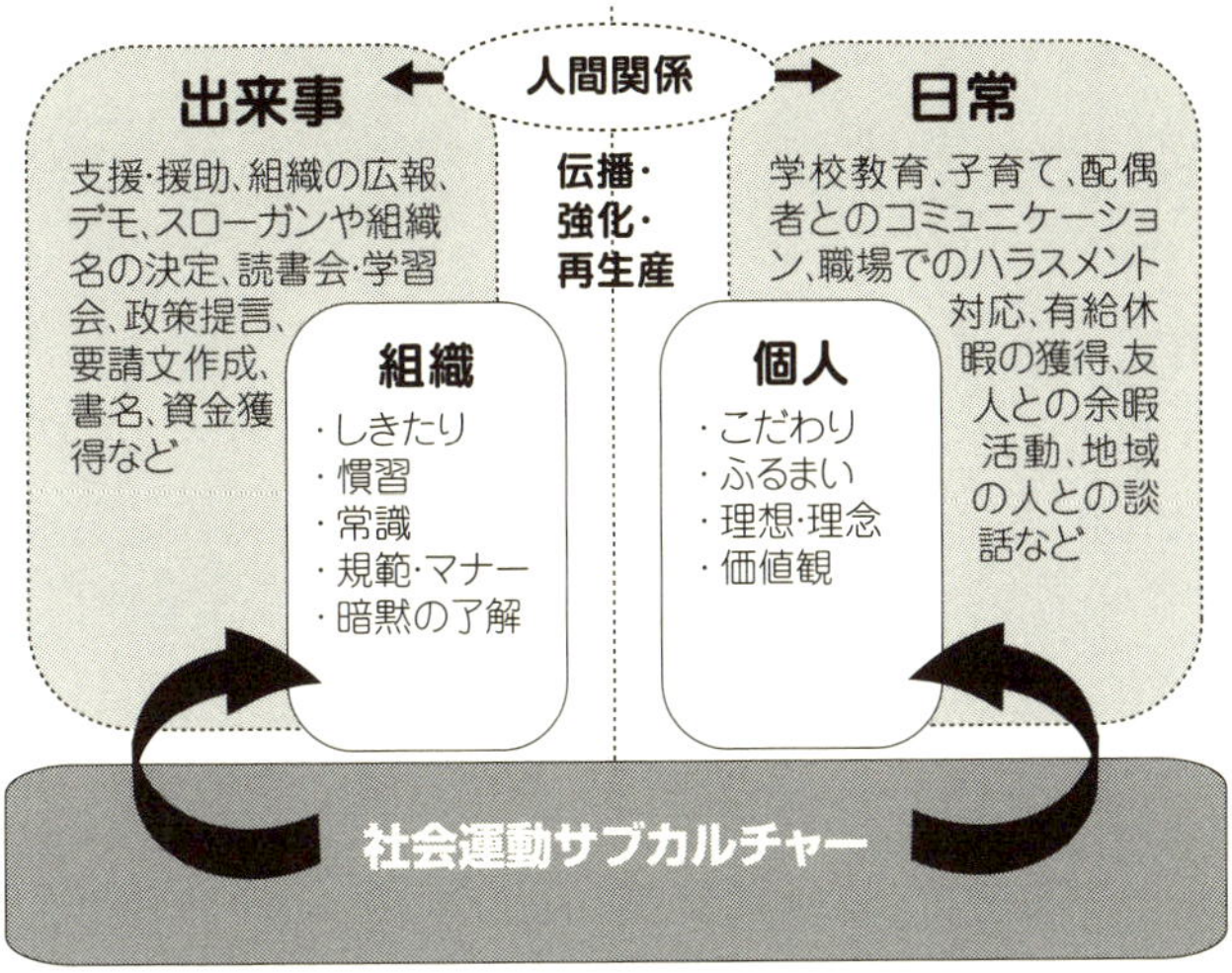

図 2-1 社会運動サブカルチャーと組織の「しきたり」、個人の「こだわり」

お互いの経験を共有し、生活を営んできたと言える。その中では、ときに彼らの運動に相応しいと考えられる言葉遣いや表現をめぐって対立し、運動そのものが停滞したり崩壊したり、といったことも数えきれずあったはずだ。動員論的運動研究の枠内で文化を論じることで、我々は、活動家たちの振る舞いを極度に限定して記述してしまうのではないだろうか。

第一章の問題意識と、第二章の先行研究の検討を踏まえた上で、「社会運動サブカルチャー」という枠組みを明確に提示しておく必要がある。本書で論じようとする社会運動サブカルチャーを説明するにあたり、以下のような図を補足的に用いたい。

社会運動サブカルチャーは、すべての活動家が共有すると想定される文化だが、それは組織の中にある「しきたり」「慣習」「常識」「規範・マナー」「暗黙の了解」といった形で表出される。これらは、主に人々が集合して従事する組織化された行動、つまり「出来事」の中で見られる。具体的には、出来事をなす、バックステージとフロントステージを含むさまざまな行動——他者への援助や活動の広報、あるいは資金獲得やメンバー選定など——の中で、活動家ひとりひとりの振る舞いを規定し、拘束する「しきたり」や「慣習」が見られることになる。

その一方で、活動家個人は、日常を彩るいろいろな選択や行動を「こだわり」、こうあれば政治的に正しい[3]という「価値観」や、こうありたいという「理想」を込めて「ふるまう」ことになる。これもまた、社会運動サブカルチャーが表出する場面のひとつである。

第一章で述べたとおり、個人の「こだわり」などは日常の中で形成されるが、それは組織の「しきたり」などにも大きく影響を受ける。例えば社会運動組織や、シンポジウムのなかで使う言葉が穏健なものであれば、活動家たちは日常の中でも優しい言葉を使うかもしれない。ランチミーティングの中で用いられる食材が無農薬であったなら、日々の生活でもそういった食材を使うかもしれない。その一方で、個人の「こだわり」などもまた、組織の「しきたり」などに影響を与える。それまでは女性に家事労働をさせていた運動組織も、ある一人の男女平等論者の生活習慣によってその慣習を変えることがありうる。誰かがイベントに子供を連れてくることによって、イベントの内容をより子供にも分かりやすいものにしたり、イベントの時間を短縮しようとすることもあるのではないか。

つまり、日常と出来事の間を人々が「活動家」あるいは「生活者」として行き来することにより、社会運動サブカルチャーは組織的な「しきたり」あるいは個人の「こだわり」双方の形で伝播し、循環し、強化され、再生産されるのである。その媒介は、活動家同士の人間関係を通じたコミュニケーションであるはずなのだ。

本研究は、政治的な問題意識から生じる「文化」や、資本主義的な・消費社会的な生活様式に対抗する「カウンターカルチャー」ではなく、むしろ活動家に固有の形式・様式が自律的に、かつ、しばしば無意識的に成立するさまを記述する。その点で、本研究がこれから論じる活動家たちの営みは「サブカルチャー」として整理したほうが相応しいのではないかと考えられる。

では、活動家個人の日常と彼らが従事する組織による出来事を「社会運動サブカルチャー」と捉えることで、何が見えてくるのか。それは、今まで分散して論じられざるを得なかった、社会運動論の伝統的な問題意識を持たない研究に対して新たな意義をもたらすことができるのではないか、という可能性だ。「社会運動と文化」研究には、社会運動論が運動の発生・持続、あるいは人々の運動参加を論じており、それ以外の問いが必要だというクランダーマンスの問題意識を引き継いで検討されたものが数多くある（伊藤 二〇〇六、西城戸 二〇〇八など）。これまで光を当てられなかった領域に光を当てて分析することは非常に重要であり、ほかにも日本において個々の研究が運動の「参加」や「発生」とは異なる問いを引き出している。例えば、社会運動における「参加逃避意識」（西澤 二〇〇四、山本 二〇〇五）、「衰退」（安藤 二〇一三）や「停滞」（西城戸 二〇〇八）、また個人レベルで言えば「不参加」（伊藤 二〇〇六）や「離脱」（富永 二〇一三c）、あえて運動の目標を軽視し、自らの属性に基づくアイデンティティから距離をとって運動に携わるという「役割距離」を取ることで参加を持続させるという消極的参加（富井 二〇一二）といった要素を検討することは、社会運動論の伝統的な問題意識へと貢献しているといえば、間接的には貢献していると言える。

しかし、上述したような研究は、「社会運動と文化」論に結び付けられなければならず、社会運動論の伝統的問いと関連を持たねば「社会運動論」の研究として存在しえなかった。もちろん、上述した研究による知見の中には、一見して社会運動の「持続・発生・発展」といった要素から遠く、抵抗・対抗の色彩を持たないような振る舞いや慣習を発見したものも多くある。では、それがなぜ、社会運動論の問いと関連させて論じられなければならなかったのか。以下は、「社会運動と文化」論について体系的に論じた野宮大志郎の論考である。

上述の一連の研究（筆者注：「社会運動と文化」論）がその対象としたのは、まさにこの置き忘れられたもの（筆者注：資源動員論が問うてこなかった、集合的アイデンティティやフレーミングを形成する場のありようを問うこと）である。すなわち、それまで、個人のレベルでは「合理的個人」、社会のレベルでは「不満の偏在」という合言葉の陰におしこめられていた感情・思考・解釈と意味づけを全面に引っ張りだしたのである。これによって、社会運動の認知的

動員プロセスにたいするわれわれの理解が大きく進展する契機となったことは疑えない。(野宮二〇〇二：一〇)

「社会運動と文化」論は、「支配から遠ざかったところで人々の日常に根ざした論理」(野宮二〇〇二：一〇—一一)をも対象とする。その上で、活動家たちの「日常の抵抗」(野宮二〇〇二：一五)を記述してきた。しかし、それらはやはり、「認知的動員プロセス」をめぐる一つの要素、一つの過程としてしか見なされない。活動家たちの日常的抵抗は、集合的アイデンティティやフレーミングといった、運動の組織化に寄与する要素としてしか論じることができないのである。

筆者は、「社会運動と文化」論が動員論的運動論の問いと対象から独立できていないためにこうした事態が生じるのではないかと考える。動員論的運動論の対象は主に「組織」であったため、「社会運動と文化」論もまた、組織を対象とせざるを得なかった。だからこそ、活動家個人における意味世界の豊かさをを描いたところで、やはり「組織に従属するものとしての個人」としてしか扱い得なくなってしまうのである。このような限界を踏まえた上で、本書は「組織」と「個人」を独立させて、社会運動の世界を検討したい。その際、両者の世界に共通に見られ、振る舞いや作法を通じて反映・再生産されるものとして、「社会運動サブカルチャー」という概念を設定したい。

再度強調するが、第一章でも主張したとおり、本書は従来の社会運動論の問いに答えるわけではない。したがって社会運動の「発展・持続」、人々の運動への「参加・継続」を論じるわけではないが、活動家たちによるサブカルチャーを記述することは、従来社会運動論によって検討されてきた組織的な集合行動・社会運動に対しても影響を与えることが予測されるだろう。例えば、近年興隆している反ヘイトスピーチや脱原発運動を担う団体は、関東近辺に対象を絞っても数多く存在している(野間二〇一二、ミサオ・レッドウルフ二〇一三)。これらの団体は、なぜそれぞれに分かれて活動を行っているのだろうか。それぞれの脱原発団体は継続と発展のために詳細なルールを定めているが、そうしたルールはなぜ発生したのだろうか。上記の問いに答えようとするとき、従来の分析枠組みである「政治的機会」や「フレーム」に加え、活動家たちによる規範や共有された価値基準とその実践を検討する必要があるように思われる。それは組織のオーガナイズに関する部分や、女性やマイノリティの人々に対する態度の問題や、既存の運動のやり方に対する処遇、あるいは弾圧や逮捕による問題をどのように解決するか、といった問題として具体的に現れるだろう。

こうした問題は、単一の「出来事」としての運動やそこで構築される人間関係を検討するだけでは不十分であり、活動家たちの日々の生活やそこで生じる規範・常識の生成や揺らぎをみなくては明らかにならない。その点で、活動家たちをめぐる「日常」に焦点を当て、彼らの日常的実践を把握する必要がある。その日常の中で、彼らは社会運動内の規範に従う「活動家」であるだけではなく、しばしば状況に応じて彼らの政治的理念とは大きく異なる作法に準ずる「生活者」でもある点にもまた注意が必要だ。こうした観点から活動家たちの特殊な経験・生活の様式を記述することは、経験運動論が突き詰めてこなかった「政治的な経験」の一貫性や共通点を発見すると同時に、経験運動に対するポジティブな意味付与を修正することにもなろう。また、従来検討されてきた集合行動を日常の側から分析することによって、従来の運動論が解き明かし得なかった問いを主題化することが出来るのではないか。

〈注〉

1　二〇一〇年からチュニジアでの政府に対する抗議行動を発端として行われた、大規模な民主化要求活動。アラブ圏における多くの地域で、二〇一三年頃まで続いていた。とりわけエジプトやリビアでは政権の打倒が実現するなど一定の効果が見込まれたが、その後国民同士の内紛や衝突が多く見られるようになったため、成功したとは言いがたい（金谷 二〇一四）。
2 代表的なものとして、ロザベス・モス・カンターは、アメリカ国内におけるコミューンの縦断調査を行い、コミューンにおけるルールの生成過程や参加者の離脱・解散に至るまでを、当事者への聞き取りや質問紙調査を用いながら分析した（Kanter 1973）。また、当時において社会運動が運動論以外の様々な分析視角を用いたことから、社会運動が政治変革のための行動である一方、「カウンターカルチャー」として捉えられたと分かる（Keniston 1968=1973; McAdam 1988; 高田 一九八六；高橋 一九六八―一九八六）。
3 しばしばこうした態度は、ポリティカル・コレクトネス（political correctness）という用語を用いて論じられることがある（金編 二〇一四）。これは、とりわけ表現において差別や蔑視・偏見が含まれていないか否かという観点からの公正さについて論じる概念である。本書で対象とする「活動家」たちが徹底するのも、基本的にはこうしたポリティカル・コレクトネスと言えるが、彼らの社会運動サブカルチャーは、必ずしもポリティカル・コレクトネスだけに拠って立つわけではない。そのため、本書は「社会運動サブカルチャー」という概念を用いながら、倫理的公正さのみにとどまらない、活動家の振る舞いを拘束する文化を検討していきたい。

第三章　対象と分析枠組

第二章では、社会運動論の理論的展開を説明した。集合行動論から Contentious Politics に至るまで、基本的に社会運動論は「組織による社会変革としての集合行動」を説明する「動員論」としての色彩が強い分析枠組みであった。それに対し、参加者の「経験」に光を当て、それぞれ異質性を持った個人による身体的実践を「経験運動」とし、社会運動が現代社会のどのような側面を反映しているのか、運動を「行為論」的に研究するグループがいた。

本研究は社会運動に参加する個人を研究し、社会運動のサブカルチャー化という側面を検討しようとする点で、経験運動論に立脚する立場である。その一方で筆者は、社会運動の参加者に共通して見られる政治的「経験」のあり方、個々人が差異を乗り越えて共在しようとする作法や規範に代表されるような「社会運動サブカルチャー」が見られるのではないかと主張する。さらに社会運動サブカルチャーは、従来の動員論的社会運動論が検討した社会運動にも同様に見られることが想定される。

本書もまた経験運動論に倣い「個人」に注目するが、その際に活動家たちの「日常」を検討する。活動家たちの日常を検討した研究領域としてライフスタイル運動研究があるが、本書は当該領域のように人々の日常的実践を通じた政治的理念の反映を検討するのみならず、その底にある「社会運動サブカルチャー」を取り出す試みを行う。この試みにあたり、動員論的社会運動論が検討してきた「出来事（非日常）」と「組織」、行為論的社会運動論・ライフスタイル運動研究が検討してきた「日常」と「個人」を対置させながら分析を進める。筆者は活動家たちのこだわり・しきたりとなって反映される社会運動サブカルチャーをより際立つ形で記述するために、日常的実践における活動家たちの役割葛藤、言わば「活動家」としての役割と、「生活者」としての役割双方に注目して考察する。

活動家をめぐる作法や規範は、「出来事」としての集合行動を通じて形成される。そこで本研究は政治・経済のグローバル化に抗議する「北海道洞爺湖Ｇ８サミット抗議行動」を対象としたい。日本におけるＧ８サミット抗議行動は、他の運動と比べて多様な活動家たちが集合して行うイベントであった。サミット・プロテストは、「異質性を持った個人が、差異を認め共在する」という性格が強いという点で、本研究の「経験運動」的な特色を色濃く反映する活動でもある。その一方で、日時を定めて行われ、実行そのものが自己目的化する「イベント」としての側面が強いために、活動家たちは自らの政治的理念を準備団体内でのミーティング、資源調達、準備団体の代表選出といった「運動のバックステージ」に反映しようとする。同時にまた、そうしたバックステージを通じて実現可能になるデモンストレーションやシンポジウム、コンサートや演劇といった「運動のフロントステージ」も、さまざまな意味付けを込めて実行されることになる。サミット抗議行動という出来事の中で、バックステージという個人による日常の反映と、フロントステージという集団による出来事が相互に影響し合う。また、バックステージの中で、レパートリーの選択や資源調達を通じ、活動家たちは「活動家」としての役割と「生活者」としての役割を行きつ戻りつすることになる。本研究は、サミット抗議行動におけるフロントステージを、活動家たちの「一時的集合」として検討する。

第三章では本書の分析枠組みを記述するが、その枠組みが各章とどのように対応しているかについても先取りして言及しておこう。本研究は出来事としてのサミット抗議行動と、活動家たちの日常的な生活実践をみる。彼らが政治へと携わるにあたり、「左派」「左翼」「リベラル」といった形で自己定義し、自認・自称するにあたり、どのような理念や規範が働いているのかを明らかにする。そのために、まずはサミット抗議行動という一時的集合の中で、個人と組織が自らと異なる活動をした人々と共在することができたのか否か、またその中で互いの作法や常識をめぐってどのようなコミュニケーションがあったのかという運動のダイナミズムを、組織・個人に対するネットワーク分析を用いて検討する（第四章）。また、サミット抗議行動参加者に対するインタビューデータを用いて運動の「フロントステージ」「バックステージ」を分析し、ネットワーク分析の結果が生じた背景をより深く検討する（第五章）。

バックステージの分析は、人々が政治的な集合行動にかかわるうえで、いくつかの経験の様式・形式があることを教えてくれる。この知見を活動家たちの日常という、ルーチン化された静態的な要素に即して検討するために、第五章にて明らかになったその様式・形式をいくつかトピック化し、活動家たちの日常的な行動とサミット抗議行動を通じてみられた知見にはどのような繋がりがあるのか検討する。活動家たちは、日常だけでなくサミット抗議行動という出来事においても、活動家たちが職業生活や家庭生活をつうじて得たアイデンティティや資源を用いて活動する（第六章）。第七章では活動家たちが普段置かれている地域・家庭・職場という場を通じ、運動非参加者や日々の生活のステークホルダーといった人々とのコミュニケーションを通じ、彼らがいかに自らの左派的規範や理念を獲得あるいは変更するのかを明らかにする。

一　対象となる出来事

本研究は、活動家たちのサブカルチャーを把握するために、活動家たちの過ごす「日常」、およびそれを反映する「出来事」を対象とする。本研究で扱う「二〇〇八年北海道洞爺湖G８サミット抗議行動」の具体的な内容は第四章第一節にて詳述するが、サミット抗議行動は、反グローバリズムというフレームのもと、さまざまな出自を持ち、多種多様なイッシューで活動する人々が、閣僚会議が開催される土地で期間を限定して行うイベント的な運動である。それはまた、設営過程におけるミーティング、ファンドレイジング、準備団体の結成といった「バックステージ」を通じて活動家たちが自らの政治的なポジションを決定し、社会問題に対する態度や理念を反映する過程でもある。サミット抗議行動は、それ自体大きなイベントでありながら、そのイベントの中で活動家たちの「日常」の連続のもとに実行されるバックステージと、担い手によって様々な意味付けをされる「出来事」としてのフロントステージ、双方が重視されることとなる。

「フロントステージ」としてのデモ・キャンプ・シンポジウム・メディア活動

サミット抗議行動において、しばしば指摘されるのがその「祝祭性」と担い手たちの「多様性」である（栗原 二〇〇八：一〇―一二、仲田 二〇〇七：Greaber 2009; Negri 2006=2008 など）。伝統的な労働組合や新左翼と呼ばれるラディカルな活動家たち、アナーキストや直接行動のグループだけでなく、民族的マイノリティの活動家たちやフェミニストたちまで、様々な活動家たちが集まるからこそ、その戦術も多様なものとなる。多種多様に彩られた集合行動の中で、個々人が思い思いのプレゼンテーションやアピールを考える。それにより、サミット抗議行動は祝祭的な色合いを帯びてきたと言える。

その一方で、多種多様な担い手がいるということは、担い手同士の差異を認めた上で運動を形成する必要がある、つまり運動の中にある「差異性」が強調されるということでもある。この背景には、前章にも述べたような「後期近代社会とグローバリゼーションという環境の下で、個人の差異を認めながら〝集合〟として存在するための運動」（Kavada 2010:40）としてサミット抗議行動が実行されてきた経緯があり、この点は前章にて紹介した経験運動論の主張とほぼ同様である。デモやシンポジウムといった運動の「フロントステージ」（Haug 2014）は、さまざまな抗議のための戦術・手法が乱立する祭りとでも形容するべきイベントであったが、この祭りの中で、異なる担い手たちが共に存在し、互いの手段や目的を認め合うことそれ自体が運動でもあったのだ。ここでは、サミット抗議行動を形成する主な手法として「フロントステージ」を彩る多種多様な戦術を紹介しよう。

第一に、路上で行われるタイプのデモンストレーションや直接行動である。五万人、十万人といった人々が集まって行う傷害や激しい衝突を伴うとされる直接行動は、反グローバリズム運動を象徴するものでもあり、その中でも、個人を特定されないために全身黒ずくめの布で覆い、機動隊に投石や暴力行為行う「ブラック・ブロック」や、デモンストレーションを彩る巨大な人形「パペット」（Wood 2012; 原口 二〇一〇）を掲げ、G８への異議をアピールするといった多種多様な手法が見られた。また、こうした路上行動は大規模な逮捕や警察による暴力を伴う制止、マスメディアによる「運動イコール危険」といった報道を伴い、危険視されることがしばしばだ（Gorringe and Rosie 2008; Rosie and Gorringe 2009; Della Porta et al. 2006）[1]。中でもジェノヴァのG８サミット抗議行動では機動隊との衝突による死者が生じ、大きな反響を呼んだ（栗原 二〇〇八：一〇―一一）。見ようによっては過剰な警備や、逮捕や事故といった出来事がまた活動家たちの怒りを煽り、新たな参加・動員のモチベーションとなることもある（栗原 二〇〇八など）。また、デモンストレーションや直接行動の中で人々は、「踊り」や「暴力」といった身振りを通じ、他者と協働し、時に参加者同士敵対することもある。ある場所と時間、大規模な集団によって担われる行動であるため、担い手によって異なる意味付けが行われることは珍しくない。サミット抗議行動の中で、活動家たちは少しでも会場に近づき、八人の首脳たちが会談する会場を包囲しようとする。たとえば、直接行動は単純にサミットの開催を道路封鎖や暴力行為によって止めようとする試みでもあるが、もうひとつとして、閣僚たちに自らの存在を示し、常に「監視」していることをアピールする行動でもある（矢部 二〇〇八）。どれほどサミットという「敵」に近づいたかが、運動の達成度をはかる指標として扱われる場合もある（黒山 二〇〇八）。

第二に、ある時間、ある場所で期間を限定して行われる運動だからこそ、そこには遠方からやってきた活動家らが宿泊するための宿舎が必要になる。ホテルに宿泊する者もいれば、地元にいる活動家仲間の家に身を寄せる者もいるが、貧しい人々や、遠方からの参加者にも滞在可能なように設営されたのが「アクティヴィスト・キャンプ」である

（仲田・栗原 二〇〇八、Barr and Drury 2009; Feigeubaum. et al. 2013）。キャンプは参加者がそれぞれの収入や宿泊形態にあわせて、安全かつ安価で宿泊できる場であるが、その一方で、資本主義的な社会とは異なる「オルタナティブな社会」を創り出す場でもある。そこでの生活自体が、従来の性別役割分担や、金銭を媒介としたサービスのやりとり、トップダウン型の多数決による意志決定……といった資本主義的な価値観とはちがう価値観のもとでオーガナイズされる。

例えば、ヴィーガンを中心とした食生活（成田 二〇〇八）、男女の間に役割や空間の差異を設けないオーガナイズ（Harvie et al. 2005）、皆が一緒に遊べるルール作り（Kuhn 2011=2013）、他者とのふれあいや従来の権力関係に大きな不安を覚える人に対する空間づくりなどをそれまでマイノリティのための運動に従事していた活動家たちが担う場合もある（徳永 二〇一〇、Activist Trauma Support 2005）。また、キャンプ内での意志決定は、多くの場合トップダウン型でなくボトムアップ型で、なるべく時間をかけて行われる（Haug 2013; Byrd and Jasny 2010; ロックダブコレクティブプロジェクト 二〇〇八）。ともに一定の時間を過ごす中で、活動家たちはキャンプを通じ、相互扶助や衣食住をともにすることでオルタナティブな空間を作り出す試みをする。

第三に、G8サミットの開催と同時期に、NGOや市民団体はシンポジウムやフォーラムといった議論の場を開いてきた。フェミニスト・民族活動家・環境活動家・労働組合といった様々な問題に関与する活動家たちによる「多様な運動による社会運動（A Movement of Movements）」の中で、活動家たちは普段は交流することのできない、異なる政治課題や戦術を扱う人々と接する。異なる視野を開拓し、新たな戦術を学ぶことは、サミット抗議行動の目的のひとつとされている（Della Porta et al. 2006; Della Porta ed. 2007, 2009）。シンポジウムやフォーラム、ワークショップといった場は、それぞれ異なる分野で活動し、また、人種や性別、職業や国籍といった点で異なるバックグラウンドをもつ人々が、お互いの抱えている問題意識について議論する場なのだ。こうした議論の成果は、NGOや専門家団体によってまとめられ、政策として提言されることもある（目加田 二〇〇三、富永・大澤 二〇一二）。

第四に、サミット抗議行動の参加者たちが比較的頻繁に利用する手段として「メディア活動」がある。メディア活動にはインターネットを利用したＳＮＳやホームページ、ブログサイトによる情報拡散や情報の周知なども含まれるが（Della Porta and Mosca 2005）、特別に情報発信の拠点であるメディアセンターを設置する場合もある。これはネットに接続するためのインフラを兼ね備えた施設であり、多くの活動家たちは抗議行動の中で記録した映像や文章を、動画サイトやニュースサイトにアップロードすることが可能だ（Ｇ８メディアネットワーク 二〇〇九）。また、メディアセンターそのものがメディアリテラシーに関するワークショップや活動家間の交流等を促す催しを行うこともあれば、メディアセンターがキャンプと同様に、海外から来た活動家たちの宿舎となることも多い。

上述したデモ、キャンプ、メディア活動やシンポジウムといったイベントは、Ｇ８サミットやＧ20サミット、ＣＯＰやＷＴＯ閣僚会議が開催される際に世界中で必ずといっていいほど実行されてきた。もちろんすべてのイベントが、各国の抗議行動において全く同じように実行されるわけではなく、イベントの規模は担い手がいるか否か、施設が利用可能かどうか、警備体制がいかなるものかによって変わってくる。しかし活動家たちは、それぞれの抗議行動において以前行っていたものと同様のイベントを開催することにより、ひとつひとつのイベントに対する意味付けをさらに強くするのだ（稲葉 二〇〇九、Barr and Drury 2009）。活動家たちは、個々のイベントを「引用」する過程を経て、自らがいま・ここで行っている抗議行動が、連綿と続いてきた抗議行動の連続体の一部であることを認識し、より広い「国際的な連帯」の一員であることを自覚するのである（富永 二〇一三ｂ）。

以上、サミット抗議行動において顕著に見られるのは、その象徴性とイベントに対する意味付けの多様さであろう。サミット抗議行動を構成する多種多様なイベントは、従来の社会運動論の中では目的を果たすための手段という「レパートリー」として扱われてきた。しかしサミット抗議行動において活動家たちは、抗議行動の手段にそれぞれの意味を込め、それをイベントとして実行することを重視して活動している。各人によって様々な意味を込められ、手段自体が目的となるという点で、それらは「意味の運動」(McDonald 2002: 114) なのである。さらにサミット抗議行動は、それ自体時間と場所を限定して行うイベントでもある(富永 二〇一三a)。だからこそ、彼らはイベント自体の実行を上位目標として設定するのだ。しかし、彼らが活動家として意味を込め、自らの政治的理念を反映するのは人々が集結して行う「フロントステージ」だけではない。サミット抗議行動の計画をし、準備団体を結成した時点で、彼らの社会運動は始まっているのだ。

「バックステージ」としての準備団体・資源獲得・会議

ここまで言及した「フロントステージ」は、サミット抗議行動において、その祝祭性と同時に担い手の差異性を強調するものだった。しかし、「フロントステージ」が成立するためには様々な「バックステージ」(Haug 2013: 703) が不可欠になる。シンポジウムのゲストスピーカーを招聘するための航空券の手配、通訳の依頼、デモンストレーションを行うための警察との事前交渉、キャンプのための建材の調達……。反グローバリズム運動の研究者たちにとって、集合行動の手段であるフロントステージと同時に、運動の「バックステージ」もまた、人々がそれぞれの差異を乗り越え、互いを認め合い共在するというプロセスそのものだったのだ。

「バックステージ」として議論される要素は数多く、活動家同士の会議や合意形成 (Haug 2010; Della Porta ed. 2009)、全員が納得行くまで議論するという「熟議」のありかた (Della Porta et al. 2006; Wood 2012)、他言語を用いる人々同士の翻訳・通訳 (Doerr 2009)、オンライン・オフラインにおける通信 (Kavada 2010; Della Porta and Mosca 2005)、組織運営 (Juris 2008; Juris et al. 2013; Maiba 2005) など様々である。その中で、研究者たちは異なる政治的実践の中での緊張 (Flesher Fominaya 2007; Pleyers 2010, forthcoming) や集合的アイデンティティの形成 (Flesher Fominaya 2010)

を通じて社会運動に参加する人々がどのようなこだわりを運動のバックステージに込めたのかを明らかにしてきた。こうした社会運動サブカルチャーは、日々のルーティーンを通じて形成されるものであり、それが文脈化してバックステージを形成しているのだという主張もある（Haunss and Leach 2007; Glass 2010）。

しかし、社会運動のバックステージを検討することは、どれほど意味があるのだろうか。バックステージはあくまで資源を獲得し、調達し、運動の中で再分配する作業に過ぎず、デモやシンポジウム、警察や政府への直接行動といったフロントステージを行ってはじめて、人々は「社会運動」を行ったと言えるのではないか。こうした疑問に対し、クリストフ・ハウグは活動家たちの生活における対面での会議や決議・企画の重要性を、ミンツバーグの議論を引用しながら応答している。仕事の69％の時間を会議に割く企業家たちと同じく、活動家たちも他者と連帯するために会議している。また路上での直接行動やフォーラムでの政治的な議論といったフロントステージに登場しない活動家たちであっても、多くの時間を会議に割いている（Haug 2013: 708）。

バックステージが、サミット抗議行動という「出来事」を形成するひとつのプロセスであることは間違いない。しかし運動のバックステージでは、食住や言語、通信、コミュニケーションのあり方といった、非常に「日常」的な話題が取り沙汰されており、そうしたひとつひとつの行為への態度は、個人の属性やバックグラウンドによって大きく異なる。活動家たちは、「誰を準備団体に招集するか?」「右翼団体の人々を運動に参加させるべきか?」（Haug 2013: 709-710）「どのような言葉を用いれば、差別的でないと言えるか?」（Wood 2012）「パペットをいかなる手順で作るか?」（McDonald 2002: 123）といったトピック一個一個について、様々な視点から議論を戦わせ、自らの政治的理念を集合行動に反映しようとする。うまく意見が集約され、準備団体の政治的ポジションが定義されることもあれば、お互いの差異が顕著に表出する場合もある（Haug 2013; Flesher Fominaya 2007; Polletta 2002）。

とりわけバックステージを取り扱う論者たちの関心は、国籍、民族、階層、職業、性別といった要素が異なる活動家たちを、いかに「平等に」活動に参加させるかという点にあった。異質性を認め合い、誰もが平等に参加できるために、バックステージは誰かが権力を握るようなものであってはならず、活動家間・活動組織間の関係はヒエラルキー的なものであってはいけなかったのだ（Byrd and Jasny 2010）。だからこそ、研究者たちの注目の多くは会議の形態や組織運営に注がれ、「ヒエラルキー的でない（平行な）ネットワークが形成されているか」という点こそが彼らの実践的な関心としてあった。デモやシンポジウムの設営をするために組織を運営し、そこで平等な立場から議論をすることは、彼らにとって既にただの「資源動員」という枠を超え、それ自体が「民主主義的実践」「運動内部の民主主義」（Polletta 2002: 207-208; Players forthcoming:5）と言えるものだったのである。

例えばジュリスらは、世界社会フォーラム（World Social Forum）の組織間ネットワークにおいて、抗議行動が実行される地域で長く運動を行っているグループの中心性が高く、若者や地元出身でない活動家たちは周辺的な参加をせざるを得ないと主張し、平行なネットワーク形成が失敗したと結論づけた（Juris et al. 2013: 342-343）。活動家たちの経験や、ボトムアップ型の意志決定に慣れ親しんでいるか否かは、反グローバリズム運動の組織間ネットワークを決定する上で重要な変数になっている。中心性の高いアクターは戦術の伝播や問題意識の伝達をする上で不可欠だが、時として人々の平等な参加や議論を阻むことにもなりうる（Haug 2013; Flesher Fominaya 2007）。とくにハウグは運動の準備組織を形成・運営する上で度々生じる「暗黙の権力」に注目する。バックステージにおいて権力を持つ人々は、公衆に登場し、表立って目立つ活動家たちとは大きく異なる。ハウグ（2010, 2013）はバックステージで権力を持ちやすい人々の特徴として、「ミーティングのオーガナイザー」「議論を進める人」「ベテラン活動家」「他の参加者との紐帯を多く持つ者」「専門家」「動員を促す者」「参加者の意見を代表する人々」といった特徴を挙げている（Haug 2010: 220-225, 2013）。過去に携わった社会運動経験の多寡は、そのまま個人や組織が持つ資源量の多寡へと繋がる。フレッシャ・フォミナヤはヨーロッパ社会フォーラムのネットワークを検討した結果、旧来の制度的な左派活動家が中心的な役割を担ったことを明らかにした。その理由は彼らの政治的・戦術的な要因というよりもむしろ、彼らが持っている法律家やメディアへのコネクション、金銭といった資源にあったと論じている（Flesher Fominaya 2007:343）。また、そもそも活動に参加できるか否か、「参加者ネットワーク」の中に位置付けられるか否かという問題を議論したのがニコル・ドーアの研究である。ドーアは、多国籍の人々が集まる反グローバリズム運動の場合、語学能力や国際会議に参加できる資金的な余裕によって、コミットメントの濃度やそもそもの運動参加の可否が決まってしまうと主張した（Doerr 2009: 155-156）。

本研究は他のバックステージ研究と異なり、運動参加者の平行なネットワーク形成や権力構造のあり方を解き明かすことを目的としていない。しかし、バックステージ研究が明らかにしたものは、運動内部にある徹底した平等主義や、民主的参加、他者との連帯といった、社会運動を取り巻く強い規範であり、運動内部のサブカルチャーを記述する上で重要な要素と言えるのではないか。第二章における先行研究の検討を踏まえた上で、本書はサミット抗議行動のフロントステージとバックステージがともに「経験運動」として機能し、経験の共有と政治的行動の様式・形式を描く上で最適な対象だと主張したい。

本研究は、運動の「フロントステージ」に加え、「バックステージ」を検討し、活動家たちが共有する理念や常識を、サミット抗議行動を通じて考えていきたい。表立って行われる社会運動であるデモンストレーションやメディア活動、シンポジウムに対して、サミット抗議行動のバックステージとしては、例えば準備団体の結成やスケジュールの日程ぎめ、ゲストを決め、彼らを招待するためのチケットを予約し、同時通訳を頼むといった設営や招聘の作業がある。

同業者会合研究――ネットワーク分析とインタビューデータ分析

本研究は、サミット抗議行動を通じた活動家間におけるネットワークの形成過程を明らかにする。サミット抗議行動内において活動家たちがどのように交流し、協調したのかというネットワークの変化は、彼らの理念や態度がどう融合し、変遷したかということと部分的に連動していると考えられる。たとえば、サミット抗議行動中に衣食や資源の調達をめぐってコンフリクトを起こした人々は、サミット抗議行動前に関係を形成していたとしても、それを抗議行動中に壊してしまうことがある。逆に、それまではお互い知りあいではなかったとしても、親和性の高い価値基準を有する人々は、サミット抗議行動中に形成したネットワークをサミット抗議行動後においても維持しつづけるだろう。あるいは、普段付き合う機会がなくサミット抗議行動という広いイッシューを持つ運動のもとではじめて知り合った人々のほうが、衝突する機会が少なく、その後長く付き合えるということもあるかもしれない。

こうした活動家間のネットワーク変遷を、どのように把握するか。ここで、サミット抗議行動の参加者ネットワークを分析するため、「同業者集団」「一時的集合（Temporary Cluster）」の研究視角を用いたい。同一産業に従事する人々が時間・場所を限定して集まる機会である「一時的集合」に関する研究が近年進められている。多くの論者らは、同業者による一時的集合が、その後同業者同士のネットワークに大きな影響をおよぼすことを主張している。例えば、マルセラ・ラミレス・パシラス（2008, 2010）、アライン・ラレットとアンドレ・トーレ（2009）やピーター・マスケルら（2006）による研究は、各企業が一同に会し、一時的な地理的近接性を伴う「国際貿易フェア」（International Trade Fairs: ITFs）がその後参加者同士・参加企業同士の間に活発な交流を促し、その後の技術革新や製品開発に貢献することを主張している。與倉豊はこうした「同業者会合」のもつ機能を、顧客の探索、市場動向の把握、主体間の関係の構築としてまとめている（與倉 二〇一二：四二）。

企業や学術活動における「一時的集合」研究の成果をそのままサミット抗議行動のような社会運動に当てはめるには、慎重な検討を必要とする。運動論の分野では、レスリー・J・ウッドの研究が、サミット抗議行動を「同業者会合」としてとらえたものに比較的近い。彼女の研究は、WTO閣僚会議への抗議行動を通じ、異なる地域の運動団体間でどのように運動手法や戦略が伝播されたか、という点を問うており、反グローバリズム運動という同業者会合が運動の技術革新に一定の影響を与えたことを示した（Wood 2012）。しかし、ウッドの試みはあくまで「集合行動の戦術」だからこそ成功したのでは、と思う向きもあるだろう。デモを彩り、主張をユーモラスに伝えるための大型人形「パペット」や、真っ黒の衣装を身につけ、警察・機動隊に対して暴力行為をする「ブラック・ブロック」といった戦術ならともかく、本書が検討しようとしている規範や常識のようなものがそう簡単に伝播するのだろうか。

本研究は、むしろこうした空間だからこそ「社会運動サブカルチャー」が伝播しうるのだ、と主張したい。時空を定められた空間における組織と組織との関係、個人と個人との関係は、つねに活動家たちの日常の反映であり、またその空間で生じた出来事が活動家の日常に影響を及ぼすことは十分にある。特に、社会運動家たちの「同業者会合」たるサミット抗議行動は、活動家たちが二年間から一ヶ月という間あらゆる資源をサミット抗議行動の実現に投じ、G8サミット開催期間とその前後一〇日間、北海道に滞在し、ともに生活と社会運動を行う場であった。サミット抗議行動は、運動のスタイル、警察との交渉との仕方、行政から提供された資源を受け取るか否かから、食事をどう調理するか、寝室をいかなる形で分けるかまで、運動と生活のあらゆる側面での協調や競合をめぐって、個々の組織・活動家の理念が明らかになっていく過程だったのだ。そしてその「理念」は、それぞれの活動家が普段いかにして運動のための資源を捻出し、やりとりしているか、という日常生活においてこそ育まれる。活動家たちの関係が変化する背景に、彼らの常識やこだわりが存在していると想定しても大きな問題はないのではないか。

本書の後半では、経験運動論・反グローバリズム運動論によって提示される活動家個人の「こだわり」や「振る舞い」、さらに活動家たちが組織化した際に生じる「慣習」や「しきたり」を参考にしながら、それらを生み出す活動家サブカルチャーがどのように活動家間の関係に影響を及ぼしたのかを明らかにする。サミット抗議行動という出来事において表出した理念のぶつかり合いがどのような経緯から現れたのかを、実際に活動家たちが直面した個々の事件や事故に沿って明らかにしたい。ここから、サミット抗議行動で生じた文化的な特質が、運動集団の日常の中でどう生まれているのか、それが社会運動への参加、また運動の発生・持続・発展とどう関与するのかを第六章・第七章にてさらに検討したい。

本研究は、二段階の研究戦略をとる。第一に、先行研究が重要だと指摘してきた変数が、サミット抗議行動にも妥当であるか否かを確認するために、組織間・個人間ネットワーク分析を行う（第四章）。具体的には、サミット抗議行動中におけるネットワーク中心性と、各組織・各個人の属性（個々の参加者・参加組織の属性、扱っている問題、職業の有無、社会運動参加歴（組織発足からの期間）など）との間で変数の関連を検討する。第二に、ネットワーク分析にあたり有意とされる変数がなぜ重要であるのかを、質的なデータから明らかにする（第五章）。ここまでがサミット抗議行動という「出来事」の分析である。

具体的には、サミット抗議行動中における三七名の活動家、また二七四組織の全体ネットワーク（Whole Network）を検討する。[2] 二〇〇八年北海道洞爺湖G8サミットとサミット抗議行動は、先述の通り二〇〇八年七月一日から九日（サミット自体は三日間）と非常に短い期間で開催された。実際にはこの期間以前から、多くの社会運動従事者が様々なイベントを企画・設営していた。例えば、海外や国内他地域から来訪した人々の宿舎である「キャンプ」、国際的な問題について議論しあう「フォーラム・シンポジウム」、そして路上で社会問題についての周知を行う「デモンストレーション」、参加者が自ら得た情報を国際的に発信する拠点「メディア活動」といったものが、代表的なイベントだと言える。本研究では、こうした企画・設営状況も「サミット抗議期間」に含め、抗議期間を日本においてサミット抗議行動の準備団体が初めて発足した二〇〇七年一月一日から、準備団体が解散した二〇〇八年一二月三一日までとし、その間の活動家間の関係を対象に分析する。さらに、サミット抗議行動時のネットワークと比較するために、「サミット抗議行動前」もまた期間として設定し（それぞれの参加者たちの社会運動開始時から二〇〇六年一二月三一日まで）そのあいだのネットワークもまた確認する。それぞれの期間中に、社会運動参加者が誰とネットワークを築いたのかを明らかにする。インフォーマントリストについては本章末尾に記載しているが、このうち頭に「A」とついているものがネットワークを構成する個人活動家たちである。

では、人々がネットワークを築いたことをいかにして定義するか。ここでは、「サミット抗議行動前、抗議行動中において、ともにイベントに参加した」と定義する。筆者はインフォーマントに「当該期間中、社会運動をする中で（サミット抗議行動の中で）どのイベントに参加しましたか？」「誰と一緒にイベントに参加しましたか？」と聞き、参加者たちのネットワークをプロットした。グラフモデリング及び重回帰分析は、すべてUCINET 6.232とNetdrawで行った。[3] 例えばサミット抗議行動中にA1氏とA2氏が同じ学習会に参加した場合、彼らは紐帯で繋がれることになる。紐帯数を単純に加算して得たものが、それぞれの活動家たちにおける「次数中心性」（Degree Centrality）であり、次数中心性と活動家たちの属性の間で重回帰分析を行いながら、先行研究の仮説がサミット抗議行動においても妥当か否かを検討することとする。

三七名のインフォーマントはすべて北海道在住の社会運動参加者である。北海道在住の人々へと対象を限定した理由として、地理的な状況によってネットワーク形成が妨げられない点がある。もしA1氏とA2氏が遠く離れた地域にいたら、彼らが協調や交流への意志を持っていたとしても、サミット抗議行動以後協調することは困難になる。A1氏とA2氏が同じ地域に住んでいる場合、彼らは自らの意志で協調するかしないか、ネットワークを保持するかしないかを決定することができると考えた。

閣僚会議への抗議行動自体は国際的な動員を含むものであるが、サミット抗議行動へは、北海道在住の社会運動参加者も多く参加した。明確な人数を挙げることは困難だが、おおよそ一〇〇人程度がサミット抗議行動の企画・運営・参加を行ったとされている。[4] 筆者はこうした北海道在住の参加者の中から、準備団体の事務局長・共同代表・運営者関係としてサミット抗議行動に参加した人々を中心にスノーボール・サンプリングを行った。特に性別、職業、従事する社会問題といった点で様々な属性の人々をカバーするように配慮した。一四人が女性であり、二三人が男性である。世代はそれぞれ、二〇代五名、三〇代一四名、四〇代六名、五〇代八名、六〇代四名である。一一人はフルタイムで働いており、六名は大学生・大学院生である。四名は専業主婦であり、一五名はパートタイムの労働者である。

インタビューデータを用いて、筆者は参加者同士のネットワークを分析する。すべてのインタビューは、ほぼ同様のフォーマットのもとで行われ、特に誰とイベントに参加し、そのネットワークが何故変化したかということを含む内容である。インタビューは一人につき一時間から五時間にわたって行われた。全てトランスクリプト化した上で、コーディングを行い、UCINET Spreadsheet に記録した。

ここまでは個人間ネットワークの分析手法について概説したが、つぎに、組織間ネットワークの分析手続きについて説明したい。組織間ネットワークについては、それぞれの組織におけるドキュメント・ニューズレターをもとに明らかにするが、その中でも典型的とされる一〇組織の代表者・事務局長にはインタビューを行っている。ネットワークの形成は、イベントの共催による。たとえば、組織IとIIがあるフォーラムなりデモンストレーションをともに開催した場合、組織IとIIのあいだに紐帯が結ばれる。これにより、各組織のネットワーク中心性を出し、各組織の属性（扱っている問題、組織の合意形成のあり方、組織の設立年）との間で重回帰分析を行う。ネットワーク中心性は、個人間ネットワークと同様に単純に連携した組織数を加算して算出される次数中心性（Degree Centrality）である。

対象とした団体は、サミット抗議行動に際して結成された準備団体である「二〇〇八年G8サミット市民フォーラム北海道」「二〇〇八年G8サミットNGOフォーラム」「アイヌモシリ北海道」「G8サミットメディアネットワーク」「G8を問う連絡会」に所属する既存のNPO・NGO・市民団体・労働組合二七四団体である。他にも準備団体はいくつかあり、そこに加盟した既存の市民団体もいくつかあるが、資料の入手可能性や代表性と言った点から上に記した準備団体群を選出した。すべての組織について、紙幅の関連から中心性や属性を全て掲載することは不可能だが、本章末に組織一覧を掲載している。

さらに、組織間・個人間ネットワークの分析を通じて析出された論点について更に深く考究するために取り扱うデータは、ネットワークを形成する組織や個人への聞き取りにとどまらない。ネットワーク分析の対象ではないが、サミット抗議行動に参加した、あるいは知っていたものの参加をとりやめた、または参加はしていないが場所や金銭を提供した二三名の人々に聞き取りを行い、抗議行動の背景にある活動家たちのコミュニケーションを検討する上でデータとして用いている。二三名のインフォーマントに関しても章末で一覧化しているが、このうち名前の頭に「B」とついているものである。

二　対象化される日常

では、彼らの日常はどのような規範や暗黙の常識、倫理や価値観に沿って展開されているのだろうか。サミット抗議行動を事例とした分析結果を先取りしておくと、抗議行動の参加者たちは、例えば企業や地方自治体など、見方によっては「敵」と捉えられるようなセクターをどう捉えるか、デモや路上アピールが行われる空間についてどのように意味付けするか、どこまで参加者を管理するか、といった点で他の参加者たちと衝突したり、他の活動家から新たな考え方を学んだりする。さらに、彼らが社会運動に対して価値を付与し何らかの意味付けを行うにあたって、活動家たちが職業キャリアや余暇の過ごし方を通じて育んだ視点は、重要な役割を担っていることも分かる。

この知見を踏まえた上で、本書の後半部である第六章・第七章では活動家たちの「日常」に即しながら、第四章と

第五章の分析を通じて生じた論点を再度検討する。この中で見えてくるのは、参加者たちが平等や民主的参加にこだわるあまり、結果として運動内での差別や参加至上主義といった慣習を形成してしまっていた点だ。こうしたしきたりやこだわりに関する考え方が顕在化し、劇的なかたちで衝突あるいは融解、伝播したのがG8サミット抗議行動という「出来事」であり、その背景にはまぎれもなく活動家個々人の属性や生活歴があることを、第六章と第七章の「日常」に関する分析結果から再度確認したい。

活動家としての個人、生活者としての個人

活動家たちの「日常」に関する分析枠組みを論じる上で、重要なことはふたつある。第一に、サミット抗議行動においてて見出された活動家の振る舞いや、活動家たちの間にある作法や慣習が、サミット抗議行動だけに見られるものではないことを、日常をめぐる社会運動を通じて確認することである。サミット抗議行動は、限られた場所と時間のなかで行われる「イベント」であるが、こうしたイベント的側面は、普段から活動家が従事している社会運動と規模や期間の差はあれど同様と言える。しかし、それが本当にサミット抗議活動と活動家たちが普段から従事している社会運動のあいだで共通のものであるか否かをまず検証した上で、活動家たちにおける、生活者としての日常を追いたい。

本書前半部ではサミット抗議行動における組織間・個人間の社会ネットワークを分析し、活動家の間にある一定の規範や慣習が共有されつつも、その中で個々人のこだわりはやはり異なることが分かる。その違いは、フロントステージ・バックステージにおいて選好する手法や、手法への意味付けの違いへと繋がる。また、同じような手法を好む者たち、手法に対して同様の意味付けをする者同士が、サミット抗議行動を終えた後も関係を続けるということが分かる（第四章、第五章）。

サミット抗議行動の中で表出してしまう運動のバックステージの特徴は、普段の社会運動においても同様に見られるものなのかを検討するために、第六章では、第五章でみられた知見が比較的時限性・局所性のうすい社会運動にも当てはまるかどうかについて、社会運動家たちが日々従事している他の運動――たとえば脱原発運動、フェミニズム運動、NGO組織の専従としての活動――を取り上げ、再度事例に即した検討を行う（第六章）。活動家らの平等主義や、あらゆる差異を乗り越えるという理想や、自らの納得する正しさを徹底しようという態度は、他の社会運動においても見られるものなのか。さらに、そうした規範を形作っているのは何なのか。

結論を先取りすると、サミット抗議行動において見られた左派的な「しきたり」「こだわり」は普段の社会運動についても同様に見られ、その背景にはやはり活動家たちの私的な生活が関わっている。どういう仕事をしているのか、家族構成はどうなっているのか、出生地はどこなのか、誰と主にコミュニケーションしているのか。こうした面を明らかにするために、運動の中での権力、役割や、活動家たちのシンボルや手法に対する「こだわり」と、活動家たちの生活をめぐるもろもろの背景を第七章で分析する。

活動家たちの私生活を考える上で重要なのが、活動には参加しないが、活動家たちの私生活にかかわる人々とのコミュニケーションである。本調査では活動家ではない人々を殆ど調査していないが、こうした人々の意見や態度は、しばしば活動家の態度に内面化されるものでもある。活動家たちは、社会運動に参加しない人々とのやりとりを通じて「活動家としての自分」「社会運動とは何か」ということをもう一度捉え直す。その「捉え直し」の瞬間を映し出すことで、その人の社会運動を左右するものとしての日常生活が論じられるのではないか。

こうしたコミュニケーションが頻繁に行われる場面として、多くの活動家が経験するのは、家族とのやりとり、職場での対話、地域の人々との交流といったものがあるのではないかと考えられる。そこで本書では、多くの活動家たちが過ごすであろう「家庭」「職場」「地域」という場を設定して議論する。

インタビューデータ分析――活動家たちの日常を描く

後半では、サミット抗議行動の分析を通じて明らかになった問題意識の深化や拡大、また手法同士の対立に加え、「行政や企業といったセクターに対する考え方」「社会運動内における差別」「デモやメディア活動をどのような戦術として位置づけているか」「活動家の有名性・プレステージ」「参加者の管理・教育」といったトピックについて、それぞれの議論を掘り下げるにあたり適切と考えられる活動家や組織への聞き取りを基に検討していく。このような要素は、社会運動サブカルチャーをどのように反映し、文化の再生産にどう関連しているのかを分析したい。

第一章で、本書の分析対象が「二〇〇八年北海道洞爺湖G8サミット抗議行動」という出来事であり、具体的にはサミット抗議行動の「バックステージ（出来事の中の日常、「表の裏」）」と、「フロントステージ（出来事の中の出来事、「表の表」）」であることを主張した。また、その一方で本研究は、活動家たちの日常も対象とする。それもまた二つに分けられ、ひとつは「サミット抗議行動の前後に行われる、活動家たちの社会運動・集合行動（日常の中の出来事、「裏の表」）」であり、もうひとつは「活動家たちが集合行動を離れて営む、家庭・職場・学校・地域などを通じた生活（日常の中の日常、「裏の裏」）」である。だからこそ、インタビュー対象者は「活動家」と呼ばれる人々ではあるが、章によってその属性には少し異なりがある。詳しくは、次頁の表のとおりである。また、性別や職業に関しては、次節「インタビュー協力者」の一覧に記載している。

基本的には、各章・各節において提示される主題を解き明かすに適切と考えられるインフォーマントへの聞き取り、彼らの執筆した雑誌記事や著書をデータソースとする。後半では活動家たちへの聞き取りにもとづき、詳細に記録した質的なデータセットを作成し、それをもとに可能な限り活動家たちの生活の実態に肉迫した解釈と分析を試みたい。

ここで、「活動家」と定義される人々について今一度記しておく必要がある。本書における活動家の定義は、インタビュー協力者の選定手続きとも大いに関連があるためだ。第一章にて、筆者は活動家を「自らを継続的に社会運動

	サミット抗議行動（第四章、第五章）		サミット抗議行動前後（第六章、第七章）	
	フロントステージ（5-1,5-2）	バックステージ（5-2,5-3）	社会運動・集合行動（第六章）	私生活（第七章）
対象者	サミットの抗議行動の設営をおこなった者	サミット抗議行動に参加した者	社会運動に継続的に参加している・参加していた者	
人数	37名	60名	75名	

表3-2　インタビュー対象者の属性

に従事していると捉え、また実際に人生を通じて複数の社会運動に携わってきた人々」として定義した。基本的にはインタビュー協力者も、自分が「活動家（アクティヴィスト、運動家、組織専従、スタッフなど、「活動家」と同様に社会運動参加者を指していると考えられる呼称を含む）」であり、組織に参加するかしないか、そこから利益を得ているかいないかということを問わず、社会運動への参加をアイデンティティの中で重要な要素として認識している人々を選んでいる。また、聞き取り時点で社会運動に参加しているか否か、同じく活動家の人々と人間関係を維持しているかという点については問わない。しかし、過去に複数の社会運動イベントに参加したことを選定の条件としている。

聞き取り調査の質問項目は、それぞれのトピックによって異なる。だが共通しているのは、運動を行う上で違うスタイルや考え方、キャリアを志向する人とどのようにコミュニケーションしているか、社会運動組織や、社会運動従事者以外の人々やセクターをどのように考えているか、という点である。またインフォーマントのライフヒストリー、個人が行う社会運動以外の行動、例えば労働や家庭生活、余暇の過ごし方といった項目に至るまで丹念なヒアリングを行っており、聞き取り時間は一時間から六、七時間に及び、一人につき一〜四回の聞き取り調査を行っている。第四章・第五章にて聞き取りを行ったサミット抗議行動参加者六〇名に加え、一五名の活動家たちに聞き取りを行った。彼ら一五名に関しては匿名化の際、名前の冒頭に「C」をつけている。それぞれの年代や従事した運動については、章末のインフォーマントリストを確認して欲しい。これにより、第六章と第七章で語りを参照する人物は、合計七五人にのぼる。

活動家の母集団が把握できないため、前半・後半ともにスノーボール・サンプリングによってインタビュー対象者を設定している。なお、民主主義や連帯、平等といった彼らの「規範」に関する知見をできる限り偏りの少ない形で論じるために、世代や性別といった属性、また職業や経験した運動といった属性が広範囲になるよう心がけた。国籍は日本が主であるが、参考として他国で活動している運動参加者にも聞き取りを行っている。属性の詳細については、次項の一覧にて明記する。

簡単に、第六章、第七章で行ったインタビューの聞き取り内容などについて併記しておく。継続的に社会運動に参加している人々、あるいは一時期社会運動を続けていたが辞めてしまった人々に対し、活動に参加した理由、継続的に集合行動へと参加するモチベーション、また活動を辞めたとすればその理由についてヒアリングを行った。彼らのキャリアやライフヒストリーについても聞き取りをし、特に、どのような分野に関心を抱き、不平や不満を持っているのか、その時々で活動するために、どういった資源を用いたのかについても詳細に記録した。多くの場合は一対一のインタビューであったが、活動家たちが友人同士や同じ組織に加盟している場合、他の活動家たちも交えてお話を伺った。

この研究は社会運動の「発生・発展」、またそれに関連する動員論的社会運動論の伝統的問いを第一に問う性格のものではない。むしろ、活動家たちが何を信じ、何を守ろうとしているか、どういった行為を勧めどのような態度をとってはいけないと感じているか、を問う研究である。だからこそ、活動家への聞き取りを行うにあたって、場所やともに食事したもの、ともに音楽や映像を鑑賞した場合はその内容なども重要な役割を担うのではないかと考えた。そのため、その点についても必要であれば付記した。継続的に運営している組織の場合、彼らが活動を行っている「事務所」や「アジト」[5]と呼ばれる施設でヒアリングをすることも多く、大学構内や公民館、市民活動センター等でも聞き取りを行った。他には、喫茶店やレストランで会話することも少なくなかった。この場合レストランや喫茶店では、自然食品やフェアトレードの商品を扱っている喫茶店である場合も多い。彼らの消費傾向や会話のトピックから、活動家たちのライフスタイルを理解できることも多いため、活動家の人々の「たまり場」である飲食店やワークスペースも比較的頻繁に利用した。活動家たちとは、筆者の私的なことがらについて話すことも多く、そのアドバイスの中で彼ら・彼女らの思想や理念、好ましいと感じる行動や判断が分かることも多かった。こうした状況についても蛇足と考えつつ、彼らのサブカルチャーを把握する一端となればと思い、記述している。

最後に、多くの活動家たちは、インターネット上のＳＮＳ（Social Network Service）やブログ、ホームページ等を持っている。この中では、集団行動組織のためのミーティングや打ち合わせが行われることもあれば、政治的な議論が交わされることもある。もちろん、政治的な発言や活動のみが行われるわけではなく、例えば趣味の話や面白いと感じられた映像をアップロードするなど、使い方は人によってそれぞれである。本書では、ＳＮＳでの発言や議論内容を積極的に引用することは少ないが、インタビュー中にＳＮＳやブログでの発言について聞き取りをし、インタビューデータの補足として用いることがある。彼らの考えをまとめた文章や詩、映像、また一見政治的でないと思われる「つぶやき」や「おしゃべり」は、活動家たちにとっての政治を明らかにする上でも有効だと考えられるためである。

三　聞き取り協力者

本節では本書の聞き取り協力者をリストアップする。表Ⅰが第四・五・六・七章、表Ⅱが第五・六・七章、また表Ⅲが第六・七章でそれぞれデータを検討した聞き取り対象者のリストである。また表Ⅳは、第四章で組織ネットワークを分析する際に検討した組織の一覧である。

【表Ⅰ：第四章インフォーマントリスト（個人）－ネットワークデータ】

名前	年齢	性別	活動地域	イッシュー	職業
A1	50代	男性	北海道札幌市	反グローバリズム	介護士
A2	40代	男性	北海道札幌市	環境・開発・フェアトレード	大学教員
A3	60代	女性	北海道札幌市	フェミニズム	専業主婦
A4	50代	女性	北海道札幌市	フェミニズム・イラク反戦	専業主婦
A5	30代	女性	北海道札幌市	環境・脱原発運動	雑貨店職員
A6	30代	男性	北海道札幌市	環境・脱原発運動	大工
A7	30代	女性	北海道札幌市	平和運動	看護士
A8	40代	女性	北海道札幌市	平和運動・脱原発運動	専業主婦
A9	50代	男性	北海道札幌市	平和・開発・フェアトレード	NPO専従
A10	30代	女性	北海道札幌市	環境運動・平和運動	編集者
A11	40代	男性	北海道札幌市	脱原発運動	看護士
A12	50代	男性	北海道札幌市	メディア活動・人権運動	医師
A13	50代	女性	北海道札幌市	環境運動	NPO専従
A14	30代	男性	北海道札幌市	活動経験なし	自然食品店
A15	30代	女性	北海道札幌市	活動経験なし	自然食品店
A16	30代	女性	北海道札幌市	反グローバリズム・平和運動	政党職員
A17	30代	女性	北海道岩見沢市	反グローバリズム運動	大学職員
A18	20代	男性	北海道小樽市	反グローバリズム・平和運動	司法修習生
A19	40代	男性	北海道札幌市	脱原発運動・人権運動	フリーター
A20	70代	男性	北海道美唄市	脱原発運動	大学職員
A21	50代	男性	北海道札幌市	反グローバリズム運動・脱原発	フリーター
A22	40代	男性	北海道札幌市	反グローバリズム・人権運動	フリーター
A23	40代	女性	北海道札幌市	フェミニズム・フェアトレード	専業主婦
A24	40代	女性	北海道札幌市	脱原発運動	専業主婦
A25	20代	男性	北海道札幌市	労働運動	大学生
A26	50代	男性	北海道札幌市	環境運動	大学教員
A27	40代	男性	北海道札幌市	人権運動	NPO専従
A28	30代	女性	北海道札幌市	活動経験なし	整骨院経営
A29	30代	男性	北海道札幌市	活動経験なし	公務員
A30	60代	男性	北海道札幌市	環境運動・メディア活動	財団主催
A31	50代	男性	北海道夕張郡	平和・反戦運動	農家
A32	50代	女性	北海道夕張郡	平和・反戦運動	パン工房
A33	30代	男性	北海道札幌市	環境運動	NPO専従
A34	20代	男性	北海道札幌市	フェミニズム・人権運動	大学院生
A35	20代	男性	北海道札幌市	人権運動	大学生
A36	20代	男性	北海道札幌市	活動経験なし	大学生
A37	40代	男性	北海道札幌市	NPOインターメディアリ（施設・資金提供の活動）	NPO専従

【表Ⅱ：第五章インフォーマントリスト（個人）－補足聞き取りデータ】

名前	年齢	性別	活動地域	イッシュー	職業
B1	20代	男性	東京都文京区	反グローバリズム	大学院生
B2	20代	男性	東京都新宿区	反グローバリズム・人権運動	大学生
B3	40代	女性	東京都文京区	メディア活動	NPO専従
B4	50代	男性	東京都町田市	途上国開発・人権運動	NPO専従
B5	40代	男性	東京都立川市	反グローバリズム・脱原発運動	大学教員
B6	30代	男性	東京都新宿区	反グローバリズム運動	大学院生
B7	60代	男性	東京都新宿区	反天皇制	書店経営
B8	30代	男性	東京都文京区	人権運動・平和運動	NPO専従
B9	40代	男性	福岡県福岡市	平和運動・労働運動	画家
B10	20代	男性	福岡県福岡市	労働運動	学生
B11	40代	男性	福岡県福岡市	労働運動	塾講師
B12	60代	男性	沖縄県那覇市	人権運動・平和運動	大学教員
B13	50代	女性	沖縄県那覇市	人権・平和・フェミニズム	市会議員
B14	50代	女性	沖縄県那覇市	人権・平和・フェミニズム	専業主婦
B15	60代	女性	沖縄県那覇市	人権・平和	新聞記者
B16	70代	男性	沖縄県那覇市	人権・平和	牧師
B17	40代	男性	東京都新宿区	労働運動	フリーター
B18	50代	男性	北海道札幌市	反戦運動	公務員
B19	40代	男性	北海道旭川市	活動経験なし	公務員
B20	30代	男性	北海道札幌市	メディア活動	NPO専従
B21	50代	男性	北海道札幌市	廃校活用・まちづくり	NPO専従
B22	20代	男性	北海道札幌市	学生の権利をめぐる運動	大学生
B23	30代	女性	北海道札幌市	脱原発・人権運動	看護士

【表Ⅲ：第六章・第七章インフォーマントリスト（個人）】

名前	年齢	性別	活動地域	イッシュー	職業
C1	40代	女性	北海道札幌市	脱原発	専業主婦
C2	60代	女性	東京都港区	逮捕者の救援活動	運動団体専従
C3	60代	女性	東京都港区	逮捕者の救援活動	運動団体専従
C4	40代	男性	北海道札幌市	脱原発運動	看護士
C5	50代	女性	北海道札幌市	脱原発運動	専業主婦
C6	50代	女性	北海道札幌市	脱原発運動	専業主婦
C7	20代	男性	北海道札幌市	新卒一括採用反対運動	大学生
C8	40代	女性	London, UK	フェミニズム運動	団体専従
C9	20代	女性	London, UK	フェミニズム運動	フリーター
C10	20代	男性	北海道札幌市	労働運動・反貧困運動	学生
C11	20代	男性	北海道札幌市	学生運動・反貧困運動	学生
C12	20代	男性	北海道札幌市	反貧困運動	学生
C13	20代	男性	東京都新宿区	新卒一括採用反対運動	学生
C14	20代	男性	東京都新宿区	新卒一括採用反対運動・学生運動	学生
C15	10代	女性	東京都新宿区	新卒一括採用反対運動・フェミニズム運動	学生

【表Ⅳ】：サミット抗議行動における組織ネットワーク分析に用いた274組織のリスト
（説明変数としてここでは「扱っている政治課題」を付記）

	組織名	環境	開発	人権	多数
1	アジア女性資料センター			X	
2	アジア連帯講座			X	
3	ATTAC Japan（首都圏）		X		
4	ATTAC 京都		X		
5	新しい反安保行動をつくる実行委員会			X	
6	IRREGULAR RHYTHM ASYLUM		X		
7	入れるな核戦艦！飛ばすな核攻撃機！ピースリンク広島・呉・岩国			X	
8	インドネシア民主化支援ネットワーク			X	
9	沖縄・日本から米軍基地をなくす草の根運動			X	
10	オルタモンド		X		
11	かさい&しゃぶい（KASAI-CCHAPPUIS）			X	
12	カトリック聖コロンバン会				X
13	釜ヶ崎パトロールの会			X	
14	関西共同行動			X	
15	9条ネットいわて			X	
16	国連公務労連（ＰＳＩ）東京事務所		X		
17	国連の食料と健康を守る運動全国連絡会（全国食健連）		X		
18	国連・憲法問題研究会			X	
19	債務と貧困を考えるジュビリー九州		X		
20	さやま市民の会			X	
21	山谷労働者福祉会館活動委員会			X	
22	社会哲学研究会（早稲田大学）				X
23	ジュビリー関西ネットワーク		X		
24	食政策センタービジョン21			X	
25	すぺーすアライズ			X	
26	生・労働・運動 net			X	
27	第九条の会ヒロシマ			X	
28	立川自衛隊監視テント村			X	
29	脱 WTO/FTA 草の根キャンペーン		X		
30	地域・アソシエーション研究所	X			
31	DeMusik Inter.		X		
32	東京一般労働組合東京音楽大学分会			X	
33	ＮＰＯ法人　日本消費者連盟			X	
34	日本アジア・アフリカ・ラテンアメリカ連帯委員会			X	

35	日本平和委員会			X	
36	ネットワーク反監視プロジェクト				X
37	NO!G8 Action		X		
38	農民運動全国連合会（農民連）		X		
39	パレスチナ連帯・札幌			X	
40	反安保労働者講座			X	
41	ピースサイクル三多摩ネット			X	
42	ピープルズ・プラン研究所				X
43	フィリピン・ピースサイクル			X	
44	フリーター全般労組			X	
45	「平和への結集」をめざす市民の風			X	
46	平和を考える市民の会・三次			X	
47	フォーラム平和・人権・環境				X
48	未来政策研究所	X			
49	「持たざる者」の国際連帯行動実行委員会			X	
50	郵政労働者ユニオン		X		
51	横浜でG8とTICADを考える会				X
52	レイバーネット日本				X
53	VIDEO ACT!				X
54	GPAM				X
55	OurPlanet-TV				X
56	JCA-NET				X
57	Democracy Now! Japan				X
58	AMARC Japan				X
59	Indymedia Japan				X
60	G8市民メディアセンター札幌準備会				X
61	MediR準備会				X
62	NPJ				X
63	日刊ベリタ				X
64	ナキウサギふぁんくらぶ	X			
65	ＮＰＯ法人　北海道グリーンファンド	X			
66	環境ＮＧＯ　ezorock	X			
67	ＮＰＯ法人　環境活動コンソーシアム　えこらぼ	X			
68	ＮＰＯ法人　環境り・ふれんず	X			
69	北海道の森と川を語る会	X			
70	ＮＰＯ法人　さっぽろ自由学校「遊」				X
71	環境地図教育研究会	X			
72	北海道ＮＧＯネットワーク協議会				X
73	ウエン・ダム（平取サンル）イラキ・シサムの会	X			

74	社団法人　北海道自然保護協会	X			
75	財団法人　北海道国際交流センター		X		
76	アイヌ民族工芸あーと・ひろ			X	
77	強制連行・強制労働犠牲者を考える北海道フォーラム			X	
78	北海道農民連		X		
79	ワーカーズコレクティブ　えこふりい		X		
80	アイヌの女の会		X		
81	森とクマにサケをネットワーク	X			
82	ＮＰＯ法人地球友の会北海道委員会	X			
83	北海道市民環境ネットワーク	X			
84	ほっかいどうピースネット			X	
85	大雪と石狩の自然を守る会	X			
86	グループシサムをめざして　札幌	X			
87	ユウパリコザクラの会	X			
88	ヤイユーカラの森	X			
89	インドネシア民主化協議会		X		
90	市民の目フォーラム北海道			X	
91	地球を愛する会@月形	X			
92	日高山脈ファンクラブ	X			
93	ザ・フォレスト・レンジャーズ	X			
94	日本環境法律家連盟	X			
95	北海道アジア・アフリカ・ラテンアメリカ連帯委員会（北海道ＡＡＬＡ）		X		
96	ＮＰＯ推進北海道会議				X
97	北海道ＮＰＯサポートセンター				X
98	十勝自然保護協会	X			
99	道南・アイヌ民族との連帯を考える市民の会			X	
100	生活クラブ生活協同組合北海道				X
101	ほっかいどうピーストレード			X	
102	attac 北海道		X		
103	北海道高山植物盗掘防止ネットワーク委員会	X			
104	ＮＰＯ法人アジア太平洋資料センター（ＰＡＲＣ）				X
105	学校のドングリの子孫を残す会	X			
106	チーム・ピース・チャレンジャー			X	
107	上野幌古紙回収ボランティア	X			
108	青森県地球温暖化防止活動推進センター（ＮＰＯ法人青森県環境パートナーシップセンター）	X			
109	北海道ＯＦＦＤＡＹプロジェクト	X			

110	札幌地区カトリック正義と平和委員会			X	
111	ぴーすぷろじぇくと苫小牧			X	
112	市民がつくる和解と平和実行委員会			X	
113	日独平和フォーラム北海道			X	
114	流域の自然を考えるネットワーク	X			
115	セイブイラクチルドレン札幌			X	
116	財団法人　オイスカ北海道支部	X			
117	ＮＰＯ法人　女のスペース・おん			X	
118	ひまわり会	X			
119	特定非営利活動法人　ワーカーズぽっけ			X	
120	北海道労働組合総連合（道労連）			X	
121	１万人フェスティバル世話人会				
122	遺伝子組み換え食品！いらないキャンペーン		X		
123	Ｇ８サミット市民フォーラム十勝				X
124	北海道赤いリボンアフリカ支援の会		X		
125	ＮＰＯ地球環境共生ネットワーク　北海道事務所	X			
126	ＮＰＯ法人トラストサルン釧路	X			
127	「北の映像ミュージアム」推進協議会				X
128	フェアトレードフェスタ実行委員会		X		
129	日本森林生態系保護ネットワーク	X			
130	横浜アクションリサーチセンター				X
131	ＣＡＷネット・ジャパン		X		
132	ＮＰＯ法人ＣＣＣ富良野自然塾	X			
133	改悪阻止！労働者・市民行動、反Ｇ８サミット札幌学生実行委員会			X	
134	ピリカ全国実・札幌圏			X	
135	米空母に反対する市民の会			X	
136	北海道自由エスペラント協会			X	
137	リブートキャンプ札幌				X
138	特定非営利活動法人 アースデイ・エブリデイ	X			
139	特定非営利活動法人 アジアキリスト教教育基金（ACEF）			X	
140	アジア人権基金（FHRA）			X	
141	A SEED JAPAN	X			
142	特定非営利活動法人 アフリカ日本協議会			X	
143	社団法人 アムネスティ・インターナショナル日本			X	
144	特定非営利活動法人 AIDS&Society 研究会議		X		
145	特定非営利活動法人 ACE			X	
146	エコアクション虔十の会	X			

147	特定非営利活動法人 オックスファム・ジャパン		X		
149	宗教法人 カトリック中央協議会 カリタスジャパン		X		
150	特定非営利活動法人 環境エネルギー政策研究所	X			
151	特定非営利活動法人「環境・持続社会」研究センター（JACSES）	X			
152	特定非営利活動法人 環境市民	X			
153	有限責任中間法人 環境パートナーシップ会議（EPC）	X			
154	特定非営利活動法人 環境文明 21	X			
155	特定非営利活動法人 気候ネットワーク	X			
156	特定非営利活動法人 草の根援助運動		X		
157	特定非営利活動法人 国際協力 NGO センター（JANIC）		X		
158	コンサベーション・インターナショナル ジャパン	X			
159	堺市女性団体協議会			X	
160	特定非営利活動法人 持続可能な社会をつくる元気ネット	X			
161	特定非営利活動法人 持続可能な開発のための教育の 10 年推進会議（ESD-J）	X			
162	市民外交センター				X
163	特定非営利活動法人 ジャパン・プラットフォーム		X		
164	特定非営利活動法人 S＝市民による海外協力の会		X		
165	社団法人 シャンティ国際ボランティア会		X		
166	財団法人 ジョイセフ（家族計画国際協力財団）		X		
167	特定非営利活動法人 食育と食の救援隊		X		
168	女性と健康ネットワーク			X	
169	人身売買禁止ネットワーク			X	
170	特定非営利活動法人 ストップ・フロン全国連絡会	X			
171	生物多様性フォーラム	X			
172	社団法人セーブ・ザ・チルドレン・ジャパン		X		
173	財団法人 世界自然保護基金ジャパン（WWF ジャパン）	X			
174	特定非営利活動法人 地球環境と大気汚染を考える全国市民会議（CASA）	X			
175	特定非営利活動法人 TICAD 市民社会フォーラム	X			
176	特定非営利活動法人 トランスペアレンシー・ジャパン		X		
177	特定非営利活動法人 NICE		X		

178	特定非営利活動法人 中野・環境市民の会	X			
179	日本カトリック正義と平和協議会			X	
180	特定非営利活動法人 日本国際ボランティアセンター				X
181	財団法人 日本フォスター・プラン協会（プラン・ジャパン）		X		
182	日本リザルツ		X		
183	特定非営利活動法人 パレスチナ子どものキャンペーン（CCP）		X		
184	特定非営利活動法人 ハンガー・フリー・ワールド		X		
185	反差別国際運動日本委員会（IMADR-JC）			X	
186	ピースボート			X	
187	ヒューマンライツ・ナウ（HRN）			X	
188	特定非営利活動法人 ほっとけない世界のまずしさ		X		
189	水と森の保全を考えるかわうそ倶楽部	X			
190	世界の医療団（特定非営利活動法人 メドゥサン・デュ・モンド ジャポン）		X		
191	特定非営利活動法人 横浜 NGO 連絡会				X
192	World Clean Project	X			
193	特定非営利活動法人 ワールド・ビジョン・ジャパン		X		
194	わかちあいプロジェクト		X		
195	特定非営利活動法人 アーユス仏教協力ネットワーク		X		
196	特定非営利活動法人 ICA 文化事業協会		X		
197	アジア・コミュニティ・センター 21（ACC21）		X		
198	財団法人 アジア人口・開発協会		X		
199	特定非営利活動法人 アジア日本相互交流センター（ICAN）		X		
200	特定非営利活動法人 アフリカ地域開発市民の会（CanDo）		X		
201	アフリカ理解プロジェクト		X		
202	特定非営利活動法人アムルトジャパン		X		
203	「いただきます！」プロジェクト		X		
204	医療系学生による国際協力隊 euphoria	X			
205	イルカ＆クジラ・アクション・ネットワーク（IKAN）	X			
206	インドネシア民主化支援ネットワーク			X	
207	特定非営利活動法人 WE21 ジャパン	X			

208	財団法人エイズ予防財団		X		
209	特定非営利活動法人 Am ネット		X		
210	エコアクションかながわ	X			
211	特定非営利活動法人 エコ・コミュニケーションセンター（ECOM）	X			
212	エコ・リーグ インターナショナルチーム	X			
213	エコロ・ジャパン	X			
214	特定非営利活動法人 エファジャパン		X		
215	ODA 改革ネットワーク		X		
216	オーフス条約を日本で実現する NGO ネットワーク（オーフス・ネット）	X			
217	沖縄環境ネットワーク	X			
218	特定非営利活動法人 幼い難民を考える会		X		
219	化学物質問題市民研究会	X			
220	特定非営利活動法人 カラ＝西アフリカ農村自立協力会		X		
221	特定非営利活動法人 関西 NGO 協議会				X
222	教育協力 NGO ネットワーク（JNNE）		X		
223	特定非営利活動法人 グッドネーバーズ・ジャパン			X	
224	グリーンアクションさいたま	X			
225	特定非営利活動法人 グリーンピース・ジャパン	X			
226	グローバル・タックス研究会		X		
227	グローバル・ヴィレッジ	X			
228	財団法人 ケア・インターナショナル ジャパン		X		
229	財団法人 結核予防会結核研究所		X		
230	高齢社会 NGO 連携協議会			X	
231	国際エイズワクチン推進構想（IAVI: イアヴィ）		X		
232	財団法人 国際開発救援財団		X		
233	国際環境 NGO FoE Japan	X			
234	特定非営利活動法人 国際協力 NGO・IV-JAPAN		X		
235	特定非営利活動法人 国際子ども権利センター			X	
236	IFAW（国際動物福祉基金）ジャパン	X			
237	特定非営利活動法人 ザ・ダパートファンデーション				
238	サステナビリティ・コミュニケーション・ネットワーク（NSC）環境部会	X			
239	特定非営利活動法人 ジーエルエム・インスティテュート		X		
240	特定非営利活動法人 シェア＝国際保健協力市民の会		X		

241	滋賀県環境生活協同組合	X			
242	児童労働ネットワーク			X	
243	シビックアクション千葉			X	
244	ジャパン ユース G8 プロジェクト				X
245	Think the Earth プロジェクト	X			
246	STOP！劣化ウラン弾キャンペーン実行委員会			X	
247	生物多様性 JAPAN	X			
248	世界連邦運動協会			X	
249	石炭火力発電所問題を考える市民ネットワーク（石炭火電市民ネット）	X			
250	特定非営利活動法人 総合教育研究所			X	
251	地球生物会議 ALIVE	X			
252	特定非営利活動法人 地球の木	X			
253	ちば生物多様性県民会議	X			
254	特定非営利活動法人 チャイルド・ファンド・ジャパン		X		
255	ツーリング洞爺湖 二〇〇八	X			
256	特定非営利活動法人 名古屋 NGO センター				X
257	特定非営利活動法人 2050	X			
258	財団法人 日本自然保護協会（NACS-J）	X			
259	日本湿地ネットワーク	X			
260	特定非営利活動法人 日本水フォーラム	X			
261	財団法人 日本野鳥の会	X			
262	特定非営利活動法人 ニンジン	X			
263	特定非営利活動法人 バードライフ・アジア	X			
264	特定非営利活動法人 HANDS（Health and Development Service）		X		
265	特定非営利活動法人 BHN テレコム支援協議会（BHN）		X		
266	仏教 NGO ネットワーク		X		
267	特定非営利活動法人 フリー・ザ・チルドレン・ジャパン（FTCJ）		X		
268	平和省プロジェクト JUMP			X	
269	特定非営利活動法人ベルデ（環境 NPO ベルデ）	X			
270	みどり関西				
271	特定非営利活動法人 ラオスのこども		X		
272	YDP Japan Network				X
273	若手専門家による地球温暖化対策審議会	X			
274	特定非営利活動法人 わかやま環境ネットワーク	X			

（本表およびネットワークデータは松本（二〇一〇：一三〇‐一三二）、『二〇〇八年G8サミットNGOフォーラム活動報告書』（http://www.janic.org/activ/activsugestion/二〇〇八g8ngo/二〇〇八g8/二〇一四年八月三一日最終アクセス、『二〇〇八年G8サミット市民フォーラム北海道最終報告書』（市民フォーラム北海道二〇〇九）を参照して作成）

〈注〉

1　もちろん、警備は運動のフロントステージだけでなくバックステージにも大きく影響を及ぼす。アメリカや欧州、アジアを問わず路上でのデモ行進やアピール行動を行う際、活動家たちは警察と事前に打ち合わせをし、デモの時間・場所・内容に関する情報提供をしなくてはならない実情が明らかになっている。この背景として、警察によって許可された運動のみが実行可能になるというPolicing（警察による取り締まり）の現状があるためであろう（Della Porta and Reiter eds. 1998: 251-255）。八〇年代から九〇年代にかけて、事前交渉や合意形成による穏健なポリシングが中心となるが、この傾向はサミット抗議行動においても同様に見られている。警察は活動家や抗議行動に関する情報収集をしながら、危険な手段を取る可能性が高い活動組織や、とくに暴力的な活動が行われるであろう場所を事前に把握し、効率よく活動家を逮捕しようとする（Rosie and Gorringe 2008, Della Porta et al. eds. 2006）。

2　詳しくはWasserman and Faust（1995）などを参照のこと

3　ここではイベントを共有する者同士は同じイベントの参加者であるというアイデンティティを共有する結果、社会関係が形成される（e.g. Breiger 1974）ということを前提にしている。実際に一緒にイベントに参加したことが、どの程度活動家の連携における現実を反映しているのか疑問を持つ読者も多いと思われる。サミット抗議行動のイベント件数は五〇件程度、また北海道札幌市の社会運動における年間総イベント数は年間約二〇〇件近くと決して小さい数字ではないが、各イベントの参加人口は最も多い七・五ピースウォーク（二〇〇八年七月五日）の五千人、市民サミット（二〇〇八年七月六日）の四千人を除き、最低二〇名、最高三百名といった数字に留まっている。また三七名のインフォーマントは、自分がどのイベントに参加したかということだけでなく、そのイベントに地元参加者の誰が参加していたかをある程度明確に記憶していた。

4　二〇一六年三月七日、サミット抗議行動運営に参与した地元外参加者とのメールのやりとりより。

5　「アジーティング・ポイント」の略。事務所やオフィスと同様、市民団体のメンバーが会議や各種準備を行い、必要資材の物置として利用する場所と捉えられるが、事務所やオフィスよりもより秘匿性の高い場に対して与えられる用語と解釈できる（A22氏インタビュー、二〇一三年一一月二一日、於札幌市北区）。

第四章　出来事としてのＧ８サミット抗議行動

一　「イベント」としての二〇〇八年北海道洞爺湖Ｇ８サミット抗議行動

第三章では、反グローバリズム運動が限られた時間と場所で行われる、多様な担い手による活動であることを説明した。本書が事例とする二〇〇八年北海道洞爺湖Ｇ８サミット抗議行動についても果たしてそうと言えるのかについて、説明を行う必要があるだろう。本節では、サミット抗議行動という「イベント」がどのようなものであり、どういった文脈のもとで開催されたのかを、参加者たちによるドキュメントやインタビューデータから今一度確認する。

本題に入る前に、Ｇ８サミットとその抗議行動が辿ってきた歴史的経緯を説明したい。Ｇ８サミットは主要国八カ国（カナダ、フランス、アメリカ、イギリス、ロシア、ドイツ、日本、イタリア）[1]より成り立っている首脳会議である。一九七四年に発足し、一九七五年より年に一度会議が開催されている。開催地は上記八カ国の持ち回りであり、あらかじめ定められた開催国で、毎年主要国の首脳たちが、国際的な政治・経済政策に関する会議を行う。その度毎に、活動家たちは開催国に集まり抗議行動を行うのである。（野宮・西城戸編　二〇一六）

政治・経済のグローバル化がもたらす新自由主義的政策と、それが引き起こす貧困や人権侵害といった問題を解決するための、あるいはそのような問題の存在をアピールするためのキャンペーンはＧ８サミット発足以前から行われており、Ｇ８（Ｇ７）サミットが初めて開催された一九七五年以降はサミット抗議行動に対抗する社会運動もほぼ毎年発生していたが、ごく小規模なものであったとされている（ATTACフランス・コバヤシ・杉村　二〇〇八）。明確にサミットが開催される現地での大規模な行動が見られるようになったのは、アメリカ・シアトルで一九九九年に行われたＷＴＯ閣僚会議抗議行動以降ではないだろうか。ＷＴＯ閣僚会議が行われるシアトル市街に、約五万人の活動家たちが集まった。彼らは、抗議行動によって閣僚会議を中止することに成功したのである。こうしたＷＴＯ閣僚会議の「成功」以降、Ｇ８サミットを含む閣僚会議への抗議行動はさらに担い手の幅を広げ、手法を多様化させながら、会議が開催される地域で、開催期間に限定して行われている。そのような二〇〇〇年代の反グローバリズム運動の潮流の中に、二〇〇八年北海道洞爺湖Ｇ８サミット抗議行動も存在したのである。

従来の社会運動研究における議論をふまえるならば、人々はサミットでの決議内容に対してなにか物申したいため、またはサミット開催そのものに抗議するために、サミット抗議行動に参加したと想定できるだろう。しかし実際には、サミット抗議行動は、Ｇ８サミットに対する異議申立てという目的に同調した人々だけを惹き付けているわけではない。多くの参加者にとって、サミット抗議行動は、グローバルな政治・経済状況のもとでＧ８サミットのプロセスに介入もしくは抗議する活動であるが、それ自体実行しなければならない「イベント」としてあったこともまた事実だ。そして、そのイベント的な側面をより精緻に分析することによって、社会運動の新たな側面を発見することができるのではないかというのが、本書の立場である。

では、サミット抗議行動が参加者たちにとって「イベント」であった、というのは、どういう意味なのか。本章では、二〇〇八年北海道洞爺湖Ｇ８サミット抗議行動が実行された経緯を明らかにし、それが単にＧ８サミットに対して抗議するというだけでなく、「外国人参加者の受け入れ」や「社会運動のグローバルスタンダードに追いつく」といった意味も込められていたことを明らかにする。結果としてサミット抗議行動がスケジュールに則ったものであり、何らかの目的のためにイベントの実行があるというのではなく、イベントの実行そのものを上位目的とした社会運動でもあったことを示す。さらに、社会運動がこうした「実行主義」のもとでオーガナイズされたために、一部の人々は、そのイベントのコンテンツに惹かれて参加し、またある人々は義務感から運動に参与することを示す。本節では最後に、サミット抗議行動についての批判を通じて、サミット抗議行動がグローバルな社会運動の潮流を強く受けてオーガナイズされている点や、そのスケジュール的な主導権を「敵」であるサミット側に握られているといった、社会運動のイベント性や、実行主義が生み出す負の側面を明らかにしながら、社会運動を「イベント」的な側面を強調して実行することにより生み出される特質を今一度考えてみたい。

意識される「外国の社会運動」

一九九〇年代以降、政治・経済のグローバル化が取り沙汰されるにつれ、社会運動も国家を超えた問題群に取り組むようになった。グローバルな規模の社会運動といっても、NGOによる国際機関への政策提言や閣僚との交渉から、イラク反戦運動などに見られる世界中での同時多発デモンストレーションなど、取り扱う問題や運動体、抗議の形態は様々である。

グローバルな運動の中でも、とりわけ反グローバリズム運動の場では、利益や興味関心、また主に取り組む問題を超えたNGO・NPOの連携がしばしば見られる。これは反グローバリズム運動が民族・マイノリティや人権、平和や反戦など多様な問題系を結ぶためである。特にG8やCOP（Conference Of Parties）、またWTO（World Trade Organization）閣僚会議など、閣僚会議への抗議行動において組織間の連携が強く見られる。こうした行動は、一年〜数年に一度定期的に、場所を転々として開催される。抗議行動従事者たちは会議が開催されるたびその開催地に集まり、三日から一週間といった開催期間に限定して活動を行う。活動内容は、閣僚会議で作成される政策や協定の変更を要求するものや、会議の開催自体に抗議するものなど様々である。例年、閣僚会議が開催される国・地域に在籍する既存のNGO・NPO・労働組合といった市民団体が中心となって準備団体を設立し、他の国内外の活動家たち

に要請しながら閣僚会議への抗議行動を実践してきた（Della Porta ed. 2006）

多様な領域で活動する人々がサミット抗議行動に参加するといったあり方は、二〇〇八年北海道洞爺湖サミット抗議行動についてもあまり変わらない。政策提言や申し入れ、デモやシンポジウムといったイベントは、サミット抗議行動に向けて結成されたいくつかの準備団体を運営主体として開催することになった。準備団体はいくつかあり、この準備団体も地元である北海道のＮＰＯ・ＮＧＯ七三団体を主体とした「市民フォーラム北海道」「アイヌモシリ北海道」、北海道に限らず多くのＮＧＯ一三六団体が加盟する「ＮＧＯフォーラム」、また首都圏の市民団体・労働組合五一グループを中心に結成した「Ｇ８を問う連絡会」がその代表的なものだ（松本 二〇一〇）。二〇〇八年三月時点で、Ｇ８を問う連絡会・市民フォーラム北海道・Ｇ８を問う連絡会をオーガナイズしていた三名の代表者による誌上対談が、社会運動従事者を主な対象とした雑誌『インパクション』上で行われたが、以下は準備団体「Ｇ８を問う連絡会」の代表者・小倉利丸氏の発言である。

小倉：連絡会自身は、古い新左翼（笑）のスタンスを持っている人たち、キリスト者、それからアナキストもいますし、個別の課題に取り組んでいるさまざまな地域の運動体が参加しています。ＮＧＯフォーラムに参加している団体も入っていますし、非常に多様なんです。共通の合意事項は、連絡会が参加の呼びかけとして出している文書だけです。（大橋・越田・小倉 二〇〇八：九）

次節ではサミット抗議行動の組織間ネットワーク分析を行うが、上に挙げた準備団体に加盟している組織は規模や資金源、在籍地、取り扱う問題、すべてにおいて多様であり、同じ準備団体に加盟していながらも、むしろ共通点を見つけ出すほうが困難かもしれない。Ｇ８サミットに対するスタンスも団体によってそれぞれであり、「開催を反対する」「粉砕する」といったものから、「歓迎しない」「提案する」といった主張を行う団体まで幅広い（大橋・越田・小倉二〇〇八）。

社会運動は、ある社会制度の改廃や政党の変更といった政治的機会のもとで、社会制度への不満・不平を共有した人々が、ある政治的な目標・目的を形成し、資源を動員したために発生するものと考えられるだろう。そしてサミット抗議行動も、そうした社会運動の一つにほかならない。しかし、二〇〇八年北海道洞爺湖G８サミット抗議行動の開催には、ある政治的理念の達成や社会変革とは少し異なる、多くの目的や思惑が込められていた。

その多様さは、サミット抗議行動をなすさまざまなイベントや、サミット抗議行動を実行する上で設営される施設や準備団体のありようにも現れている。日本の活動家たちにとって、「反グローバリズム運動」「サミット抗議行動」はどのように映ったのだろうか。

第三章でも言及したとおり、サミット抗議行動や反グローバリズム運動を行う上で、「メディアセンター」という施設がほぼ毎年運営されている。この施設もまた、一九九九年シアトルでのＷＴＯ閣僚会議抗議行動で大きな影響力をもっていた。世界中でマスメディアが抗議行動の状況を報道せず、場合によっては敢えて社会運動・抗議行動の映像を流すことを避けようとする実情がある。このような状況に不平を抱いた活動家たちが、自らインターネットやミニコミ誌（海外ではMagazineの「Zine」を取って「ジン」と呼ばれる）、ラジオで抗議行動の状況を報道した。そのために抗議行動の情報を集積し、発信する拠点となるのが、メディアセンターであった。

二〇〇八年の北海道でも例年の行動と同様にメディアセンターが設置された。この施設を設営した一人であるA10氏は、サミット開催半年前から札幌でメディアセンターの事務局に携わっていた。彼女はメディアセンター設立に携わった経緯について、以下のように語る。

Ａ10：（サミット抗議行動に際して）「ちょっと何かやらなきゃいけないんじゃないの？」って感じ（の雰囲気）で、そこから（どんな活動をするか）話し合うっていうより、ＹさんとかＺさん（二〇〇七年のドイツ・ハイリゲンダムＧ８サミット抗議行動に参加した活動家）とかドイツに行った人々が（海外の活動家から）「次日本だよ、あなたたちの国ですよ、あなたたちの国でもちゃんとやるんですよね」という、圧力と言うかプレッシャーかけられて、でそれ（サミット抗議行動を主に運営して欲しいというプレッシャー）を札幌の私たちにかけてきたというような感じですね……。[3]

二〇〇七年以前のサミット抗議行動に参加した日本の活動家たちは、ドイツやイギリスといった国の出身である海外の活動家たちから、Ｇ８サミット開催の際には北海道の活動家もメディアセンターなどの運動拠点を設営しなくてはならないと説かれる。しかし、それはなぜ「しなくてはならない」と「プレッシャーをかけ」られるほどのものとして認識されてしまったのだろうか。第一に、抗議行動を日本で準備しようがするまいが、海外からの参加者はやってくるためである。さらに日本の事情を知らない海外の活動家たちは逮捕されてしまう危険性と隣り合わせである。彼らが機動隊や行政によって排除され、危険な目に遭わないためには、現地の活動家が宿泊や抗議行動の設営を行わなくてはならない。過去の抗議行動でも外国からの参加者が多数、Ｇ８サミットが開催される地域に集結し、抗議行動を行っていた（Harvie et al. 2005; 成田 二〇〇八、栗原 二〇〇八）。そのたびに現地の人々は、キャンプやメディアセンターといった形で参加者たちの活動拠点を形成し、デモやシンポジウム、ワークショップを企画して海外の活動参加者を「もてなす」必要に迫られた。

大学教員のＡ26氏もまた、北海道で市民活動に長年携わってきた一人である。Ａ26氏は、サミット抗議行動に対して「得るところが少なかった」「目的が漠然としすぎている」[4]と残しながらも、サミット抗議行動を続けた理由について「義務感」「やらなきゃいけない」ため、と答えた。その裏側には、海外や国内他地域からやってくる客人の存在がある。

A26：「やらなきゃいけない」と思ったんじゃないかな。忙しくなるとは思ってたけれども、大した忙しさじゃないだろうし、実際に、GとかHさん（ともに活動した人々）は大変だったけれども、僕らはその（市民サミット開催の）周りの何週間かは大変だったけれども、むちゃくちゃ忙しかった訳では無いし……サミットってものは良く解らないものじゃないですか。東京の方が動いてるってのも解ってたし、それは、札幌でやる限りは、札幌の市民運動、市民活動がある程度前面に出て動いてやらなければならないなと言うのは誰しも思いますよね。当然海外とか東京とか、沢山ここに来るわけだから、来てただ「どうぞ」って訳にもいかない訳でさ、それはやっぱり「やらなきゃいけない」ってのは思う訳ですよね。そういう、義務感みたいなものかな。
（筆者：ホスト国というか、ホストになる責任感（ですか）。）
A26：そういうことでしょうね。「サミットについて物申したい」と言うのでは、僕に関してもないし、Gに関しても、Hさんもないと思いますね。[5]

日本の活動家の多くにとって、サミット抗議行動ははじめての「反グローバリズム運動」だった。何千人、もしかすると何万人もの活動家たちが、北海道にやってくるかもしれない。誰がどこから、何人来るかもわからない中、日本の活動家たちは、サミット抗議行動を設営する必要があったのだ。

しかし、海外の活動家や反グローバリズム運動の潮流を「受け入れる」という言葉に込められた意味は、ただ単に宿泊の場や活動の場を提供するというだけではない。サミット抗議行動を「やらなきゃいけない」第二の動機として、日本にいる一部の活動家たちに、強い「反グローバリズム運動」への理想があった。彼らは、ヨーロッパのアクティヴィズムを実現させ、日本の活動家たちがグローバルスタンダードに追いつくための場として、二〇〇八年のサミット抗議行動を捉えていた。こうした使命感を特に強く感じていたのが、普段から海外の活動家たちと協力して活動し、反グローバリズム運動に周期的に参加していた活動家たちである。

B1氏は、それまでイラク反戦運動や反グローバリズム運動に参加はしていたものの、自らイベントを企画して社会運動のオーガナイズをした経験がなかった、と語る大学院生である。洞爺湖G8サミットの一年前に、ドイツ・ハイリゲンダムで開催されたサミットへの抗議行動に参加し、「抗議行動としてのキャンプを日本でもするべきだ」[6]と強く感じた。札幌と東京を行き来しながら、半年以上の間キャンプやシンポジウムの設営に関わった。サミット抗議行動の「キャンプ」を立ち上げた動機と感想を、彼は以下のように語る。

B1：キャンプって、ドイツで見た時に非常に感動して、「人類はこういう発明をしてたのか！」と、自然と思ったんですね。「これ（キャンプ）は発明だから、もっと模倣されていく」と思って……事実、こないだコペンハーゲンのCOP15に行ったんだけど、かなりシアトル以降作られてきたオルターグローバリゼーションの運動文化っていうのが浸透して一周したって感じ。多分、二〇〇七年のドイツが動員的にも運動のオーガナイズ的にも良かったと思うんだけど、こないだは二〇〇九年一二月、シアトルからちょうど一〇年経って、そこの組織化とかを見てて思ったのは、本当に、キャンプは（コペンハーゲンが）寒いから無かったけど、キャンプ的なアコモデーションの作り方って言うのを見て、かなり浸透していると思うし、そこに日本も地理的な意味で……「日本」っていう意味で加わったんだって言う感じはします。[7]

欧州で行われているような反グローバリズム運動やオルターグローバリゼーション運動の実現が彼らの目的であり、それは具体的に言えば二〇〇八年G8サミット抗議行動において、「キャンプ」「メディアセンター」を設置するという抗議行動のイベント実行に重きを置いたものだった。その一方で、キャンプやメディアセンターの設立には関わっていないが、普段から政策提言や政府との交渉といった活動をしている人々も、同じ理念を共有していた。

B4氏は、日本赤十字、開発NGOの理事長を経て現在大学教員と開発NGOインターメディアリのスタッフを併任している。国際会議への提言活動や大規模な資金調達をこなしながらも、環境系や平和・人権系といった異なるNGOとの大きな連携を果たす経験は未だかつてなく、サミット抗議行動を終えた感想として「ものすごく大変だった。一年間は疾風怒濤の時代だった」[8]と漏らしている。抗議行動を経た印象を、彼はこう語った。

B4：（サミット抗議行動を経て）私は南アジア（の領域で主に活動している立場）ですけど、南アジアもアジアの人たちも色々なリーダーを呼ぶことが出来たので、日本のNGOでもこういう動きがあるってことは高く評価されているとして良いんじゃないですかね。「ああ、日本のNGOよくやってるぞ」って言うのがアジアの評価としては。首相との面談でもアジアの人を呼んだ、というのは良かったと思いますよ。環境系の人たちとの付き合い、平和人権系の付き合いも前よりずっと広がったしね。外務省との関係も、ある意味で、意識的なレベルも変わったでしょうね。「前より（NGOの）プレステージを上げた」という部分で自信になったと言う事はあります。[9]

サミット抗議行動は、実質的な要請として、宿泊やイベントといった形で外国人活動家を受け容れるためのイベントであった一方、外国人活動家や国内の活動家に認められるという象徴的な意味合いがあったこともまた、B1氏とB4氏の語りが示している。この裏側には、ヨーロッパやアメリカ、あるいは途上国ほど日本の社会運動が発達していない、という、日本の活動家間でおぼろげにではあるが、ある程度共有された認識がある。例えば、サミット抗議行動に参加した活動家たちを招待して開催された総括討論会の題目は『反洞爺湖G8サミット行動をめぐって――日本に反グローバリゼーション運動は上陸したのか？』（『ピープルズ・プラン』第四四号、二〇〇八年冬）というものだった（ピープルズ・プラン研究所 二〇〇八）。多くの参加者らにとって、サミット抗議行動を実行することそのものが、反グローバリズム運動を日本へと「上陸」させることであり、グローバルな社会運動の潮流に追い付くことだったのである。

「実行主義」「イベント主義」が生み出す参加のあり方

前項にて示した通り、サミット抗議行動は、海外からのプレッシャーや期待を受ける形で、その実行を最大の目的としていた側面があった。さらに、「実行主義」の社会運動において問われるのは、「どのような目的の元で活動をするか」よりも、「どのような内容の活動を行うか」ということだ。日本の活動家たちはサミット抗議行動を行うにあたり、どのようなイッシューのもとで準備団体を組織し、サミット抗議行動に対しどのような形で介入するのか、といった点だけ念頭に置いて活動していたわけではない。むしろ、過去の抗議行動でどのようなコンテンツが実行されてきたか、どういったイベントが運営されていたのかを重要視していたようにも見られる。

B3氏は、テレビやラジオといったマスメディアに代わり、インターネットを通じてオルタナティブメディアとして報道を行うNGO団体の代表として活動している。主に日本で活動する彼女にとって、サミット抗議行動は「ぜんぜん知らないで巻き込まれた[10]」活動だったそうだが、企画を行った中心人物とともに設営を行いながら、彼らが強い使命感を持っていることに気がついたという。

年	開催国	抗議行動の場	デモ	シンポジウム・フォーラム	メディアセンター	キャンプ
2001	イタリア	ジェノバ（現地）	○	○	○	
2002	カナダ	カルガリー（大都市）	○			
		カナナスキス（現地）		○		
2003	フランス	スイス・ジュネーヴ（大都市）、フランス・アンヌマス（大都市）	○	○	○	
		クランヴ・サルス（現地近郊）				○
2004	アメリカ	セントサイモンズアイランド（現地近郊）	○			
2005	イギリス	エジンバラ（大都市）	○		○	
		スターリング（現地近郊）	○			○
2006	ロシア	サンクトペテルブルク	○	○		
2007	ドイツ	ロストック（大都市）	○	○	○	○
		レデリヒ、ウィヒマンスドルフ（現地近郊）	○			○
2008	日本	札幌（大都市）、当別（大都市付近）	○	○	○	○
		伊達、壮瞥、豊浦、留寿都（現地近郊）	○			○

表 4-1　イベントと抗議行動開催地
（Harvie et al. 2005, 警察庁 二〇〇七より筆者作成。デモは場合により、交通遮断や暴力行為など「直接行動」と呼ばれる行為を含む。また、シンポジウムは、提言や陳情といった内容を含む）

Ｂ３：キャンプ、インフォセンター、メディアセンター、リーガルチーム。多分ここの四つが、すごい重要だなって思って彼ら（二〇〇七年夏頃前からサミット抗議行動を設営している人々）は（抗議行動を）やっているので。やっぱり、それ（ヨーロッパのアクティヴィズム）を日本でどういう風に（実現するか）、海外の人を受け入れてやって行くか、っていう使命感があったんじゃないですかね……。（中略）多分、彼（メディアセンター運営の中心人物）はすごく強いミッションを感じて、多分、自分を無にして、「メディアセンターをやんなきゃ」って意味で、相当我慢してたと思います。相当、調整に心を砕いて（いた）。[11]

Ｂ３氏の語りは、主たるオーガナイザーにおいて抗議行動の目的が、キャンプやメディアセンターと言ったイベントの実行そのものにあったことを端的に示している。サミット抗議行動におけるイベントの多くは、過去にサミット開催国で行われた海外の事例から多く引用されている。G8サミットは、先述の通り「首脳国」と呼ばれる八カ国[12]で開催されている。その度毎に必ずといっていいほど現地のNGOや運動グループが声を上げ、抗議行動を組織してきた。それは必ずしも内発的な、閣僚会議に対する純粋な抗議の声でなく、他国の活動家からの依頼がきっかけとなったり、現地に住む人々の義務感から行われるという場合も多々あるのは、先述した通りである。

　では、どのようなコンテンツが過去の運動から参照され、実行されているのだろうか。前頁の表は、二〇〇一年から二〇〇八年のサミット抗議行動で活動家が採用した主なイベントの一覧である。

　この表から、二〇〇三年以降はサミット抗議行動のレパートリーとして閣僚会議の開催地近郊に「キャンプ」が、さらに開催地至近の大都市に「キャンプ」に加え「メディアセンター」が頻繁に登場しており、二〇〇四年・二〇〇六年を除き、これらのイベントが半ば定例的に採用されているとわかる。二〇〇八年のサミット抗議行動もまた、このような事情を受け容れて組織されていたことは、先述した「プレッシャーをかけてきた」と語るA10氏や、オーガナイザーたちの理念を把握していたB3氏の語りからも想像がつく。既に戦術の組み合わせとして、サミット抗議行動に即した抗議形態が確立しており、その実行が定例化されている、という印象を受ける。

　活動家たちの宿舎として例年設営される「キャンプ」の中核を担ったA16氏とA18氏は以下のように語る。彼らはサミット抗議行動以前から数年間札幌で市民活動を行っていた。キャンプを設営した彼らも、メディアセンターに関わったA10氏やB3氏と同様に、サミットが開催される二〇〇八年の初め頃、反グローバリズム運動に携わる東京の活動家たちから、キャンプの設営を要請されていたのだ。

　A16：Dさんたち（東京で反グローバリズム運動に携わっている人々）が最初に話を持ってきてそれから（抗議行動に関わり始めました）。彼らがドイツ（二〇〇七年G8サミット抗議行動）から帰ってきてすぐ、一ヶ月後くらいに札幌に来てもらったのでその時に話をして、「次北海道だから、札幌でもやりたいんだ」って話はしたんです。（中略）A18：「どれくらい人が来る」とか、「それに対してこれ位の物が必要だ」とか、「この位の規模が必要だ」と……「その根拠はどこにあるんだ」ってずっと思ってたけれど、それは結局東京にいる人たちの（裁量に任せていた）。そこの大風呂敷があって、そこから（キャンプの企画が）始まってる。[13]

二〇〇七年ドイツでのサミット抗議行動に参加した東京の活動家たちは、G8サミットが開催される北海道の人々へと抗議のためのイベント設営を要請したことが、彼らの語りから明らかになる。ドイツから東京の人々へ、さらに東京から運動の開催地で生活する北海道の人々へとイベントの設営が要求された。キャンプだけでなく、メディアセンターやシンポジウムに携わった人々も同じような状況に直面していた。

抗議行動がいわば「手段志向」「コンテンツ本位」になることで、参加のあり方も変わる。参加者たちのモチベーションは、政治的に明確な目的を持つ抗議行動に参加したいというよりも、あるイベントの設営や運営過程を体験したいといったものになる。あるいは先述した通り、外国人の受け入れや日本の活動家としての責任のために運営や設営をしなければならない、という義務感に基づいたものになる。

もちろん、純粋にサミット抗議行動の目標に賛同する者もいる。A13氏は、運動の目標への賛同という、ある意味一番オーソドックスな方法で運動に参加した人である。北海道で長年にわたり環境活動に関わっており、複数のNPOや市民団体のネットワークに関与している。そうしたネットワークを通じてサミットへの抗議活動を知り、北海道のNPOが中心となって結成したネットワーク「市民フォーラム」に参加する。活動参加の契機を、彼女は以下のように語る。

Ａ13：これ（Ｇ８に関する市民運動）が、色んな団体が集まって、政府、自治体、行政と対立するんじゃなくて対話をする機会になるんじゃないか、っていうのと……それぞれちょっと主義主張が違うのをやっている色んな団体があるけれど、その中で合意形成（を行う）機会が出来るんじゃないかと、そういう思いで参加したというところです。[14]

この言葉は、Ａ13氏が加盟していた準備団体のひとつ「二〇〇八年Ｇ８サミット市民フォーラム北海道」の掲げていた組織目標「北海道内のＮＧＯ・ＮＰＯが一緒に活動し、『市民の声』をサミットに反映させる」（市民フォーラム北海道 二〇〇九）と合致する。

彼女は、普段から市民活動を行う中で、行政との連携や、自らとは違う問題に取り組む運動主体とともに活動したいという思いを抱いていた。そうした日頃の問題意識と、元々持っていたネットワークを通じて加盟した準備団体（市民フォーラム）の目標が合致し、活動への参加に至ったと考えられる。

一方、こうした参加動機は、前頁にて語りを紹介したキャンプの参加者、Ａ16氏やＡ18氏には当てはまらない。多くの活動家たちは社会運動によって賃金を得ているわけではないため、サミット抗議行動に参加するか否かは彼らの自由である。日本の活動家として「義務感」「責任感」を持っていたからといって、それを発揮しなくてはならない必要はどこにもない。しかも、彼らは前述のとおり、活動の目的を完全に把握しているとは言い難く、また積極的に賛同しようとも考えていない。「グローバリゼーションや新自由主義というテーマには当事者性が薄く、共感できない」[15]とサミット抗議行動の主張を把握しながら同調しない態度を取るＡ16氏は、以下のように語る。

Ａ16：サミットの前は、札幌の活動家は誰かしら何かしなくちゃいけない感じだったし、集会とかでは色々（サミット関連の活動の）勧誘って言うか「協力頂けませんか」みたいなの沢山するし、そこから（サミット抗議行動の存在を知った)。(中略)世界社会フォーラムとかシアトル(WTO閣僚会議抗議行動)の映像を見せてもらったりして、「ああ、これなんて楽しそうなんだ!」とか思って。「ああいうの(西洋の面白いデモ)をちょっと導入できないかな」とか思っていた所、ちょうど「サミットがこっちに来る」みたいな感じ。[16]

「誰かしら何かしなくちゃいけない」と、地元活動家の中に「義務感」「責任感」のようなものがあったことを明かした上で、A16氏はあくまで「楽しそう」、抗議行動の戦術を地域の活動に「ちょっと導入できないかな」という「興味本位」や「好奇心」から運動に参加したことを明かしている。

こうした参加のあり方が存在していることは、開催されるべきイベントが先に決まっている、コンテンツ主導であり、手段志向型・イベント実行主義の運動であることに基づいている。A16氏やA18氏、あるいはドイツの活動家たちにプレッシャーをかけられた人々は、G8への抗議をすることではなく、外国人参加者を受け入れるための色々なイベントを実行するよう要請されていた。メディアセンターを設営し、「海外の活動家がプレッシャーをかけてきた」と語ったA10氏は、運動に参加した動機を続けて以下のように語る。

A10:(北海道の社会運動は)東京とかと違って人も少ないですし、自分たちがやらなければ誰もやらない。(運動の)グローバルスタンダードって点で、世界的な大きい国際会議があって、それに対してG8に参加している国々がそれまでやってきていることを日本(の活動家)がやらないなんて、おかしいじゃないですか。だからやっぱり、何が何でも、やらなきゃ。日本の状況を考えると、多分海外の人からブーイングも、不平不満も出るだろうけども、それでも出来る限りのことやらなきゃっていう、そういう話を毎日のようにしていて。[17]

彼女は、メディアセンターの設営こそが「日本の運動がグローバルスタンダードとして認められる機会」だとして語っている。メディアセンターの設営は、彼女にとって日本にいる活動家としての義務（「出来る限りのことをやらなきゃ」「日本（の活動家）がやらないなんて、おかしい」）なのである。さらに同じくメディアセンターの設営に関わったＡ27氏は、「日本国内でサミットがあったら、（日本国内の）どこかの人たちが（設営を）やらされる物[18]」と、義務感からメディアセンターの設営に関与したことを認めつつ、その経緯を「しゃーないじゃないですか[19]」と語った。それまで、同様に地域で市民活動に従事してきた活動家であっても、Ｇ８に抗議するという目的に共鳴する者と、知っていても積極的に共鳴せず、「楽しそう」「やらなきゃ」といった、手法・手段に対する関心から運動に参加する者たちがいる。この点で、既に、従来語られてきたような社会運動の担い手像や参加のあり方が適用しづらい運動であることが分かる。

こうした「コンテンツ」としての運動の手法、「イベント」としての抗議行動は、期間と場所を限定することにより、さらに政治色の薄い活動参加を促すことになる。たとえば、Ａ36氏は、社会運動に携わった経験は自覚している限り殆ど無いが、サミット抗議活動に参加した一人であった。「ＮＧＯフォーラム」と「市民フォーラム北海道」が共催した「市民サミット」に参加した彼は、参加の動機を以下のように語る。

Ａ36：外国の人も来るというので、英語の練習兼ＮＧＯとの交流（をしたかった）。自分の経験値を上げようかな（と思った）。（ＮＧＯのことは、）授業で扱わないから自分で行くしか無いと思って……。南アフリカとか、マイナーな国の人、（普段の生活では）会わないだろうなあっていう人（が来るという情報を耳にしたので）[20]。

Ａ36氏は「英語の練習」「ＮＧＯとの交流」という参加の動機を述べている。Ｇ８やグローバルな問題への関心から抗議活動に参加した訳ではない点でＡ36氏はＡ10氏やＡ16氏と同様だ。しかし、メディアセンターやキャンプに携わったＡ10氏・Ａ16氏は目標に共鳴するか否かは別として、この運動の目的を理解していた。Ａ36氏に至っては、サミット抗議行動の目標を把握していないのである。イベントの実行や達成が優先される社会運動の中では、Ａ36氏のような参加も生じうるのである。また、彼は、自らがこの特殊な社会運動へと参加した理由を、以下のように語る。

Ａ36：とりあえず（サミットの活動は）一回きりだったんで、彼ら（ＮＧＯの人々、外国の人々）と会うのは。これがずっと続くとなると間違いなく行かなかったですけど。とりあえずどんなもんかだけ見るだけでも情報は得られるし、いいと思ったらそのまま（ＮＧＯや海外の活動を）やればいいし。（中略）継続的な（社会運動）……ってことをすごく、したくないです。やっぱり環境、（途上国の抱えている）債務問題に関する情熱はゼロなんで。その時点ではただちょっと見物しに行くっていうのなんで。短期間だと（その活動が合わないと思ったら）逃げられると思うんですよ。[21]

Ａ36氏は政治に対する関心も不満もないわけではないが、その一方でＮＰＯ・ＮＧＯの活動を「怪しい」「世間から承認されてない感じがする」「限られた人が情熱だけで活動してる」[22]と認識していた。それゆえ継続的な活動ではなく、一回きりの「逃げられる」活動を選んだ。ある意味目標達成から遠く、政治性も薄く、そして一回きりのイベントであることが、彼を惹きつけていたのだ。

サミット抗議行動は、主に欧州の反グローバリズム運動から伝達され、引用され、そして実施された活動であった。イベントの実行、手法の達成こそが主たる目標となることもあり、サミット抗議行動への参加は多彩なものとなる。Ａ12氏のように運動の目標に同調して参加する者、Ｂ１氏やＢ４氏のように日本の活動家としての責任感や、活動のプレステージを上げるために行う者、Ａ10氏やＢ３氏、Ａ18氏のように、日本の活動家、北海道の活動家としての責任感から参加する者。さらには、「サミット抗議行動」は政治活動としての側面よりも「キャンプ」や「メディアセンター」、「フォーラム」といったコンテンツを主として受け容れられることになり、A36氏のような目的を把握しない参加を促すことにもなる。いつしかサミット抗議行動は社会運動としての性格が薄れ、どちらかというと国際交流や野外体験といったコンテンツを含む、レイブパーティーや交流会といったイベントに近い特質を持つようになった。

イベントとしてのサミット抗議行動

サミット抗議行動はその実行に重きが置かれ、ある種日本の活動家たちの「威信」を賭けて開催され、日本の活動家たちが責任感や義務感から従事したイベントでもあった。もちろん、日本の活動家たち自身もこうした運動のあり方に疑念がなかったわけではない。政治的な具体的目標の獲得を放棄したかのように見える社会運動は、サミット抗議行動に参加しなかった活動家たちからは批判を受け、抵抗を持たれる。B17氏はフリーターや非正規雇用の労働者といった人々の生存問題に強い情熱を持ち活動を続ける活動家である。二〇〇〇年代後半から活動に従事しており、首都圏の活動家たちともかかわっている。サミット抗議行動の存在は知っており、反グローバリズムの理念にも深く共感しているが、抗議行動には参加しなかった。

B17：（サミット抗議行動に参加しなかったのは）そもそも金がないのと、（海外の社会運動の）コピペ（コピーアンドペースト）ぶりがダサいっていう。「ダサい」っていうキーワードですね、すんごく簡単に言うと。別に（サミットに対する）対抗軸にすらなってないっていう。（中略）哲学者の顔をもっとグラフィカルにしたやつ（Tシャツ）とか着て、「反G８行きました」って、その自分語りのための……消費としての運動であって、本気で世界を変える気がないと僕は思ったわけです。[23]

B17氏の語りで重要なのは、「（海外の社会運動の）コピペぶりがダサい」という発言であろう。彼は、アントニオ・ネグリやマイケル・ハートといった、海外の左派知識人たちによる言説を称揚する活動家たちや、欧州のアナキストたちが好んで使用するモチーフやファッションやアートを「コピペ（コピーアンドペースト）」として批判する。そうした活動によってサミット抗議行動が言わばファッション化し、活動家の間で流通している文化の「消費」にしかなっていないのではという疑念を語る。B17氏の感じた、欧米の運動に対する一種の崇拝や権威主義は、日本の反グローバリズム運動を「遅れている」ものとして捉え、グローバルな風潮に追いつき、グローバルな運動を上陸させるという目標のもとで活動するサミット抗議行動参加者たちの態度と表裏一体と言えるだろう。また、サミット抗議行動は北海道を拠点として行われているため、「金がない」から行けなかったという参加者は、B17氏以外にも少なくない。こうした点でも、あくまで資源に余裕がある人々の「活動家イベント」と受け取った人々がいることも理解できる。

さらに、サミット抗議行動はG8サミットにその場所も期間も主導されているという点で、純粋な社会運動とはいえないのではないか、と考える参加者たちもいた。B8氏は、平和人権系の活動を行うNGOの事務局長に従事する男性である。サミット抗議行動には「組織の一員として」[24]義務として参加した面も強いと語るが、その一方でサミット抗議行動に「それぞれがやっているテーマ間の交流」や「情報交換」といった積極的な価値を見出そうとする。

B8：下手をするとG8でも、APEC（Asia-Pacific Economic Cooperation）へのカウンターアクションでもそうですけれど、ある種「イベント主義」みたいな事になってしまう、「相手がこれをこの日程でやるから、こちらもこういう日程で対抗してやる」と言うだけになっちゃうので、年中行事みたいなものになっちゃいますよね。だから半分はそういう（イベント主義の）側面は免れられないと言うか、組織の一員として専従でやっている以上はそういう側面はあるんですけど、もう半分で積極的な意味合いを見出すとしたら、さっき言ったような側面（様々なテーマの交流）はあるんですよね。[25]

Ｂ８氏の語る通り、サミット抗議行動はその達成だけが目的となるのではない。抗議行動後も、それぞれの活動家たちは、それぞれの社会問題に従事しながら活動を行う。その上で自らとは異なる観点から政治課題を把握したり、情報交換をしたりするにあたって、サミット抗議行動で交流した人々との人脈や、そこで得た情報が有効に機能する可能性も十分にある。しかし、スケジュールが既に決まっているという点もまた、抗議行動の「イベント主義」を強める要素となったのではないか、と彼は語る。

さらに前項の語りを見るかぎり、限られた時間と場所で開催されることによって、サミット抗議行動を政治・社会変革の活動としてみなしていない参加者が動員される。彼らは必ずしもサミット抗議行動に参加する大多数の人々のように、社会運動に対して共感を持っているわけではない。もちろん、活動を通じて感化されたり、政治的に社会化されることもあるが、一方で参加者たちのモチベーションを削ぐ可能性もある。以下はメディアセンターに関わったＡ10氏のコメントである。

Ａ10：私、（出身大学の）先生に「ちょっとボランティアで誰か募集したいんですよ」みたく言って、そこでかき集めて来た子たちっていうのは、やっぱりものすごく、いろいろ教育、っていうとあれですけど……しなきゃいけなくて。彼らにとってはどんなサイドのボランティアでもよかったわけですよ。だから私たちのボランティアに協力してたんですけど、すーごく外国語の出来る人が、道警（北海道警察）のボランティアに行っちゃったりもしました。「期待してたんだけどな」っていう……。そういう人もいたし、「おもてなし隊（Ｇ８サミットを歓迎するという目的のもと結成された市民団体）が忙しくて行けません」っていう人がいたり、そういう事がすごく、ありましたね。

道警行かれた時は立ち直れない気持ちになったけど、まあしょうがない……。[26]

メディア活動というサミット関連のニュースを報道するという試みと、メディアセンターというメディア報道拠点は、普段市民活動や社会運動に関心のない人も惹きつけるに十分なコンテンツであった。そこには、映像を撮りたい人、文章を書くのが好きな人、国際交流をしたい人が、それぞれの思惑のもとに集まっていた。その目的さえ果たせれば、サミット抗議行動のイデオロギーは関係ないという人々も少なくない。A10氏のような活動家にとって、「道警（北海道警察）」は自らと全く異なる目的を持つ、言わば「敵」と言い換えてもいい集団かも知れないが、「ボランティアがしたい人」や「おもてなし隊」「外国語で話したい人」という人々にとっては、類似のコンテンツを提供してくれる、代替可能な集団なのである。

ここまでに引用した語りが示す通り、サミット抗議行動は、集合的に行われ、明確な政治的目的のもとで、ある手段を用いて行うタイプの社会運動であるとは言いがたい特質を持つ。この運動の中にはサミット抗議行動の目的に積極的に賛同するどころか、その目的を把握しない参加者すらいる。しかし、だからといって、サミット抗議行動が「社会運動でない」とする理由はどこにもない。むしろ、二〇〇八年G8サミット抗議行動をそのイベント的な側面から検討することによって、他の社会運動にも共通する側面を、新たな視角から検討することが出来るのではないか。

二　サミット抗議行動をめぐる組織間ネットワーク

第三章にて提示したとおり、本節ではまずサミット抗議行動に参加した二七四組織のイベント開催に関するネットワークを検討する。それぞれの組織が連携し断絶する背景に、どのような変数があるのかを、先行研究の結果をもとに社会ネットワーク分析を用いて再検討する形で分析したい。分析手法、対象の詳細に関しては第三章を参照していただきたいが、本節でも必要に応じて言及する。

本節の分析手続きとして、第一に、第二章にて検討された先行研究から引き出される仮説を、今一度確認する。第二に、ネットワークのグラフモデリングと重回帰分析を行い、その後結果の検討を行う。

社会ネットワーク分析の目的

前節にて示したとおり、サミット抗議行動には多様な活動家たちが携わっていた。彼らは普段から従事している社会運動や、日常生活に基づく遵守すべき規範や価値観を持っている。サミット抗議行動中、他の活動家たちとの交流やコミュニケーションを通じて、理念や問題意識を共有するのではないかと想定される。

反グローバリズム運動の研究もまた、多種多様な活動家たちによる情報の伝播や共有、あるいは理念をめぐる衝突に注目し、組織間ネットワークの分析を行ってきた（Della Porta ed. 2007, 2009, Della Porta et al. 2006, Wood 2012, Byrd and Jasny 2010, Juris 2008 など）。その一方、反グローバリズム運動研究の目的意識は、平等で対等な活動家間のネットワーク形成にもあったと考えられる（Juris 2008）。

先行研究は、反グローバリズム運動を構成する組織間ネットワークにおいて、どのような変数を持つ人々が中心的な役割を担うか、ひいてはどのような変数が問題意識や理念を共有する上で重要であるかを検討してきた。その結果、ネットワーク形成に際して「熟議文化の受容（所属する組織がトップダウン型でない）」と「問題意識の多様性」、「社会運動の経験」が重要な変数であると述べている（Haug 2013; Wood 2012; Juris et al. 2013; Juris 2008; Della Porta et al. 2006; Della Porta ed. 2009, 2007）。

ここから、第二章では以下のような仮説を提示した。

（一）多様な政治課題を扱う組織は、他の組織と連携しやすい。
（二）トップダウン型の組織は、他の組織との交流が困難になる。
（三）長い社会運動キャリアを有する組織は、他の組織と活動しやすい。

本研究は上記の仮説を検討するため、サミット抗議行動をめぐって形成された組織同士のネットワークを分析する。どの組織が最も他の組織と繋がっているのか、ということを検討するために、二〇〇八年北海道洞爺湖G8サミット抗議行動をめぐる準備団体「市民フォーラム北海道」「二〇〇八年G8サミットNGOフォーラム」「G8サミットメディアネットワーク」「アイヌモシリ連絡会」「G8を問う連絡会」に加盟した既存のNGO・NPO・市民団体である二七四団体における社会ネットワークを対象として分析した。これらの団体への加盟組織は、各団体のウェブサイト・報告書上で見られるが[27]、第三章末にて一覧を掲載している。また、社会ネットワーク分析を行うにあたり、何をもって各組織が紐帯を形成したとみなすのか定義する必要があるが、本書では「イベントを共催したこと」という事実によって定める。ともにイベントを開催・共催したという事実をもって、団体間にネットワークが形成されると想定している。これは、ブレガーをはじめとした論者らの「イベントを共にすることによって、アイデンティティを共有することができる」という発想を端緒とした所属行列ネットワーク（Affiliation Network, 2-Mode Network）の考え方に基づいている（Breiger 1974）。

本節の検証すべき三つの命題は、組織の設立年数や取り扱う問題といった属性が、個々の組織の連携の有り様にどのような影響を及ぼすかに関わるものである。そのため目的変数を「次数中心性（Degree Centrality）」、説明変数を「参加組織が扱っている政治課題」「組織の意志決定構造」「参加組織の設立年数」とし、両者の関連を確認するために重回帰分析を行う。本書ではG8サミット抗議行動の参加者たちが扱う政治課題を、人権・平和、途上国開発、環境、メディアの四つへと分類したが、一つの組織でいくつかの分野にまたがって活動する場合もあるため、そういった組織は「多分野」としてコーディングしている。また、「熟議」文化を受け容れるか否かに関しては、サミット抗議行動において参加者の所属した準備団体がトップダウン型かボトムアップ型か、という実態から変数を設定しようと試みたが、すべての組織の意志決定構造を把握することは不可能である。そのため、各団体の組織構成から判断した。NPO、NGO、組合といった組織図や意志決定をもつフォーマルな組織であれば「トップダウン型組織」に、そうした構造が見つからなければ「ボトムアップ型組織」とした。最後に、参加組織の設立からの年数を量的変数としてコーディングしている。

これに対し、従属変数として、他の組織とイベントを共催したか否かという「紐帯の有無」を設定し、分析を行った。

先行研究の仮説を検証する――イッシュー、設立からの年数、意志決定

仮説を検証するため、ここでは、ネットワークデータは重み付きでなく、独立変数として「各組織の意志決定（トップダウン型かボトムアップ型か）」「組織が扱うイッシュー（環境、人権・平和、途上国開発、メディア、多分野）」「組織の設立年数」を、従属変数として「一緒にイベントを開催している組織の有無」を設定し、二項ロジット回帰分析を行った。[28] 次頁の表は、その結果である。

表4―2から、以下の様な結果が見て取れる。第一に、イッシューが複数であることは次数中心性に対して正の影響を及ぼしており、「(一) 多様な政治課題を扱う組織は、他の組織と連携しやすい」という仮説が支持される。また、組織の意志決定構造がトップダウン型であることは他の組織との連携に対してそもそも有意な影響を及ぼさないが、組織の意志決定がボトムアップ型であることは、紐帯の有無に対し正の影響を及ぼしている。つまり、「(二) トップダウン型の組織は、他の組織との交流が困難になる」という仮説は完全に支持されるわけではないが、「ボトムアップ型の組織は、他の組織と交流しやすい」という議論は可能である。最後に、組織が設立から年数を経ているほど、

他の組織と連携することができるため、「(三) 長い社会運動キャリアを有する組織は、他者と活動しやすい」という仮説も支持されることとなる。

	B	S.E.	Odds
切片	－4.254***	1.093	
設立年数	0.051*	0.024	1.052
イシュー			
環境		(reference)	
開発	0.453	0.513	1.573
人権	－0.681	0.698	0.506
多分野	1.782**	0.681	5.940
組織			
インフォーマル（ボトムアップ）	3.131**	0.979	22.898
フォーマル（トップダウン）	0.752	0.997	2.122
AIC		208.01	

*** p<.01, ** p<.05, * p<.1

表 4-2　組織の性格と次数中心性の関連

インタビューデータによる分析

本研究が示した結果は、先行研究から見られる知見をほぼ支持するものであったと考えられる。サミット抗議行動において、活動年数の長い組織、多くの問題に従事している組織、ボトムアップ型の意志決定構造を持つ組織が高い中心性を持ち、多くの組織と連携できることになる。

では、これらの特徴を持つ組織が高い中心性を保持する背景には何があるのだろうか。先行研究の知見を踏まえながら、組織に所属する人々に対するインタビューデータを元に、より一層の検討を行いたい。

(一) 設立年数――長い経験は資源となりえるのか

先行研究の指摘として、長期にわたり活動を行ってきた組織が、反グローバリズム運動において中心的な役割を担うという指摘があり、本書の分析結果もこれを支持するものであった。

これはジュリスのリサーチ・プロジェクトによる一連の研究（Juris 2008, Juris et al. 2013）や、フレッシャ・フォミナヤ（2007, 2010）にとりわけ顕著である。多くの研究では、長い活動歴と豊富な保有資源を結びつけて論じており、フレッシャ・フォミナヤの議論はその典型的なものである。彼女は、長期にわたって活動している団体が若い団体に比べて経済的なサポートがしっかりしており、メディアへのアクセスや法律知識による自己防衛が可能であったため、マドリードで行われたヨーロッパ社会フォーラムにおいて中心的な位置を占めていたと論じる（Flesher Fominaya 2010: 390）。

フレッシャ・フォミナヤやジュリスは、長く活動する団体が多くの資源を有しているため、他の団体への資源供給が可能だと主張する。資源量が少ない団体は資源量の多い団体に金銭や他セクターへのアクセスと言った点で依存せざるをえないため、結果として長く活動する団体の中心性が高くなるということになるだろう。こうした議論は、どの程度日本のサミット抗議行動にも当てはまるのだろうか。前項にて示した社会ネットワーク分析において、次数中心性が高く、他組織とも交流が多い団体「X」の代表であるＢ４氏は、以下のように語る。彼は、一〇〇以上のＮＧＯが加盟する準備団体「ＮＧＯフォーラム」の役職も務めた。

Ｂ４：僕らは「Ｘ」っていう、私が代表している所（団体）がリーガルなものは引き受けたから、うちは財団からもお金を取れる。全部で一六〇〇万円、これだけの金が取れたっていうのは。（中略）もちろん、もっとあれば色々（出来ました）。だから結局市民サミット……これだって「良く取れた」とは思うけどここら辺はもっと大きくやりたかったんですよね。北海道市民フォーラムは、市民フォーラムで報告書出してたよね、あそこは八〇〇万円くらいだったかな。一緒に色々やりましたよ。[29]

Ｂ４氏は、他の準備団体に対しても「『金ない』って言って（いたので）、「うち出そうか」って言ってた」[30]と、金銭的な援助を惜しまない姿勢を見せていた。イベントの共催やゲストの招聘など、他のＮＧＯと「一緒に色々」やることができたのは、経験や知識、資金や人脈といった資源の力もあるだろう。

また、中心的な役割を担っていたＢ４氏の所属組織のような団体がある中で、比較的資源のない団体が「周辺的」というわけではないが、ある種の抑圧を感じていた事態も確認できる。以下は、北海道に籍を置く市民団体が構成する準備団体「市民フォーラム北海道」で事務局として働いていたＡ12氏の語りである。彼女は、市民フォーラム北海道の事務局の一人として、ＮＧＯフォーラムの人々とも協力してフォーラムのひとつである「市民サミット」を運営した。

Ａ12：（市民サミットの準備にあたって）最初のあたりは、提言を出したりとか、その程度の事しか考えてなかったんですけど、（開催期間）ぎりぎりになって行くと、「えー、こんなこともこちら（市民フォーラム北海道）がやるんですか？」みたいな感じは出て来ましたね。……会場取ったりとか役割分担したりとか、例えば「マイクがいる」とか「何がいる」とか、その辺は全部手配して、そのやり取りとか……。で、そのボランティアのスタッフも募集して割り振りをしてっていう風な話とかも。[31]

市民フォーラム北海道で活動していたＡ12氏の目には、ＮＧＯフォーラムの一部の活動家たちの動きがやや強引に感じられた部分も少なくなかった。潤沢な資源をもって活動する組織による指示のもと設営作業を行う中で、「『こっち（市民フォーラム北海道）が下働き的に扱われた』って印象を持ったこともあった」[32]とも語る。

資源を多く保有する団体が、資金獲得能力やネームバリューを行使して抗議行動の中心的な役割をなす。それによって、資源が相対的に少ない団体に所属する人々は、自らを周辺的な役割と感じ、「下働き」と思ってしまうこともあると、Ｂ４氏とＡ12氏の語りは示している。

しかし、もう一つ指摘しておきたい。Ｂ４氏が所属する大規模なＮＧＯが組織間ネットワークにおいて中心的であることはたしかだが、それは本当に組織そのものの中心性と言えるのだろうか。社会運動組織は他の法人や企業と異なり、多くの資源は組織が有するものというより、属人的な技能や経験として見られているのではないか。例えば、先述した「ＮＧＯフォーラム」の一員であるＢ４氏は、自らが「法対（警察からの家宅捜索や、聞き込みへの対策）」を担った経緯や、一つのプロジェクトで一六〇〇万円もの資金を調達できた経緯について、以下のように語っている。

Ｂ４：これ（協賛金）、仏教系（の団体から多く助成を受けている）なんですよ。今回はキリスト教系（の団体が）殆ど（助成に）参加していなくて、仏教系中心なんですよ。これは多分背景に、Ｗさん（資金調達の担当者）がＶ（開発系ＮＧＯ）時代からどっちかというと仏教系と深く関わっていたと言うことがあると思います。（中略）……「法対」とか言って、私も学生運動時代法対やってた訳だから、だからやらされる訳だけど、弁護士さんとのどうのこうので、ビザの問題で法務省に話に行ったりとか。[33]

Ｂ４氏は、多額の資金調達が可能になった背景に「Ｓさん」のキャリアや人脈があることを指摘し、彼がサミット抗議行動の中で「法対（法律対策・リーガルサポート）」を請け負うことになった経緯については、現在の所属組織とは関係なく「学生運動時代やってた」ため、と語る。日本のサミット抗議行動において、組織のもつ資源や活動よりも、Ｂ４氏自身や「Ｓさん」、「学生運動」時代の仲間たちといった個々人における属人的なスキルやキャリアを軸とした役割分担が資源として活かされ、ネットワークが構築されているのではないかとも考えられる。

もう一つ、他組織との交流が多く、ネットワークグラフ上で高い中心性を示した団体の事例を見てみよう。この団体は札幌に籍を置く市民団体だが、長い歴史の中で多くの賛助会員や賛同者、イベント開催のノウハウといった資源を保有し、サミット抗議行動において中心的な役割を担っている。前節のネットワークグラフにおいて、次数中心性（連携組織数）は最も高い七を示している。しかし、この団体に所属する比較的若い活動家であるA10氏は、団体自体ではなく、あくまでこの運動団体に所属する人々がもつ、きわめて属人的な要素が連携の際に重要な資源となったのではないか、と語る。

A10：前は、A4さんとA26さんが代表で、（彼らは）高齢じゃないですか。だから、その年の人っていうのは収入もあり、何かしらスキルもあり、この団体を運営して行くに当たって人材として（能力が）豊かっていう……（中略）だから、何かそういうの（スキル）がないと、これから運営して行く若い世代の一人としてダメなんじゃないか、足りないんじゃないかってすごく思って。やっぱりA26さんは大学っていう名前があって安定した収入もあって、だから金銭面でも運動につぎこむことができるし、限度もちろんありますけど家族も居ますし……。[34]

A10氏は、当該団体による企画や他組織との連携が高いパフォーマンスを発揮できた理由として、熟練した活動家たちの有する高額の収入やスキル、専門性や名声といった部分を指摘する。こうした指摘はこの団体だけでなく、他の団体にも見られるものだ。NPOやNGOといった比較的組織体制がしっかりした団体であっても、多くの場合組織は小規模であり、系統だったマニュアルや引き継ぎの仕組みがないことは、多くの活動家たちが指摘するところでもある。[35]だからこそ、組織のキャリアは、先行研究が指摘するように組織自体に内在するものではなく、その代表者や事務局長といった活動家個人のキャリアの中にあるものとして捉えられる。[36]

(二) イッシューの多様性——行動を成功させるための社会的信用

第二に、多くのイッシューを扱っていればいるほど、他の組織と連携しやすくなるという結果が見られた。これは、デラ・ポルタらによるプロジェクトに顕著に見られる知見であり(Della Porta et al. 2006, Della Porta ed. 2007, 2009)、とりわけ彼女がオーガナイズした反グローバリズム運動の国際比較研究において強く主張されている。デラ・ポルタやマリオ・ディアニといった論者らは、世界社会フォーラムやヨーロッパ社会フォーラムといった運動における参加組織のウェブサイト間のリンクを紐帯として分析した。その結果、複数のイッシューに従事する団体ほど他の組織とよく繋がっていることを明らかにした(Della Porta ed. 2007)。

デラ・ポルタらの分析は、あくまでオンライン上の組織コミュニケーション、しかもウェブサイト間のリンクを検討しているという点で、必ずしも連携における実態を十分に把握しているとは言えないかもしれない。しかし、多くの問題を扱っていればいるほど、そうでない状態に比べて、ますます他の組織とフレームやアイデンティティを共有できるという指摘は示唆的だろう。例えば討論会や学習会をやるにせよ、全く見知らぬ問題を扱っている団体よりもそれなりに馴染みのある問題を扱っている団体の方が議論しやすく、イベントも共催しやすいと想定できる点では、彼女らの研究結果は妥当と言えるのではないか。

日本の抗議行動においても、多様なイッシューを扱っている組織は、やはり他の団体と連携しやすいのだろうか。ここで、前項でも言及した団体のオーガナイザーの一人であるA9氏に聞き取りを行った。この団体はさまざまな団体とイベントを共催し、また、他のNPOやNGOからも講師を招聘し、G8サミットに関する講演会を開催している。とりわけ多くの人々と連携したのは、準備団体「市民フォーラム北海道」を立ち上げる際であったと語る。

Ａ９：ドイツでハイリゲンダムのサミットの時に、地元も含めて弾圧があったでしょ、それを避けるためにはいやらしい言い方ですけど、その市民フォーラムの構成を……いわゆるこう「運動だけやってる」みたいな人ばっかり並べちゃうとダメで、もうちょっと社会的な信用のある人たちの名前を出して「社会で受け入れられる人たちがやってるんだ」。そういう風にしてやろうと思ったんです。だからそれはそこでまあ良かったんです。さっき代表がCさんという、まあ財界人だよね。あとBさんは、昔から環境系（の運動を）やっていて、あと言ってしまえば、こういう言い方良くないけど女性だから。若い人もいないと幅広がらないから、そういう活動（若者主体の活動を）しているＡくんとか入れて。それから大学の教員とかさ、まあ何だかかんだって作ったの。[37]

Ａ９氏は、三〇年以上もの期間を東京と北海道で、社会運動家として全うしてきた。さまざまな社会的課題を扱う市民団体に入り、様々な問題に従事する自らのことを「軽薄」「お調子者」[38]と語る。そのような彼の「軽薄さ」と多様な問題意識は、それぞれ世代は異なるが環境ＮＰＯとして一線で活動してきた「Bさん」「Ａくん」との結びつきを作り出した。さらに、財界との繋がりが強い「Cさん」との関わりを生み出し、それぞれ関心は違えど政治的な問題意識を持って研究と活動にコミットする「大学の教員」といった人々とのネットワークを作り出すことに成功する。もう一点興味深いのは、Ａ９氏は問題意識を深めるためというよりも、運動の社会的信用を担保し、参加者を逮捕や弾圧といった妨害から守り、サミット抗議行動を滞り無く遂行するために、多様な問題意識によって構成されたネットワークを利用している点だ。この点についてさらに掘り下げてみよう。

多様な人々との連携は運動に対する社会的信用を担保することにつながるが、連携することによって失われるものもある。社会的に信用のある人々と活動していれば、過激な主張や行動は抑制されることになる。数名の活動家たちは、市民フォーラム北海道に所属してしまうことで、Ｇ８サミットの開催に対して直接的に「反対」と主張できないために、強いフラストレーションを感じていた。彼らは市民フォーラム北海道を離脱し、独自の準備団体を設立するか、それぞれ独立して活動することになる。A35氏は二〇代の活動家であり、サミット抗議行動の開催時はまだ二〇代前半の学生であった。学生運動や反差別運動に従事していたため、関西・関東にも幅広いネットワークを持っている。彼は当時の札幌の市民運動をめぐる状況を、以下のように語る。

A35：もちろん（はっきり「反対」と言うような）運動が一定数いてもいいだろう、と思ってたんだけど、なぜかそう言う流れが札幌ではあんまり無くて……なんかさ、あの当時って札幌に、妙に「反対って言う奴はおかしい」みたいな、「大人気ねえよ」みたいな雰囲気が漂っていて、市民フォーラムの人たちとかも人脈的に言うと、ちゃんと色々なことを書いて来たりやって来た人たちで、全然「サミットって言う物に代表される世界の流れって良くないよね！」位のことを言うと思ってたらさ、いつまで経っても「問う」とか、「対抗フォーラムやろうよ」とか言うことは言うけど、デモとか集会でも「反対」って言うの（主張）は出さない感じなのが、非常に違和感があった訳ですね。[39]

「反帝国主義的とかそういう文脈から」[40]運動をしているA35氏は、サミット抗議行動に対して、「当然これは粉砕対象だろう、今までの左翼運動の文脈で言えばそうでしょ」[41]という意識を持って運動に参加している。サミット抗議行動を、政治的に明確な目的を掲げる「社会運動」として受け止めた上で、その目標に同調した状態で参加しているのだ。A35氏は自分とは異なる課題の中で行動する「靖国の人とか山谷の人」[42]とつながり、政治的な議論が可能になったことを強調しており、多様な政治課題を持つことによって他者とよりよく連携できた点は全く否定していない。しかし、その連携の意図が「社会的信用の担保」に向かい、自らの主張ができなくなる事態に対し、強い危機感を持つ。

多様な問題意識を持っている団体は、他の団体と連携しやすく、政治的な議論を活発化する。しかしその連携は、やはり特定の団体というより、Ａ９氏やＡ35氏個人のネットワークにもとづく属人的なものという点で、組織間ネットワークの特徴に帰属することは必ずしも出来ない。またもう一方で、連携は純粋に問題意識や政治課題を深めるために形成されたというよりも、イベントの動員や進行、企画運営を滞り無く行うための「社会的信用」を構築するために必要だったという点も興味深い。このような連携のあり方は、従来の連携研究（Van Dyke and McCammon eds. 2010）や、反グローバリズム運動研究（Juris 2008, Della Porta ed. 2009, 2007）が指摘してきたようなものとは少し異なっている。ある意味で、日本のサミット抗議行動が滞りない進行や安全保持を重要視していたことの証左と言えるが、この点については第五章にて再度言及しよう。

（三）組織の中心性――「柔軟」か「無抵抗」か

組織の中心性を決定する要素として、組織の意志決定がトップダウン型かボトムアップ型か、という点もまた、先行研究が重要視してきた点であった。これについてはウッド（2012）の論稿が重要な指摘を行っている。たとえばウッドは、反グローバリズム運動において見られた、警官・機動隊への投石や暴力行為を含む過激な行動手段である「ブラック・ブロック」という手法がシアトルＷＴＯ閣僚会議の抗議行動から伝播されたのか否かを分析している（Wood 2012）。トップダウン型の意志決定機構を持つ組織ではこれを受け容れず、ボトムアップ型の意志決定をおこなう組織はブラック・ブロックを受け容れ、その後の抗議行動に応用した。それはなぜなのか。トップダウン型の組織では、「ブラック」という呼称が黒人の差別にあたるとして忌避され、また暴力的な組織行動であることからリスクが大きく、手法であるブラック・ブロックそのものも受け容れられなかった経緯がある。その一方でボトムアップ型の意志決定を行う組織は、手法に関する熟議を重ね、ブラック・ブロックが差別的・暴力的な行為にはあたらないとし、その理念を十分に共有した上でその戦術を利用しようと決断した。伝播の媒介として機能し得たということは、ボトムアップ型の意志決定を行う組織の中心性は高いと想定できる。組織における「熟議」の存在こそが、運動の伝播を促す重要な媒介だとウッドは主張したのだ。

こうした分析は、日本のサミット抗議行動にも当てはまるのだろうか。意志決定がトップダウン型の組織とボトムアップ型の組織におけるネットワーク形成、また手法の伝播を検討する上で、最も論じやすいのは「キャンプ」という手法についてではないか。なぜなら「衣食住を通じてオルタナティブな社会を形成する場」としてのキャンプは、それまで日本で行われたことがなかったため（仲田・栗原 二〇〇八）、採用にあたってはそれなりの議論をしたと考えられるためだ。ウッドの議論になぞらえるならば、トップダウン型の組織はキャンプの実行を拒否し、ボトムアップ型の組織はキャンプの実行に賛成したと予測できる。ウッドの議論については先行研究の章にて紹介したとおりだが、彼女の主張をより普遍化した形で仮説化するならば、「ボトムアップ型の意志決定を行う組織は、その手法の意義や目的について納得するまで議論を行うため、トップダウン型の意志決定構造を持つ団体よりは運動の戦術や手法について細部まで検討するため、採用に至りやすい」ということになる。そこで本項では、サミット抗議行動におけるトップダウン型準備団体「市民フォーラム北海道」と、ボトムアップ型準備団体「G８を問う連絡会」「国際交流インフォセンター／キャンプ札幌実行委員会」におけるキャンプ採用・不採用にあたる態度を見てみよう。

札幌に籍を置く準備団体「市民フォーラム北海道」の共同代表であるA９氏は、ドイツ・ハイリゲンダムサミットの抗議行動に参加した人々から、札幌でもオルタナティブ・キャンプを行いたいという話を耳にした時、積極的に設営に関わろうとはしなかった。その理由を以下のように語る。

A９：何で自分から来る人たち、わざわざ海外から来る人たちが、自分の宿泊先を自分たちで確保しないで、こっち側にそんなものまで用意しろって言ってるのかが、全然僕には、僕だけじゃなくて、みんな大体理解できなかった。そこまであんた、子供じゃないんだからさ、「普通は安いホテルでもなんでも、探して来るだろう」っていう、そんな頭もあったんで、それ（宿泊地の提供）はこっちが引き受けることではないと言う風になって。（中略）で、俺なんか、やっぱり地元を下請けに使うなよって気持ちあるから、キャンプの様々な事をこっちに任せてただ来て何日かいて楽しくキャンプして「はい、さよなら」って感じで帰ってくんだろうと（思っていた）。……そんなね、反発もあったりしたんですよ。[43]

また、東京に在籍する準備団体「G8を問う連絡会」においても、キャンプの企画は積極的に受け容れられるものではなかった。サミット抗議行動に「キャンプ」を持ち込んだのは、ドイツ・ハイリゲンダムの抗議行動に参加した若い活動家であるB1氏、またその後輩であるB2氏をはじめとした人々であった。彼らは、G8を問う連絡会を構成する組織の中にも、キャンプをしようとする組織とそうでない組織があったと語り、その違いを以下のように話した。

B2：僕は、東京の運動で違和感を感じたのは、問う連絡会（G8を問う連絡会）に関してです。これ書いていいんですけど、率直に言って（G8を問う連絡会の人々は）「キャンプやりたくない」って言うのがよく分かったし、それに対して札幌の人は、キャンプやる気あったし……なんかそういう、本質的な違い。
B1：でも市民フォーラム北海道（北海道の準備団体）全然やる気なかったよね。問う連絡会でも、「キャンプやろう」って（主張していた）参加団体もいくつかありますよ。「T」とか「U」（ともに団体名）
（筆者：（キャンプを）やりたい（組織）とやりたくない違いって何でしょうか。海外に活動家のつながりがあるとかないとかですか。）

Ｂ１：現地行動をやるかどうかじゃないですか。[44]

Ｂ２氏の語る「Ｇ８を問う連絡会」は東京に本部のある準備団体であり、一〇〇近い市民団体が加盟している。比較的インフォーマルな学生団体や草の根組織から、フォーマルな組織機構を持つ大規模な労働組合や消費者運動組織まで多数の団体が加盟していた。その中でも、キャンプを行おうと主張した組織はＢ１氏曰く「現地行動をやる」組織である。現地行動とは、Ｇ８サミットが開催される洞爺湖町周辺での交通遮断活動や、先述したブラック・ブロックなど、ときに実力行使を伴う会議開催への介入行動を指す。

しかし、それ以外にもＢ１氏の指した運動団体には多くの共通点がある。それは比較的若年層の活動家が多く参加する組織であること、および異なる経験をもつ活動家たちによる「経験運動」的な色合いが強いことによる、居場所としての性格を持っていることであり（橋口 二〇一〇、稲葉 二〇一〇）、そのような経験運動的な性格を持つからこそ、意志決定もまたボトムアップ型になっていると想定できる。もちろん、だからといって「ボトムアップ型の組織はキャンプの実行を受け入れ、ある戦術を実行する媒介となった」とは単純に断定できない。現に稲葉の論稿は、二〇〇八年Ｇ８サミット抗議行動において、Ｂ１氏が言及した団体の活動家たちのサミット抗議行動に対する不満や反グローバリズム運動が生みだす断絶を克明に描いている（稲葉 二〇一〇）。加えて、筆者が作成したネットワークマトリクスにおいても、これら二つの団体の中心性が高いとはいえない。

また、「札幌の人」にも、キャンプの実行を拒否する人々が多くいたのは先述のＡ９氏の語りが示す通りである。彼らがキャンプの受入れを拒否した理由として、警察による弾圧や強制捜査の対象となるのでは、という懸念があった。キャンプを実行した「国際交流インフォセンター／キャンプ札幌実行委員会」（以下、札幌実行委員会）を発足した札幌の活動家であるＡ16氏は、以下のように語る。

Ａ16：やっぱり運動の人たちからも、ドイツのサミットで（キャンプを）やった人が来た時に、「強制捜査、ガサ入れ（家宅捜索）とか入ったらどうするの」とか、「責任取れるんですか」とか言われたりして。（キャンプを）「やらないで欲しい」みたいな……そこまで言ってないけど「責任取れるか」とか言われたら取れるわけないから、やらないでってことだと思うんだけど。[45]

ではＡ16氏らのように、キャンプを実行した「札幌実行委員会」は熟議の末にキャンプを行ったのか。彼女たちは、決してＢ１氏の言うような「現地行動」志向の人物たちではない。これは個人間ネットワークを扱う次節でも言及するが、彼らは抗議行動を行う場所にはこだわりがなく、むしろＢ２氏とＢ１氏の場所に対するこだわり（「現地行動」）に対して一歩引いた立場を取っていた。では何故、札幌の人々はキャンプを受け入れる気になったのだろうか。ウッドの知見を踏まえるなら、Ａ16氏たちは「ガサ入れ」や「強制捜査」、自分たちがとるべき「責任」について、あるいはＡ９氏が言及した「宿泊地をこちらで提供する必要があるのか」といった点について、熟議を行ったためにキャンプを受け入れたということになる。では、熟議は本当に存在したのだろうか。

この問いを解くために、前節にて言及したサミット抗議行動の「手法本位」「イベント主義」という性質、またその特質が生み出す「興味本位」「手法に惹かれた参加」をもう一度考えてみる必要があるだろう。Ａ５氏は生物多様性や森林保全といった環境運動を主に行っている三〇代の活動家であり、オーガニック雑貨店の職員であるが、以下のような動機からキャンプの設営に参加したという。

Ａ５：Ｇ８の話も、キャンプっていうのがあって「ちょっと手伝ってもらえないか」って話があったので。でもその話はどっちかっていうと（私の）仕事に関係していて、「外国から来るヴィーガンの食事をする人たちが、有機農産物だったり、野菜に対するこだわりがあるから、材料を調達したい」という相談があったんです。（中略）B1君とB6君は割と、自分たちの見て来たキャンプという意義とか、「（キャンプとは）どういうものか」っていうのをものすごく理念的に説明してくれて、割と札幌チームは、そこに「がつん」と、「いいなぁ、面白そうだなぁ」みたいな風な感覚が生まれたっていうのがあったんです。[46]

A5氏の語りからは、彼女たちがボトムアップ型の準備団体の中で、熟議を経た上でキャンプの実行を決断し、それに携わったという印象は薄い。彼らがキャンプを設営した背景には、「強制捜査」や「宿泊地を提供する必要があるのか」といった、既存の団体が懸念したような要素について熟議を行った形跡も見られない。むしろトップダウン型の組織が行ったような、運動の危険性（ガサ入れ、強制捜索）やキャンプを設営する大変さについて判断する基準そのものがないために、結果としてそれぞれの選好やスキルといった要素だけが、彼らが運動に参加するか否か、キャンプを実行するか否かを決定していたのではないか。だからこそ、興味本位や責任感からキャンプを受け入れることができたのではないか。彼らは設営においても「熟議」を行った形跡はなく、準備の多くをトップダウン型の意志決定に依存していたことを、「札幌実行委員会」メンバーの一人であるA18氏の語りが明示している。

A18：今回の所はトップダウンがあったからね、その（札幌実行委員会の）トップのところだけで情報が共有されてた部分があって、一般参加者の所まで必ずしも全ての情報が降りるってわけではなかったと思うんだよね。それは合意形成をするとか議論をするとか以前の問題で、そもそも土俵に上がってない。情報がわかんないから「今日こういう交渉してきた」「あ、そうなんだ、もうして来ちゃったんでしょ?」みたいな。その報告受けて、「はいはい」って言うだけだったからね。それ（札幌実行委員会の会議形態）は必ずしもオープンではなかったと思う。[47]

本研究による聞き取りの結果、一見するとボトムアップ型の準備団体は新たな戦術（キャンプ）を受け入れやすいように見える。しかし、それは先行研究が示したような熟議の結果ではなく、ただ単にトップダウン型の組織が持つような確固とした意志決定基準がなかったためとも言える。事実として彼らは自らの熟議にこだわったわけでもなく、ボトムアップ型の意志決定を常に選んだわけでもない。キャンプの設営過程を、ある見方からすれば不透明と言えるような組織構造や、トップダウン型の意志決定にゆだねていることからもそれがわかる。したがって、ボトムアップ型の組織ほど戦術や理念の伝播に貢献し、中心性が高くなるとは一概に言えない。

また、ここから予備的に分かることとして、先行研究が導き出したものとは少し異なるもうひとつの連携のあり方が明らかになる。サミット抗議行動は、企画をし、指示を出す人々と、それを実行する人々の分業の上に成り立っている。これは、前項にてオルタナティブ・サミットを設営した「市民フォーラム北海道」のA13氏の語り（「下請け的に扱われた」）、キャンプの設営を拒否したA9氏の語り（「地元を下請けに使うなよ」）にも顕著だが、キャンプの運営に携わった札幌の人々もまた、それを多少なりとも感じている（「報告受けて『はいはい』って言うだけ」）。もちろんこうした連携を必要とせざるを得ない背景として、首都圏の人々よりも札幌の人々のほうが場所や物資といった地元の情報を豊富に有しており、行政や地民住民との交渉や資源調達に出向くことが容易である、という事情があるだろう。

本節のまとめ

閣僚会議への抗議行動を扱った先行研究は、活動組織間の社会ネットワーク分析を行いながら「関係を形成するにあたり、どのような属性を持つ組織が中心的な役割を担うか」を検討してきた。その上で、組織間のネットワーク分析に関して三つの仮説を導き出した。本稿もまた、同様の問題意識のもと、先行研究が導き出した三つの仮説に即して、北海道洞爺湖G８サミット抗議行動においてどのアクターが中心的であり、その背後にどのような変数があるか、また、その変数は本当にネットワークに対して影響を与えているかを明らかにした。

本節で行った重回帰分析とインタビューデータ分析の結果として、先行研究が導き出した三つの仮説（すなわち、（一）多様な問題意識に従事する組織は、他の組織と連携しやすい（二）トップダウン型の組織は、他の組織との交流が困難になる。（三）長い社会運動キャリアを有する組織は、他者と活動しやすい）はすべて支持されるが、それぞれの仮説が支持されるメカニズムは、先行研究による考察結果とは異なっていた。組織に長い社会運動キャリアがあることで、財団や法律家との交渉技術や資金といった資源の利用が可能になる。その資源こそが他組織との連携を可能にするが、一方でこうした資源は「組織」に固有のものではなくむしろ個人が保有するものとして捉えられている。さらに、問題意識によって築かれる連携は、政治的な意識を深め、戦略や情報を交換するためだけでなく、イベントを実施し、成功させるために必要不可欠なものとなる。最後に、ボトムアップ型の組織は熟議の結果ではなく、確固たる判断基準がないゆえに、ある意味で「なし崩し」的な面を持ちながら他者と連携し、戦略の採用をすることになる。

さらに深く考察すべきは、集団としての「組織」の特性を分析することが必ずしも有効でなく、あくまで組織に所属する個人の特性について言及されている局面が多々あることではないだろうか。ある組織が環境から人権問題、少数民族や平和運動について学習会をしていたとしても、それは組織の個性なのではなく、そこに所属しているメンバーの選好が強く効いているのかもしれない。先述したように、資金獲得のノウハウや法律家・各種専門家との人脈は、マニュアル化されていたり、制度化された形で継続的に組織にあるものではなく、たまたまその時の代表者や事務局が持っているものなのかもしれない。市民団体の意志決定構造がトップダウン型か否かは、その団体の組織綱領や組織図といった確固たる形で決められるのではなく、たまたまそこにいた人々の選好や、判断基準の濃淡によって自動的に決定するものとも思われる。

その一方で、組織同士による連携が、先行研究によって指摘されてきた以外の役割を持っていたことにも言及する必要があるだろう。サミット抗議行動に参加した組織、また組織を構成する人々にとって、他組織との連携は「信頼を担保」し、「(大きな意味での)社会性を維持」するために必要であった。また、実際にサミット抗議行動を企画・運営するためには、組織同士が「企画・下請け」「指示・実行」という関係を築く必要もあった。この点については第五章にて引き続き考察を加えよう。

以上において指摘したような点から、サミット抗議行動の実態を把握するにあたって、組織という分析単位から主体間のネットワークを検討することはその連携の多様な意味付けや役割を明らかにする上では有益であったといえる。しかし、そもそも市民活動団体やNPO・NGOといった組織は属人的な要素によって運営されている。組織の意志決定構造はボトムアップ型がトップダウン型か、という組織構造ですら、組織の意志決定の実態を反映しているとは言いがたいことも、本節の分析から分かる。そのため、やはり分析単位を組織とするだけでは不十分だと考えられるだろう。

A10氏やB4氏の語りに見られるとおり、資金調達や人々の持っている名義など、組織運営はきわめて属人的な資源・技術をもとに行われる。さらに、組織同士の繋がりを形成する際にも、重要なのは組織が何をしたかではなく、その組織を率いる人がどのような属性(性別、職業、世代)か、ということこそが重要視される。このことは、A9氏が準備団体「市民フォーラム北海道」を形成するために呼びかけた世話人の基準(「社会的に信用できる人」)からも明らかになる。

以上の理由から、活動家たちは組織運営の際も、他の組織との繋がりを求める際も、基本的には「組織」のようでいて実は「個人」の属性を考慮に入れながら活動していると言える。社会運動における関係形成についても、個人は組織の従属物でなく、やはり組織とは独立に個人を検討する必要があると考えられるだろう。

サミット抗議行動の実態を把握するためには、組織と同様に個人の検討を行う必要がある。次節では、サミット抗議行動をめぐる個人間ネットワークと、その質的な側面について検討したい。

三　個人間ネットワークとしてのサミット抗議行動

本節はサミット抗議行動従事者同士の個人ネットワーク分析を行う。サミット抗議行動中と行動前のネットワークを比較することで、北海道在住の運動参加者たちにおいてどのような全体ネットワークの変遷があり、その背景で活動家たちの規範や価値はいかに機能したのかを分析する。分析対象は北海道に居住しながらサミット抗議行動に参加した活動家三七名であり、第三章末に一覧を添付した。三七名の活動家同士が形成するネットワークにおいて、それぞれの参加者がどの位置を占めていて、その位置に活動年数や政治的課題がどのように関与しているのかを明らかにしたい。具体的には、先行研究の検討と前節の分析結果を踏まえた上で、先行研究の知見を検証するためにネットワークのグラフモデリングと重回帰分析を行い、聞き取り調査による質的データをもってその分析結果に考察を加えたい。

組織間ネットワークと個人間ネットワーク

第二章にて指摘したとおり、先行研究は、反グローバリズム運動が「差異を乗り越え、平等な関係性のもとに実行される運動」であると仮定して社会運動組織間のネットワークを検討してきた。本研究のサミット抗議行動に対する仮定もこれと同様だが、加えて、前節にて指摘した「組織と組織間の連携に対して属人的な要素が大きく影響している」という示唆を含めた三つの視点から、個人間のネットワークを検討する必要があると主張したい。

第一に、これは前節の分析結果を踏まえた上でだが、とくにサミット抗議行動に参加するＮＧＯ・ＮＰＯ・市民団体の場合、組織の特性とされるものは必ずしも組織自体の構造や制度に内在するわけではなく、むしろ個々の構成員に内在する。つまり、いままで「組織間」にあったと見なされてきたものが、本来は「個人間」に見られるものなのではないか、という想定が出来るのだ。むしろ個人間のものを組織間のものとみなすことで、前節の分析や先行研究の検討結果は、不適切な変数や分析の可能性を残してしまっているのではないか。

第二の視点は、第二章にて論じた反グローバリズム運動の特質と関連する。サミット抗議行動をはじめとした閣僚会議への抗議行動は、グローバル化に伴い流動化・個人化しつつある現代社会の中で、個々人の背景にある差異を乗り越えることを目的とした運動でもある（Kavada 2010: 41-42）。出身国ひとつとっても、G8と呼ばれる最先進国から発展途上国まで多くの出自をもつ人々が運動に参加する。互いに人種や階層、性別や問題意識を超え、個々人がそれぞれのアイデンティティを認め合い、ともに存在し、つながることそのものが反グローバリズム運動なのである。つまり運動内でのネットワーク形成は、必ずしも合理的な選択の元で行われる訳ではなく、たとえ活動の成功に貢献しなくとも他者と協調・連携し、コミュニケーションすることそのものが目的である場合も数多くある。これに対して組織間のネットワークは、基本的には運動の目標に対する合理的な選択の元で結ばれるものであり（Van Dyke and McCammon eds. 2010）、それは前節にて示した「社会的な信用担保」や「分業（企画・下請け）」のためにネットワークが形成されたという実態をみても明らかだろう。しかし「異なる従事者同士の差異を認め、ともに存在し、つながる」ことそれ自体が目的である運動において、検討すべきは組織同士の関係だけでなく、個人同士の関係でもあると考えたほうが自然ではないか。

こうした観点から本書は、活動家個人を対象として社会ネットワークを分析する必要があるのではないかと主張する。前節で示したように、組織間のように、目的が合致したために手段的に行われるネットワーク形成が個人間においても見られるかもしれない。しかし、個人と組織が同一のロジックで動いているわけではないことが、本章第一節の多様な参加から明らかになっている。活動家たちは運動による社会変革を念頭に置いた合理的選択の上で提携者・

協力者を選ぶだけではなく、「経験運動論」的な、相互理解や差異の乗り越えを目的として関係を構築することもあるかと思われる。とりわけ本研究の問題意識を考えるなら、彼らの連携がどのような社会運動サブカルチャー、およびそれに依拠する集団のしきたりや規範、個人のこだわりや理念の上に成り立っているのかをより深く分析すべきだろう。

本節では、先行研究と前節の分析結果を踏まえ、基本的には同様の仮説を念頭に置いた上で、それらが支持されるか否かを再度検討することとする。仮説は以下の通りである。

（一）多様な問題意識を持つ人々は、他の活動参加者と連携しやすい。
（二）トップダウン型の組織にいる人々は、他の活動参加者との交流が困難になる。
（三）長い社会運動キャリアを有する人々は、他の活動参加者と関係を形成しやすい。

本節では、次項においてグラフモデリングと重回帰分析を、その次の項では重回帰分析の結果を質的データによって補足し、サミット抗議行動の組織間ネットワークデータと照らしあわせた上で、どのようなことが言えるのかを明らかにする。とくに重視したいのは、個々の属性がどのように連携や協調を決定したかというよりは、連携・協調の結果としてどのような帰結がみられ、そこに個々の属性がどのように関連しているのか、という点である。

グラフモデリングと重回帰分析

本節では先行研究による知見を検討するために、ネットワークデータのグラフモデリングと重回帰分析を行う。ここでは、サミット抗議行動に参加した地元参加者三七名を対象とした。すべてのインフォーマントは抗議行動の開催地である北海道在住であり、同じイベントに参加した人々が紐帯で結ばれる、という定義を用いている。前節に引き続き本節でも、イベントを共有する者同士は、「同じイベントの参加者である」というアイデンティティを共有する結果、社会関係を形成するということを前提にしている。しかし、実際に一緒にイベントに参加したことが、どの程度活動家の連携における現実を反映しているのか疑問を持つ読者も多いと思われる。サミット抗議行動のイベント件数は五〇件程度、また北海道札幌市の社会運動における年間総イベント数は年間約二〇〇件近くと決して小さい数字ではないが、各イベントの参加人口は最も多い七・五ピースウォーク（二〇〇八年七月五日）の五千人、市民サミット（二〇〇八年七月六日）の四千人を除き、最低二〇名、最高三百名といった数字に留まっている。また三七名のインフォーマントは、自分がどのイベントに参加したかということだけでなく、そのイベントに地元参加者の誰が参加していたかをある程度明確に記憶していた。

地元住民へと対象を限定した理由は第三章でも述べた通り、地理的に離れている、または交通が不便といった状況によってサミット抗議行動前後のネットワーク形成が妨げられない点がある。もしA1氏とA2氏が遠く離れ、会うこともままならない地域に離れていたら、彼らが協調や交流への意志を持っていたとしても、抗議行動期間中やその前に協調することは困難になる。A1氏とA2氏が同じ地域や都市に住む場合、彼らは他方と同じイベントに参加するか否かを自らの意志で決められる。筆者は北海道在住の参加者の中から、準備団体の事務局長・共同代表としてサミット抗議行動に参加した人々を中心に一回あたり一—五時間の聞き取り調査を行った。[48] 三七名のインフォーマントはなるべく多様な分布となるようにも配慮しており、一一人が女性、二八人が男性である。三七名の活動家たちの社会運動経験は、一年未満から五〇年超まで多岐にわたる。[49][50]

目的変数は、組織の場合と同じく、個々のインフォーマントのネットワークにおける次数中心性を採用している。説明変数として、活動家たちのキャリア、扱っている政治課題、トップダウン型の組織所属を検討したが、トップダウン型組織所属と政治課題に関してはダミー変数とした。個別イッシューへの従事（「反戦・平和」「途上国開発」「環境」「メディア」）の効果を検討したが、目的変数に対し有意な効果はないため、複数の政治課題に携わっているかどうかを問うダミー変数としている。また、中心性については、単純に繋がっている活動家の数を計測するため、各参加者の次数中心性（Degree Centrality）としている。次数中心性は、それぞれのアクターと繋がっている個人の数（次数）そのものを中心性として用いる定義である（kitts 2000）。本研究が用いた次数中心性以外にも媒介中心性という概念があるが、媒介中心性を目的変数とした分析でも同様な結果が得られた。これは組織間の分析においても同様で、分析対象としたサミット抗議活動については、次数中心性と媒介中心性は同じ要因によって規定されているといってよさそうである。

第一に、グラフモデリングの結果は次項のようになる。参考までに、抗議行動中のネットワークグラフに加え、抗議行動前の結果も示している。

各点の形状は参加者の世代を現している。丸が二〇代、四角が三〇代、菱型が四〇代、逆三角形が五〇代、そして三角形が六〇代以上である。グラフからも、ネットワーク数が増加していることは明らかだが、さらに詳細に検討するために下記の表にて年代ごとのネットワーク数増減を示す。

サミット抗議行動の前（図4―3―1）、殆どの参加者は他の活動参加者と協力して活動している。中でも五〇代と六〇代の活動家が中心的な役割を担っており、彼らはそれぞれ互いに結びついている。サミット抗議行動中（図4―3―2）、活動参加者たちのネットワークはより密度の濃いものとなる。特に、三〇代と二〇代の比較的若い活動家は積極的に協調している。また、年長者たちは中心性を保ったままであるが、四〇代と五〇代には行動前ほど連携しなくなった者も見られる。

では、それぞれの変数と中心性はどの程度関連があるのだろうか。次数中心性と「問題意識（仮説一）」「トップダウン型組織所属（仮説二）」「運動従事者キャリア（仮説三）」との間で重回帰分析を行ったものが表4―3―2である。また、統制変数として、サミット抗議行動前の次数中心性を設定した。

図 4-3　サミット抗議行動中における参加者同士のネットワーク

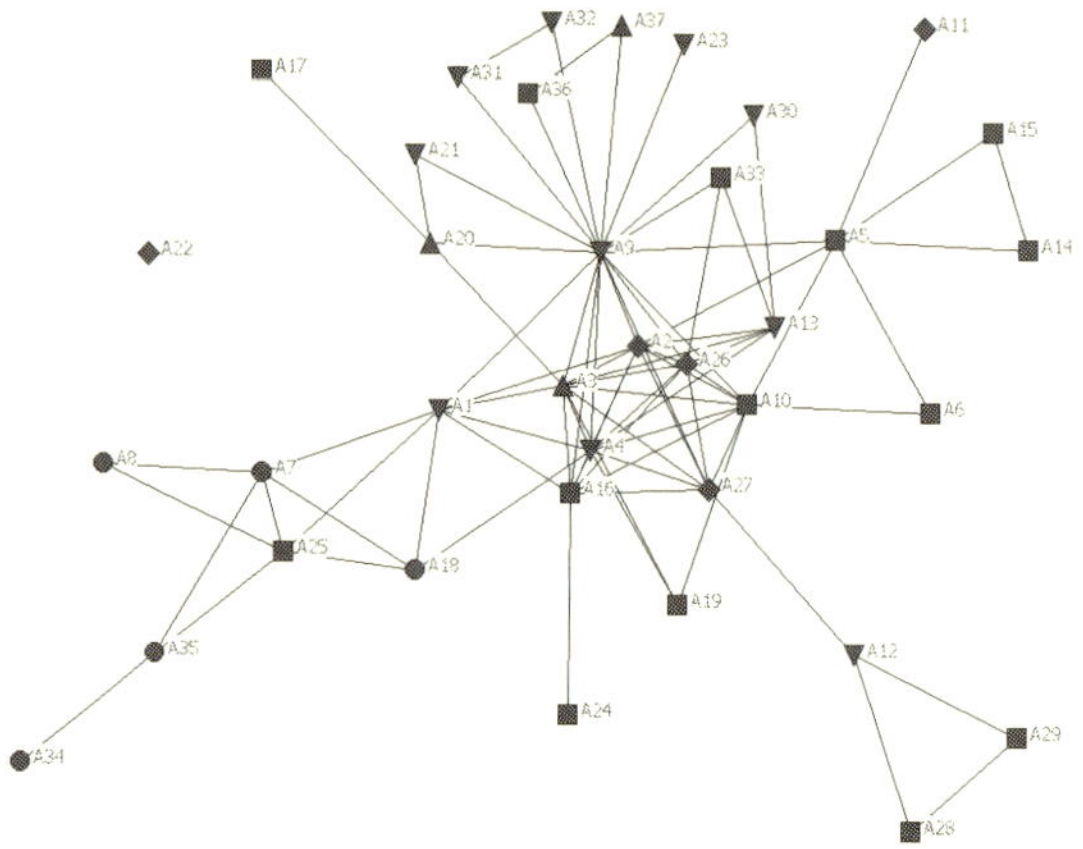

図 4-3-1　サミット抗議行動前

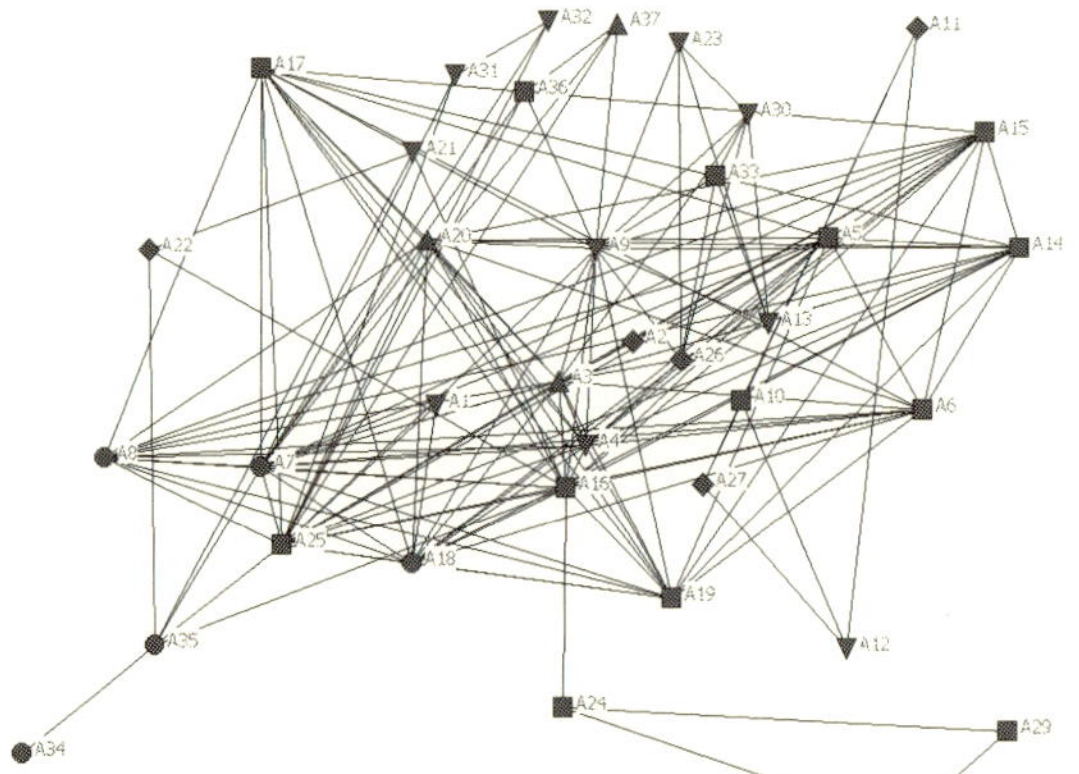

図 4-3-2　サミット抗議行動中

	増加	減少もしくは変化なし
60 代（4 名）	100	0
50 代（8 名）	50	50
40 代（6 名）	33.33	66.67
30 代（14 名）	78.56	21.43
20 代（5 名）	80	20

表 4-3-1 サミット抗議行動前・抗議行動中の協働者数推移（%）

	標準化偏回帰係数	標準誤差
トップダウン型組織所属（ダミー）	-0.204**	0.061
社会運動キャリア	0.001	0.003
多分野（ダミー）	0.090 †	0.052
サミット前の次数中心性（統制変数）	0.788**	0.253
調整済み R^2	0.458	
N	37	

**p<.01, *p<.05, †p<.1

表 4-3-2 重回帰分析の結果

上記の結果より、サミット抗議行動の期間中、多分野にわたり活動する人々が強い次数中心性を示しており、トップダウン型の組織に所属する人々はネットワークにおいて周辺的な位置を占めていることが分かる。これらの結果は、「（一）多様な問題意識を持つ人々は、他の運動参加者と連携しやすい」「（二）トップダウン型の組織にいる人々は、他の活動参加者との交流が困難になる」という仮説を支持するが、「（三）長い社会運動キャリアを有する人々は、他の運動参加者と関係を形成しやすい」という仮説を支持しないものであり、組織を対象としてきた先行研究の知見と部分的に異なる。

本書は、サミット抗議行動におけるネットワーク構築を、たんに合理的な選択のもとだけで行われているわけではなく、「経験運動」的な理念のもとで行われると仮定して分析する。果たして日本におけるサミット抗議行動が、他国で行われた閣僚会議に対する抗議行動や、日本における他の社会運動のように、差異を乗り越えたり、経験を共有したりといった意図を持って行われているのかは、現段階ではわからないが、目的を達成するための関係構築という観点に加え、経験を共有し、差異を乗り越えるための関係構築という視点から、社会ネットワークの質的な検討を行う。

本項が検討したいくつかの変数は、活動家たちが経験運動としてのサミット抗議行動を実施する上でどのように働くのだろうか。この点を検証するにあたり、インタビューデータを用いた質的手法による考察を加える必要がある。

インタビュー分析——差異を乗り越える作法・経験を共有する作法

前節では反グローバリズム運動の先行研究によって導かれた三つの仮説が参加者個人にも当てはまるか否かを検討するために、参加者個人間の次数中心性を吟味した。その結果、トップダウン型の組織にいる人々は、他の活動参加者との交流が困難になり、さまざまな分野で活動する人々は、他の参加者と連携しやすいという仮説が支持された。社会運動のキャリアという変数については、個人を対象とした分析では次数中心性に対して統計的に有意な影響を与えていなかった。

色々な社会問題や課題を取り扱う人々は、多くの人々と連携できる。また、なるべくボトムアップ型の意志決定を心がける人々も、さまざまな人と行動をともにする。反グローバリズム運動において「熟議」という文化が重視されてきたことや、経験運動論の観点から考えれば、こうした変数が有意であるのは納得がいく。ボトムアップ型の意志決定を大事にする人々は、慎重な合意形成を行うだろうし、平等な運動への参加をすすめるだろう。こうした活動家たちは、個々の参加者の背景にある差異に対してもきわめて慎重になるだろうから、いろいろな政治課題を扱うこと、運動の中にある多様な問題意識に対しても寛容であるはずだ。だからこそ、民主的な合意形成をする人々、多様なイッシューを扱う人々は、他者との連帯が可能になるはずであろう。

本項では、こうした経験運動・反グローバリズム運動をめぐるストーリーがサミット抗議行動においても可能であったのか否かを、質的な調査を通じて再度検討したい。

活動家たちの連帯と親愛——差異ある他者との連携を超えて

先行研究は、異なる問題に従事する活動家同士のネットワークがそれぞれの活動家たちの政治課題に対する視野を広げ、考えを深めることに貢献すると論じてきた。その中心となるのが、普段から多くの課題に取り組む活動家たちである。多分野の活動を行う人々は、異なる専門の活動家たちを仲裁し、彼らの問題意識を別の人々にわかりやすい形で伝える、言わば「翻訳」や「調停」をすることが可能になると言われてきたが（Della Porta ed. 2007, 2009）、前節の検討結果を踏まえると、むしろ問題意識や取り組むべき政治的課題はサミット抗議行動においてきわめて道具的に、準備団体のオーガナイズや資源調達と言ったバックステージで活用されてきたようにも見える。

同時に、先行研究が述べるような問題意識の深化をささえるものとして「熟議」がある。彼らは元々異なるバックグラウンドや社会運動キャリアを有しており、それぞれの経験に応じて取り組んできたイッシューも異なる。何もかも異なる彼らが同じ場にいて、連帯し、オルタナティブな社会を形成する上で熟議は欠かせない要素であろう。サミット抗議行動を通じて、活動家たちは、お互いの間にある世代や性別、職業や階層といった差異を乗り越え、政治に対してより広い、あるいは深い問題意識を育むことは出来たのだろうか。その中に、徹底的な議論や合意形成は存在したのだろうか。

工務店に勤務する三〇代の男性・A6氏は、二ヶ月と比較的短期の参加であるにもかかわらず、フォーラムや勉強会、デモ、キャンプの運営にコミットした。サミット抗議行動の後も積極的に、様々な社会運動に参加しているという。

A6：意見をまとめたものを紙とかデータにして出して、主に気候変動の話し合いを続けるシーンで（提言制作を）やっていて。勉強もしましたし、会議で北海道グリーンファンド（環境NGO）のSさんと頻繁に会ったりして、議論もして、割と近くなったのかお金も出すようになった。その運動の意義というものに改めて気がついたというか……それが大きいですよね。みんなしょっちゅう（会議に）来たりとか、「本当にこの人は環境を変えたいんだな」とか。[51]

A6氏は木材を扱う職業柄、元々環境問題への関心も強い。フォーラムで政策提言を熱心に行う一方、建築の技能を活かし、キャンプやデモに使う設備を作成した。キャンプを設営した際「世界中の人が来るから万国旗をポスターに描いたんだけど『アナキストが国旗なんか掲げてキャンプに来ないでしょ』って怒られちゃった」[52]と笑い混じりに語ったとおり、サミット抗議行動の目標や、活動家たちが共有している規範や理念を十全に理解しているというわけではなさそうだ。しかし、抗議行動を通じてさらに専門的に環境問題について学び、人権運動や選挙運動といった様々な運動にも参加している。

A6氏はサミット抗議行動後、環境活動家以外にも、アナキストや海外の活動家、またフェミニストなどの様々な活動家と交流したと語る。[53]彼は抗議行動を経験し、それまで気づかなかった多様な問題が複雑に絡み合って反グローバリズムという問題を構成していることに気づく。その根本には、他の活動家との出会いや交流、さらに彼らへの共感がある。こうした「気づき」が生じた背景に、「頻繁に会ったり」「議論をして」という過程の共有があるのではないだろうか。ともに時間を過ごし、議論をし、多様な問題を認知した彼らは、活動に参加し続けるのだ。

こうした傾向は、A6氏のように単一の問題に携わっていた人々だけでなく、元々多様な活動に従事していた人々にも同様に見られる。A16氏は、二〇〇三年のイラク反戦運動から継続的に社会運動に参加し、それまでは反グローバリズムや平和・軍事問題に関心を寄せていた。しかし、サミット抗議行動後はより「地に足の着いた」[54]問題についても学ぶようになっている。以下は、抗議行動のための場を設営するにあたり、行政との交渉や周辺住民への説明を行ったA16氏の語りである。

A16：G8が終わって、やっぱり地域に根を張って、一発限りじゃなくて、農業やってる人もいて……暮らしの中から自分たちの手で周りの人を大切にして暮らしていくっていうのをどんどんやって行くっていうのが、良いやり方だと思ってる。そういうコツコツ、楽しく、みんなで何かやりながら、輪を広げて行くって感じかな……そう思っています。やっぱり今、私は結構コミュニタリストみたくなって来ていて、やっぱり「町内会とかすごいな」とか思ったりしている。おじいさんとかおばあさんとか、普段からの付き合いだったりとかしている、地域みたいな所にやっぱりだんだん関心が行っている感じです。[55]

A16氏の問題意識は変わらず多様であると言えるが、彼女の視点はサミット抗議行動のような「一発限り」の運動だけでなく、地域に根を張って行う「暮らし」の中の「農業」や「町内会」といった活動に対しても開かれている。彼女は行政や住民との対話を通じ「グローバリズムと言っても人を惹きつけない」[56]と一貫して述べており、むしろ自らのローカルな生活からグローバルな問題を捉え直したいと主張する。A16氏やA10氏といった人々は、サミット抗議行動を通じた議論や交渉を経て他の活動家やステークホルダーとコミュニケートし、身の回りとさらに広い世界とを問わず、政治に対する意識を高め、視野を広げているのだ。

キャンプを設営したA5氏もまた、報告書にて自らの「熟議」体験を以下のように締めくくっている。

私たちは、もっとこのような話をしていくべきではないか。隣の人に話し掛けて、色や好み、主張の違いを交換する。互いに影響され混ざり合っていく。(中略) 私にとってのキャンプは、これから私や世界が変化していくために必要な、オープンな議論や対話を学ぶ場だったと感じています。オルタナティブな世界は、私の外側にも内側にも存在していました。(国際交流インフォセンター/キャンプ札幌実行委員会二〇〇八:8)

A6氏とA16氏、A5氏をはじめ、多くの参加者たちは、自治体への提言や会場の貸借を行うにあたり、メーリングリスト上、市役所の会議室、定例会議、活動家間の調整会議といった場で徹底的に議論した。その理由は後述するが、彼らの政治に対する意識変化――以前と比べて幅の広い層の人々との、また、地に足についた政治参加のあり方を促す考え方の変化――は、こうした「熟議」を通じて培った他者への信頼や共感、あるいは問題意識が通用しないという無理解や無力感から生じている。これは、反グローバリズム運動が多様な担い手から成り、それぞれ異なる立場から、さらにゼロから運動を作り上げていく（矢部 二〇〇八、McDonald 2002）という性質を如実に反映したものと言えるだろう。

運動の手法へのこだわり――熟議の意図せざる結果

前項にて紹介した調査データから、多様な活動に従事していた人はもとより、専門的に活動を行っていた人々に関しても、問題意識が深化し、それまでとは違う形で他者との関係を築くことができるようになると分かる。これは前項冒頭において筆者が提示したストーリーと同様のものであり、典型的な経験運動・反グローバリズム運動のあり方であり、差異が乗り越えられ、経験が共有されたという、サミット抗議行動の成功を示す事例と考えられるだろう。

その一方で、属性や背景における差異を乗り越えたものの、また異なる種類の差異にぶつかり、他の活動家と断絶してしまった活動家もいる。こうした人々の「好き／嫌い」は、取り組もうとする問題や個々人の政治的背景ではなく、考え方が異なるとみなされる活動家たちの「社会運動」に対する態度そのものに向く。サミット抗議行動を通じ、運動を設営する過程もすべて社会運動であると認識してしまった彼らは、運動の諸手続きをなるべく、自らの政治的理念に沿う形で行おうと考える。それゆえ、その後の抗議行動においても手法を厳しく吟味し、自らと異なる手法を用いる人々を遠ざけてしまうこともある。

一例として、A10氏の語りを紹介したい。A10氏は三〇代の女性である。身近に活動家が多い環境で育ったこともあり、幼いころから政治的な事柄への意識が高かったが、それはサミット抗議行動後に振り返ると「ぬるい」[57]ものであった、と感じている。

A10：（サミットを経て）好きな運動、嫌いな運動が出来た。ぶっちゃけて言ってしまうと、コミュニティや地域市民運動が、たるい、っていうか、ぬるい、って思っちゃって。（海外からの活動家たちを）対応してる間にも、ベジタリアンとかすごく多くて、日本ってすごくベジ食（ベジタリアンフード）がないじゃないですか。「食べるとこないか？」って言われて教えてあげたり、そういう（環境保護や宗教意識、生活習慣についての）会話の中で共感する部分とかすごく多くて、自分の興味の対象が何であるかっていうのが今まではぼんやりとしか分からなかったし、考えようと思ったこともなかったし、けど明確になってしまったんですね。（一部の活動家とは）サミットがなければもっと仲良かったかもしれない。[58]

彼女は札幌で抗議行動を企画・運営し、言わば「ホスト」として海外の活動家たちに対応する中で、環境や食、情報や国際政治に関する問題意識を新たに持ち始める。同時に「好きな運動」と「嫌いな運動」が「明確になってしまった」と告白している。異なる国籍、宗教、思想をもつ人々との差異を乗り越える一方で、それまで運動をともにしていた人々との差異を発見してしまうのである。彼女はその後、ともに活動してきた一部の人々とは協調していない。

A30氏は財団の理事長を務める男性である。海外のNGOと交流することにより、グローバルな運動の問題意識や手法を学んだと語る。その一方で、ともに準備に参加した活動家らに関しては「信じている神様が違う」[59]というくらい価値観の異なる人々もいた、と述懐していた。

Ａ30：私が今でも覚えてるのは、「今回は企業からも協賛する」って言ったら「北海道電力から多額の寄付もらったらどうすんだ」って言うから、（私は）「そりゃ、裕福な所がそうやって心配するのは良いけども、大体北電なんて多額にくれませんよ」と（答えました）。くれないけども、寄付の依頼を出すってことは、私たちの活動を宣伝する意味が八割以上だよね。（中略）やっぱり敵を知らなければいけないわけだから「企業なんて」って言って、敵に回してもしょうがないじゃない。だから企業系に居た人とコラボレーションしながらやっていくのは、これから課題だと思ってるんですがね。[60]

Ａ10氏と同じく、Ａ30氏にとってもサミット抗議行動は、それまで築いてきた活動家ネットワークと訣別し、新たな人々との「コラボレーション」を探索する転機となっていた。グローバリズムによって被害を受ける人々をいかに援助するか、グローバルな問題をどのようにローカルへと接続するか……といった課題は、反グローバリズム運動の参加者であれば誰もが問題視する。さらに彼らは、問題への「態度」や「構え」、さらに具体的に表現するならば「手法」をめぐって争うことになる。Ａ10氏のように、結果が目に見える行動こそが望ましいと考えるようになる人々もいれば、Ａ30氏のように、ステークホルダーとして捉えるべきセクターをさらに拡大すべきだと主張する人々もいる。誰と協調するか、何を手法とするかは、運動そのもののアイデンティティや位置付けを形成する要因となる。メディアアクティヴィストたちも、Ａ30氏が直面したものと同様の課題を抱えることとなる。以下は、Ｇ８サミットメディアネットワークに参加した岩本太郎氏によるドキュメントである。

私自身も七月三日、札幌市内の大通公園で見かけた右翼団体「一水会」代表・木村三浩氏の「辻説法」を報じた記事をめぐり面白い体験をした。右翼ではあるが「Ｇ８反対」を唱える一水会の主張をスタンスを取りつつ伝えたつもりだったが、翻訳ユニットより「海外在住の翻訳者に記事を送ったところ『この筆者は右翼団体に賛同しているのか』という拒否反応が上がってきた」との相談を受けたのだ。

これらの事例は、会社などの法人組織に基盤を置き、「職員」としてのスタッフによってなされるマスメディアの報道活動においては本質的に起こりえないものである。もちろん、マスメディアでも報道にあたるスタッフの意見が割れることは多いが、その多くは社内における指揮系統や上下関係といったシステムの中で最終的には回収される。ところが独立メディアや市民メディアにはこれが存在しない。したがって、そうした場合にいかに全体の調整を図るかが、組織の運営においてはしばしシリアスな課題となる。(G8メディアネットワーク二〇〇九:五八)

どのセクターから資金や場所を調達し、どのようにメディアを使うか。誰に取材をし、何をターゲットとして放映するか。すべての行為が「運動」として見なされるからこそ、その度に活動家たちは自らの政治的ポジションを厳しく問われることになる。それは、法人組織やマスメディアで活動する中では体験することのない、オルタナティブメディアが社会運動だからこそ生じ得る出来事だった。

反グローバリズム運動は、人々の問題意識を拡大・深化させるが、その一方で運動をする上でのポジションをきびしく問われる機会でもある。そして、個々人のポジションはイベントを行う場所や地域にも如実に反映される。東京の反グローバリズム運動家であるB1氏とB2氏、また、札幌で彼らの誘いを受けて活動に参加したA17氏の語りを見てみよう。

B1：祝祭空間としての、お祭り騒ぎをする場所としてのキャンプと、出撃拠点としてのキャンプ、「絶対ここを守るんだ」っていう、出撃拠点、砦としてのキャンプ。(この二つを実現させるためには、)最初とにかく街中でやりたかった。「なんで街中でやるの?」って、「単純に音とか沢山出してやりたいんだったら、離れたところでやればいいじゃん」って、結構東京（の会議）で言われた。

B2：僕が言いたいのは、都市部でやる事にこそ意味がある。[61]

キャンプはB1氏とB2氏をはじめとした若い活動家たちにとって「出撃拠点」であり「祝祭空間」、多様な人々が多様な価値観を受け容れ、ともに生活する「予示的政治空間」の実現であった。しかし、この「こだわり」を受けて、運動初心者のA17氏は以下のように語る。彼女はサミット抗議行動をもってはじめて、社会運動に参加した。ただ彼女の中では「社会運動に参加する」というよりも、「キャンプに参加する」という動機のほうが強かったという。

A17：私はただ「レクリエーションして楽しかった」ってことしか覚えてない。だから、最終的にはキャンプやって私たちは楽しかったと思ってるんだけど、B1とかは納得してないね。「札幌で出来なかった事がもう敗北なんだ」って。そこまで札幌じゃなきゃダメだった理由が（自分には）未だに良く解らない……。[62]

B1氏とB2氏にとって、自治運営のキャンプを札幌で行うということは、「政府に邪魔されない空間」を都市で構成するという意味で重要な営みだった。しかし、「東京（の会議）」に来ていた活動家たちや、運動経験が少なく、抗議行動というよりもキャンプという手法に惹かれて参加したA17氏には、その「こだわり」の理由がわからない。誰から資金をもらうか、どこでイベントをするか、何を報道するか……こうした運動の作法は、サミット抗議行動の過程を通じて衝突することもあるが、そもそも理解されないこともある。

反グローバリズム運動は、政策の変更や他者への問題周知といった目的はあるものの、デモンストレーション、シンポジウム、アピール行動、キャンプといったイベントの実現そのものと、その中で行われるすべての手続きが「社会運動」になる。だからこそ、彼らは「いかにして運動するか」という点に自らの政治的理念や規範を込めることになる（Haug 2013）。サミット抗議行動に参加したベテラン活動家・松本勲氏は、Ｇ８サミット抗議行動の経験を通じてこう回顧する。

相変わらず旧来型の運動構造を引きずったスタイルがあり、各行動のファクターはただ「競合」しか呼び起こさなかったように思われた。同時に各ファクターの当事者は急進的な排他性と内部に終わることのない対立の連鎖を不必要に生み出していったようだ。（松本 二〇一〇：一三三）

多様な担い手から成る運動であるため、その過程には常に衝突がつきまとう。この衝突は、「手法」の衝突というだけでなく「担い手」の衝突さえ引き起こしうる。だからこそ、手法を通じて衝突した人々は、その後ネットワークをも減少させ、「対立の連鎖」を生み出してしまった可能性もある。活動家たちは、経験・背景・属性の差異を乗り越え、連帯し、新たな社会運動の可能性に気づく一方で、彼らの取り組む社会運動そのものを経験や背景として捉え、また新たな差異を創りだしてしまったのだ。

本節のまとめ

本研究は、「反グローバリズム運動の個人間ネットワークにおいて、どのような特性を持った人物が他者と連携できるのか？」という先行研究の問いをふまえ、先行研究の提示した三つの変数を検討した。その結果、トップダウン型の意思構造をなす組織に所属していない人々、多様な問題意識を持っている人々ほど、他の活動家とともにイベントに参加し、ネットワークの中で中心的な位置を保つことが分かった。

本稿は組織間ネットワーク分析の結果、個々の運動に込めた目的によってのみ個人間の関係構築がなされるのではなく、経験運動的な関係構築の可能性を想定した。その上で、活動家同士が「差異を乗り越える場」「過程を共有し、互いに分かり合う場」として抗議行動を捉えたか否かという点に注目した。そうした視点から参加者個人に対するインタビューデータの分析を行い、社会運動における個人の考え方・認識枠組みの変化をたどる形で、それぞれの参加者のコミュニケーションに込められた意図を検討した。多くの人々はサミット抗議行動における熟議を通じ、抗議行動参加前よりも様々な政治的な問題を把握し、以前よりも深いコミットを行おうとする。これは比較的成功した経験運動のあり方であり、ある種の目的の達成だと言えるが、一方で活動家たちは運動の「手法」に対して強いこだわりを見せることになる。これは、サミット抗議行動がその実現を目的としており、人々はその設営過程に対して政治的理念を込めることになるためである。運動の手法や過程、手段への強いこだわりの結果、特定の手法のみならずその担い手をも遠ざけ、その後のネットワークを縮小させる人々も見られる。このような手法や態度をめぐる断絶は、前節の「問題意識が異なる人々」の記述にもみられたものである。

サミット抗議行動に参加した活動家たちは、平等であろうとし、民主主義的に物事を決定しようとし、差異を乗り越えて連帯しようとする。その一方で、平等であろうとするやり方、民主主義的になろうとする姿勢、差異を乗り越えようとする具体的な方法において、双方厳しい注文をつけ、断絶することになる。

サミット抗議行動中に見られた「平等へのこだわり」「民主主義的な意志決定」は、活動家の理想や価値観に基づいており、活動家たちが組織化された際には、規範や慣習となって生じるものであろう。これらは社会運動サブカルチャーが顕在化したものとも考えられる。その一方で、「手法の違いによる断絶」に関しては、まだまだ検討する余地がある。一体活動家たちは、どの手法に対して、どういった意味付けを行ったのか。本章では、資金調達や報道の姿勢、キャンプを行う際の目的意識の違いを取り上げた。個々の手法に即して、それがどのような価値観や理念の違いから生じているかを詳細に検討する必要があるだろう。

そのために次章では、サミット抗議行動の主たる手法（「デモ」や「シンポジウム」など）といったフロントステージ、さらにそれを支えるバックステージを検討する。それによって、活動家たちの理想や規範がどのように反映されているのか、およびそれがいかなる社会運動サブカルチャーから成立しているのかを、さらに検討してみたい。

〈注〉

1 二〇一四年時点でロシアが脱退しているため、現在の主要国は七カ国となっている。
2 B5氏インタビュー、二〇一〇年七月二九日、於東京都武蔵野市。
3 A10氏インタビュー、二〇一〇年四月四日、於東京都新宿区。
4 A26氏インタビュー、二〇一〇年八月九日、於札幌市北区。
5 同上。
6 B1氏インタビュー、二〇一〇年四月三日、於東京都新宿区。
7 同上。

8 B4氏インタビュー、二〇一〇年七月二七日、於東京都多摩市。

9 同上。

10 B13氏インタビュー、二〇一〇年五月一一日、於東京都文京区。

11 同上。

12 二〇一五年一月時点でロシアが脱退しているため、七カ国（G7）となっている。

13 A16・A17・A18・A19氏インタビュー、二〇一〇年五月二四日、於札幌市中央区。

14 A13氏インタビュー、二〇一〇年五月二六日、於札幌市中央区。

15 A16・A17・A18・A19氏インタビュー、二〇一〇年五月二四日、於札幌市中央区。

16 同上。

17 A10氏インタビュー、二〇一〇年四月四日、於東京都新宿区。

18 A27氏インタビュー、二〇一〇年八月一一日、於札幌市北区。

19 同上。

20 A36氏インタビュー、二〇一〇年一二月一六日、於東京都文京区。

21 A36氏インタビュー、二〇一二年九月九日、於東京都文京区。

22 同上。

23 B17氏インタビュー、二〇一三年八月二日、於東京都新宿区。

24 B8氏インタビュー、二〇一〇年九月十日、於東京都文京区。

25 同上。

26 A10氏インタビュー、二〇一〇年四月四日、於東京都新宿区。

27 北海道自由エスペラント協会ウェブサイト「反G8サミット北海道（アイヌモシリ）連絡会準備会よびかけ」http://leah.sakura.ne.jp/2013/06/13/%E5%8F%8D%EF%BD%87%E3%82%B5%E3%83%9F%E3%83%83%E3%83%88%E5%8C%97%E6%B5%B7%E9

%81%93%E3%82%A2%E3%82%A4%E3%83%8C%E3%83%A2%E3%82%B7%E3%83%AA%E9%80%A3%E7%B5%A1%E4%BC%9A%E6%BA%96%E5%82%99%E4%BC%9A/ 二〇一四年八月三一日最終アクセス、市民フォーラム北海道（二〇〇九）、G8メディアネットワーク（二〇〇九）、G8を問う連絡会ウェブサイト「賛同団体／個人」http://www.jca.apc.org/alt-g8/?q=ja/node/142 二〇一四年八月三一日最終アクセス、二〇〇八年G8サミットNGOフォーラムウェブサイト「活動報告書」http://www.janic.org/activ/activsuggestion/二〇〇八g8ngo/二〇〇八g8/、二〇一四年八月三一日最終アクセス。

28 これに加え、変数として「在籍地（東京、北海道、近畿、中部、四国、中国、九州、沖縄）」、「組織規模（資金規模、専従スタッフ数）」「収入源（会費含むカンパ、助成金、事業収入）」の効果を検討したが、従属変数に対し有意な効果はなかった。。

29 B4氏インタビュー、二〇一〇年七月二七日、於東京都多摩市。

30 同上。

31 A12氏インタビュー、二〇一〇年五月二六日、於札幌市北区。

32 同上。

33 B4氏インタビュー、二〇一〇年七月二七日、於東京都多摩市。

34 A10氏インタビュー、二〇一〇年八月二日、於東京都新宿区。

35 A12氏インタビュー、二〇一〇年五月二六日、於札幌市北区、A27氏インタビュー、二〇一〇年八月一一日、於札幌市北区など。

36 組織の資源調達・行使に関して属人的な要素が見出されるという結論について、そうした属人性は「組織規模」に依存するのではという意見があるかもしれない。この知見に関しては、ネットワークデータの仮説検証で有意性はみられなかったが、もうひとつ、質的調査から補足的にではあるが組織規模が属人性に影響しないということが言える。B4氏の所属する団体は事業収入一八億円超（二〇一三年度決算収入）であり、専従スタッフ数は企業からの出向一名、アルバイト二名を含めた二四名である（http://www.janic.org/about/report/、最終アクセス日時二〇一四年一月四日）。これに対してA10氏の所属するNPOは、事業規模一億円（二〇〇九年度決算収入）程度であり、専従スタッフ数二名である（http://www.mext.go.jp/a_menu/ikusei/npo/npo-vol1/1316240.htm、最終アクセス日時二〇一四年一月四日）。日本において、市民団体が専従スタッフや一億円規模の事業規模を持つことは極めて珍しい（Pekkanen 2006=2008）。その点ではどちらの団体も、日本において稀な大規模市民団体であり、本書はこのような大規模組織においても技能の属人性がみられることを示したと言える。

37 A9氏インタビュー、二〇一〇年八月一〇日、於札幌市北区。

38 A9氏インタビュー、二〇一〇年四月四日、於東京都新宿区。

39 A35氏インタビュー、二〇一〇年九月二一日、於東京都文京区。

40 同上。

41 同上。

42 同上。

43 A9氏インタビュー、二〇一〇年四月四日、於東京都新宿区。

44 B1・B2氏インタビュー、二〇一〇年四月三日、於東京都新宿区。

45 A16氏インタビュー、二〇一〇年八月一八日、於札幌市北区。

46 A5氏インタビュー、二〇一〇年三月一〇日、於札幌市北区。

47 A16・A17・A18・A19氏インタビュー、二〇一〇年五月二四日、於札幌市中央区。

48 ここで書いたとおり本調査研究のケースは無作為抽出ではなく、また、抽出において作為が働いている度合いとしてはかなり高い。こうしたデータを社会ネットワーク分析・重回帰分析の中で取り扱うことの是非については当然、否定的な意見もあることと思われるが、先行研究に倣い、計量分析を行った（Fernandez and McAdam 1988, Dominguez 2011）。また本研究はとりわけGould（1991）の研究を参考にしている。グールドはパリ・コミューンの二七行政区に関してそれぞれのネットワークを検討するという記述統計的な社会ネットワーク分析を行っていると考えられる。本書もそれに倣う試みであるが、グールドが全ケースを網羅しているのに対し、本調査では北海道のサミット抗議行動参加者全員を網羅しているわけではない。ここでは、あくまで本調査の協力者三七名を、北海道からの参加者（約一〇〇～二〇〇名と想定される）の有意選択標本として捉え、その三七名における関係の変化を記述的に捉える試みとして社会ネットワーク分析を行う立場をとる。探索的な試みである側面が強いため、今後より一層の検討を行いたい。

49 重回帰分析のケース数として、N＝37が妥当であるか否かという点について付記する。先行研究の知見より、重回帰分析およびそれと近似したモデル（多項ロジスティック回帰など）を利用した分析は、N＝30程度で有意な効果が出ることが先行研究の知見より明らかになっている（社会運動論に属する研究としては、Gould 1991, Fernandez and McAdam1988など）。

50 また、方法論的に考えると、ケース数が少ない場合に検出力が小さくなるため、具体的には第二種の過誤をおかす可能性が高くなる、ということが危惧される。重回帰分析の文脈では、ある独立変数が従属変数に有意な影響を与えているのにもかかわらず、それを検出できないというリスクは高くなるため、ケース数が少ない場合には、有意な影響を与えていない変数に関する議論には注意を要することになる。一方、ケース数が少なくても、第一種の過誤をおかす可能性は大きく変化しない。すなわち、ある独立変数が従属変数に影響を与えていないにもかかわらず、その影響を検出してしまうリスクは大きく変化しないと考えられる。したがって、本分析のようにケース数が少ない場合でも、従属変数に有意な影響を与えている独立変数については、ロバストな結果である可能性が高い。

51 A6氏インタビュー、二〇一〇年三月一二日、於札幌市北区。

52 A6氏インタビュー、二〇一三年九月一七日、於札幌市北区。

53 同上。

54 A16氏インタビュー、二〇一〇年八月一八日、於札幌市北区。

55 同上。

56 同上。

57 A10氏インタビュー、二〇一〇年四月四日、於東京都新宿区。

58 同上。

59 A30氏インタビュー、二〇一三九月一三日、於札幌市中央区。

60 A30氏インタビュー、二〇一〇年八月一二日、於札幌市中央区。

61　B1氏・B2氏インタビュー、二〇一〇年四月三日、於札幌市北区。
62　A16・A17・A18・A19氏インタビュー、二〇一〇年五月二四日、於札幌市中央区。

第五章　経験運動としてのサミット抗議行動

社会運動サブカルチャーがいかなる要素から出来上がっており、いかなる振る舞いや作法に現れているのかを明らかにすることが、本研究の目的であった。そのために本書は、社会運動サブカルチャーを取り出すための媒介として活動家たちの「人間関係」の断絶と形成を明らかにした。

前章では第一に、サミット抗議行動を通じてどのような参加者・参加組織が連携したのかを考察した。その結果、組織を単位とした社会ネットワーク分析を通じて、多様な問題意識・長いキャリア・ボトムアップ型の意志決定構造を有している組織の組織間ネットワークにおける次数中心性が高いことが明らかになった。加えて、個人を単位とした分析を行うことによって、問題意識とボトムアップ型組織所属という変数は活動家個人の次数中心性に対しても正の影響を与えることが判明した。

第二に本書は、なぜ上述した変数が人々の関係へと影響をあたえるのかを、活動家たちのインタビュー分析を中心に明らかにした。その結果、人々はたとえ出自や携わっている活動が違ったとしても、抗議行動の中でともに時間を過ごし、問題について議論しあうことで、互いに影響し合うことがあることが分かる。マクドナルドらが主張する「経験の共有」が可能になることで、活動家同士の関係が形成され、維持される。この分析結果から、日本におけるサミット抗議行動はやはり「経験運動」のひとつだという側面を持っている。しかしその一方、活動家同士は衝突し、関係を断絶することもある。「経験の共有」はいつもうまくいくとは限らないのだ。

関係を形成する際、活動家たちは、自らの社会運動に対するこだわりや理想を共有し、活動家間の規範やしきたりとすることに成功する。「社会運動サブカルチャー」はサミット抗議行動の中で伝達され、共有され、その後の社会運動にも反映されうる。しかし、活動家たちの持っているこだわりや理想はときに衝突し、それが人々の関係にも悪影響をもたらすことが、確かにあるのだ。それは前章で示した、資金調達をどこから行うか、キャンプの設置場所をどこにするか、というロジスティクスの細部に現れる。

サミット抗議行動を通じた「経験の共有」はときに成功し、ときに失敗することが、第四章から明らかになった。これは社会運動サブカルチャーが、抗議行動の経験を通じて伝達され、伝播され、再生産される活動家たちの「しきたり」や「理想」として現れる一方、活動家たちが衝突し、断絶する原因としての「こだわり」や「規範」として現れてしまうこともあるためだろう。

社会運動サブカルチャーをより具体的に記述し分析するために、我々はサミット抗議行動をめぐる個々の手法に込められた、個々人のこだわりと理想、そして彼らが集合化した際の規範や慣習を明らかにしなくてはならない。そのために本書は、第一にサミット抗議行動にて行われた主なイベントであるデモやメディア活動、フォーラムを抗議行動のフロントステージとして扱う。ひとつひとつの場に込める意味付けの違いを明らかにし、戦略の意図を活動家間で共有しあう、あるいは戦略の意味を巡って活動家同士が衝突する過程を記述したい。第二に、前章にて示した通り、サミット抗議行動は政治変革のための社会運動であり、同時に実行を目的としたイベントという性格を持つ。活動家たちのフロントステージとバックステージもまた、つねにこの二つの性格を有しているため、その双方を考慮して考究を深めたい。抗議行動とイベントとの間で葛藤する活動家たちの、いくつかの場における議論を取り上げ、経験運動としてのサミット抗議行動が直面する困難を分析する。第三に、この抗議行動は、活動家たちが食住をともにし、生活のための資源の調達を通じ、活動のバックステージと生活のための行動を近接させ、あらゆる行為に政治的な意味合いを込める試みであった。この中で活動家たちは、自らの職業やライフスタイル、趣味や特殊技能を活かしながら運動を形作り、相互に運動の中で「役割」を果たしていった。その一方で、活動家同士のバックグラウンドや運動において重要視する価値をめぐり、一種の権力関係や対立関係が生じることもある。そこで本書では、活動家たちが食住をともにし、互いの経験を共有する過程を見てみたい。

一　サミット抗議行動の「フロントステージ」に込める意味

前章にて論じた通り、サミット抗議行動にはいくつかの象徴的なイベントがある。それは「キャンプ」「デモ」「フォーラム」そして「メディアセンター」であった。デモやフォーラムは過去の社会運動でも頻繁に採用されていたイベントであるが、海外からの参加者たちや反グローバリズム運動の中で行われたこれらの催しは、それまで日本の活動家たちが付与してきたものとは異なる新たな戦略や意味付けを内包することとなった。

キャンプやメディアセンターは、場所を確保して設置される「施設」であるが、そこで行われる活動自体はひとつの確立した戦術とも見なされる。たとえばメディアアクティヴィストたちは、デモやシンポジウムといったイベントの様子を記録・報道し、政治問題についてのドキュメンタリーを作成する。メディアリテラシーについてのワークショップなどを開催することもある。キャンプは前章で示した通り、出自の異なる人々が共同して食住を実践し、反資本主義的な世界を作り上げる試みでもある。

ここでは、日本のG8サミット抗議行動以前にも頻繁に見られてきた戦術であるデモとフォーラム、またサミット抗議行動に際して新たに採用されたメディア活動について論じ、それぞれの場において生じるイベントへの意味付けや狙い、そこにおいて生じる「経験」の共有や衝突について議論したい。

デモという表現のあり方

サミット抗議行動において日本の活動家たちが驚いたのは、地域外の人々が持ちこんだデモにおける手法の多様性、新鮮さだった。活動家たちいわく、日本の、とりわけ北海道などの地方で行われるデモの多くは「シュプレヒコール」[1,2]に代表される、「ガッチガチの左みたいな」「つらそうな」「古臭い（活動家の）[3]」人がやっているという印象を持たれていた。サミット抗議行動の中でもいくつかの運営主体が開催したデモがあり、とりわけ最も大規模な「7・5ピースウォーク」は、多くの参加者たちに驚きを与えた。海外の活動家たちが、デモを彩る巨大な人形「パペット」、ピエロなどの扮装によって見る人々に笑顔をもたらす「クラウンアーミー」などのさまざまな表現をデモに持ち込んだ。東京を中心とした若い活動家たちは、サウンドシステムを載せた大型車両による移動式DJブースである「サウンドデモ」を用意した（越田 二〇〇八、国際交流インフォセンター／キャンプ札幌実行委員会 二〇〇八）。

以下は、札幌で精神科医として働く傍ら、NPO活動に従事する五〇代の男性であるA12氏の語りである。彼は、60年代から70年代にかけての「政治の季節」[4]が終わった後で大学に入学し、学生運動に見られる「左翼文字」[5]や独特の言葉遣いに強い抵抗を持っていた。

A12：（ピースウォークは）楽しかったですよ。僕、G8期間中は、基本は仕事をやっていたわけですよね。ちょっとしたOFFみたいなもんですよ。「あー、やっと外出れる」っていう。「外出れたー。次のシフトまでは自由だ。ピースウォークだから出てやれ。天気もいいな。人がいっぱい集まってるな。パペットとか面白いのあるな。サウンドデモかっこいいな。ビデオ撮ってやれ」ぐらいの感じでした。自分もシュプレヒコールしたりしながら、でもどっかの団体に属してるわけではないので、（デモ隊の）前に行ったり、後ろに行ったり勝手な事をやってて、それでちょっと最後列と先頭の隊の方について行って。（中略）「あー、デモって気分いいな」と。青空の下、道路の真中を堂々と歩ける。それから、結構楽しいデモだったから。演奏する人とかも、いろいろいたりしてさ。「こんなデモのやり方もあるんだな」とかね。[6]

A12氏が言及するような新しい担い手たちにおいて、必ずしも路上でのデモは従来のように、政治主張や自己主張、意思表示だけを目的としているわけではない。例えば、海外の活動であり、日本の反グローバリズム運動にも影響を与えた「リクレイム・ザ・ストリーツ」(Wall 1999) は、路上でのデモを「公共空間の開放」として位置づけている。路上をデモやパーティーの場として開放することにより、資本主義社会の代表的な産物である「自動車」から路上を取り戻す、という意味を込め、こうした延長線上にサウンドデモや路上でのダンスをする。さらにサウンドデモやダンスといったデモを彩る技法は、その場にいる参加者たちによって新たな意味を付与されていく。以下は、「デモはやだなって思ってた」[7]と語る、六〇代の男性参加者・A20氏の語りである。学生運動に参加し、シュプレヒコール中心の「つらいデモ」に参加するうち、路上でのアピールやデモンストレーションに対するやる気を失っていったが、成り行きで参加したサウンドデモのファンになる。

A20：(普通のデモは) 好きじゃないっていうか嫌っていうか面倒くさかったね。嫌々してた。「シュプレヒコール!」とか言って「やー!」って。でも (自分は) 喋らないでいる。シュプレヒコールで喋らないでいると、何となく悪いような罪悪感があるんだよね。「こんな所で罪悪感もへったくれもないのにな」って思いながら……。サウンドデモは、言葉で言わなくても自分たちの表現が出来る。[8]

リクレイム・ザ・ストリーツの活動に感化された若者たちが、元々シュプレヒコールに対する代替物としてサウンドデモを用意したわけでは必ずしもない。サウンドデモの担い手は、Ａ20氏と同じような古いデモへの抵抗感を共有していたわけでもない。しかし、Ａ20氏は７・５ピースウォークに参加する中で、自らの運動経験をもとに、サウンドデモに対して新たな価値を付与するのである。

もちろん、誰もが開放空間や路上占拠としてのデモという理念を共有するわけではない。サウンドデモは、単にライブの場所を路上に移しただけではないか、自分たちが楽しみたかっただけではないか、そもそも運動ではないのではないか、という見方をする参加者もおり、すべての参加者たちが自らの経験と手法を親和的に捉えられるわけではない。以下は、五〇代の企業経営者・Ａ30氏の語りである。準備団体の代表という立場から、ピースウォークに参加した。

Ａ30：私は「何を主張したいのか」が明確であれば、かなり寛容な方で、そのスタイルについてはどうだって良いし、別に車道一車線に押し込められないで、私の時はフランスデモみたく広がることは、少しくらい良いじゃないかと言う感じは持ってるんだけども……。要するに「何のメッセージなんだ」ということが伝わっていれば、それはやり方があああいうサウンドデモで良いし、何でも全然かまわないと思ってるんだけれども、「ところで何が言いたかったんだい、彼らは」っていうのが。本当に何か伝えたいって言うものは、私の世代なんかは、ああいうスタンスからは感じられないもんね。「面白がってる」っていう感じだから。それが目的ならそれはそれで、それがメッセージと言うことで良いんだろうけどもね。[9]

これ以外にも、サウンドデモは「自由と無法地帯を履き違えてる」「警察を挑発しすぎ」「あれで何かのプレゼンスが高められるのか」[10]といった批判を受けることになる。サウンドデモの担い手自身もまた、活動を続ける中で意味を問いなおしていく。以下は、サウンドデモのオーガナイザーの一人であり、7・5ピースウォークでDJを務めたB5氏である。ヨーロッパやアメリカの反グローバリズム運動にも詳しく、二〇〇三年のイラク反戦運動をきっかけに社会運動へとかかわりはじめ、その中ですでにサウンドデモを行っていた。サミット抗議行動を経て、サウンドデモを行うことに対して懐疑的になっている、と語る。

B5：僕はあの企画に関わった当人なんですけども、実はああいうのはあんまり好きじゃないんですよ。どうしてかっていうと、あまり民主主義的な感じがしないんですよ。一人のDJが音楽を決めて、後は皆がついて行くっていうのは、参加者の主体性が発揮できないような気がして。（中略）僕は多分クラブで最初、DJのファシズム的な感じっていうのにには気がついてたんです。それは、皆が勝手にあちこち向いて踊ってるんじゃなくて、みんな結構DJの方向いて踊るじゃないですか。今どうか知らないけど、僕クラブ通いしてた頃は、割と皆DJの方向いて踊ってて、「これってちょっと変だな」と言う気がしてたんですよ。その気づきがまず、多分あったと思うんですね。[11]

B5氏は二〇一〇年以降の社会運動において、音が届かないデモの端にいる人々や、音楽に乗れない人々とともにデモのためのドラム隊「サウンドコレクティブ」を結成し、デモの度に出向いて演奏している。

反グローバリズム活動家や海外の活動家たち、またその影響を受けた日本の活動家たちは、サミット抗議行動でそれぞれの表現をし、個性を発揮した。それに感化され、新たな意味や価値を付与する人々もいれば、それを問いなおす人もいる。その一方で、他の活動家たちがデモにこめた「こだわり」を理解できないままサミット抗議行動を終える人々ももちろん存在する。

それぞれがそれぞれの理想をデモへと込める背景には何があるのか。A12氏とA20氏は、自らが参加し目にしてきた古いデモへの抵抗から、Ａ20氏は自らの世代が担ってきたデモの経験から、Ｂ５氏はクラブ通いの経験から、サウンドデモに惹かれたり、抵抗や懐疑を抱いたりする。ここで注意したいのは、必ずしも社会運動への参加経験や世代に基づく体験だけが、新しい手法の解釈を可能にしているわけではないということだ。誰もがそれぞれに、運動への参加、あるいは参加していないときであってもプライベートな行動を通じて経験した事柄をもとに、サミット抗議行動へと参加し、新たな経験をする。

社会運動におけるメディア・メディアにおける社会運動

日本と海外とを問わず、また最近に始まったことではなく、映像や雑誌といった媒体で、社会の問題性や、その時々における政治課題を伝えるといった行動は数多く行われてきた。社会運動に携わる人々が情報交換する際にも、ミニコミや雑誌が用いられることは多く、現在はＳＮＳやブログなどがその場になっていることもある。元々自らの行動がマスメディアによって報道されづらい現状を認識した上で、活動家たちは独自のプラットフォームを作り、活動を行ってきたのだ。

社会運動をめぐるこうした状況の中、サミット抗議行動の中で情報の集約と配信のためのインフラを提供したのが「メディアセンター」であった。そこでは記者会見や上映会が盛んに行われ、メディアセンターを拠点として多くの活動家たちが文章、映像、音声といった形で情報を配信していた。多くの参加者が、メディア活動の恩恵をあらゆる形で受けていた。札幌に居住する四〇代の大学教員・Ａ２氏は、政治的にリベラルな主張を行いながら社会運動や国際問題について研究する、「左派」「リベラル」とされる研究者たちを集めて学者フォーラムを開催していた。限られた時間と空間の中で、それぞれのイベントに携わっていた人々は、自分たちの活動で「いっぱいいっぱい」になってしまっていた。その中で、メディアセンターによる情報配信が役立ったと語る。

A2：メディアセンターがきちんと記者会見をやるという形で通知とかをやってくれたので、そういうのは非常に助かったし、そういう所（メディアセンター）で持っている情報が色んな所に届いているので、そういう所が横のつながり（としてあった）。市民運動という形で繋げていくのであれば……本来であれば札幌の市民運動のつながりという意味ではメディアセンター的な横のつながりを持つ必要があるとは思うけど、あれ（メディアセンター）解散しちゃったのがちょっと残念かな。[12]

サミット抗議行動の各種イベントに関する情報は、活動家同士だけでなく、インターネットでの情報配信を通じて一般にも公開されていた。サミット本体と抗議行動に関する双方の情報を集約し、配信する拠点があるということは非常に重要なものだとして認識されていた。

さらに、情報を記録するという行為は、警察による取り締まりや過剰な警備から抗議行動を守ることにも役立つ。それが立証されたのは、7・5ピースウォークで逮捕者が発生したときのことだ。A22氏は「メディアアクティヴィスト」と名乗り、活動を続ける四〇代の男性である。サミット抗議行動の中では主に文章による情報配信を行っていた。

A22：メディアの話なんだけど、要するに「転び公妨」ってのがあってさ、公務執行妨害ならどんなシーンでも（活動に参加していた人々を）捕まえることが出来る。要するにさ、「公妨だっ！」とか言ったりして、「確保」とか言えば大体捕まって、特に理由もなく拘束して代用監獄制度で（勾留される）。逮捕されないように、アクティヴィズムの手段としてビデオとかで撮り始めた。そこが画期的なんだ。んでRさんが逮捕された時も、（録画した映像が）インターネットで配信されるから、警察自体が嘘をつきにくくなった。てかまあ俺が執拗にブログとか書いてたからね。ああいうことも、アクティヴィズムと警察の関係に影響してる。[13]

7・5ピースウォークの中で数名の参加者が逮捕された際、その瞬間を記録した写真や映像がネット上で多数配信された。こうした情報を受け、「不当逮捕」「警察のほうがやり過ぎ」「明らかな弾圧」「パクる（逮捕する）のは既定路線だったのかな」[14]といった印象が活動の内外で共有されていた。活動家たちによるメディア活動が、警察側の不正や不当な方法を暴く方向に作用したのだ。こうした印象は、メディア活動を担った人々だけでなく、それを外から見ていた参加者も共有している。前項でサウンドデモに難色を示したと語ったA30氏は、メディア活動に対して「映像の力」を感じたと語る。

A30：今回面白かったのは、市民メディアがまず（デモの光景を）撮ってて、当然警察の方もビデオ撮ってるわけですよ。そして警察の方が撮ってるのは、市民のピースウォークと、そのちょっと後ろに（いる）警備を、証拠作りのために離れて撮ってるんだけども、実は（デモを）ずーっと追いかけて、その（警察の）撮ってる連中も含めた全体を撮ってる人が居たんです。そういう一つの「映像の力」っていうものは、私たちがそれこそ（一九）六九年とか（一九）七〇年東京でデモ行進した時に、なかったと思います。せいぜい、その場で一緒に歩いている人は外側にいたりとかですね。[15]

活動家たちに「映像の力」が認識される一方で、メディア活動をしている人々自身が自らの「力」について問いなおす瞬間がある。メディアセンターで活動を行っていた人々は、警察による「不当逮捕」「不正弾圧」を暴くにあたり、その報道のやり方をめぐって激しい議論を交わすことになる。B3氏は、数社のテレビ局で業務に従事した後、メディアを主軸として活動を行うNGOを立ち上げる。サミット抗議行動の中でデモ参加者の逮捕が生じたとき、被逮捕者の顔を出して報道をすべきだという彼女の意見は、ベテラン活動家たちの強い反発を招く。

B3：私は元々テレビとかジャーナリズムから来てるので、「逮捕された人は何も悪くなくて逮捕されてるんだから、顔出したって良いんじゃないか、むしろ警察の問題性を伝えるには顔出しをして、伝えた方がいい」って言うの。メディアセンターの中でもすごい対立になったんですよ。逮捕映像を出すとか出さないとか、今までやっぱり「弾圧対策でカメラを撮るだけ」っていうメディアアクティヴィストっていう風な（印象が）あったために、「逮捕された人も黙秘するし、逮捕された事実自体もオープンにしない」っていうことが得てしてあったんですけどね、ちょっと、でも……この時点では、結果的には（顔は）出さなかったんですよ。[16]

議論の末、メディアセンターに携わっていた活動家たちは「不当に逮捕された者の顔を出さず、逮捕された場面のみを報道する」という選択をする。こうした方策があったためか、拘留期間は比較的平均より短くて済み、またメディア活動の重要性自体も活動家たちに共有されたが、その一方でB3氏は、ベテラン活動家と、元々メディア活動に従事していた自分とは、大きく「考え方が違う」[17]と感じたという。

B3：やっぱり「逮捕の時に映像をどう扱うか」っていう時に、明らかに私みたいに元々メディアをやってた人と、もともと運動の側に居た人なんかは、「あー、やっぱり考え方が違うんだな」っていう。私の思い込みかもしれないんだけど、私の中には「事実をきちんと伝えて行けば必ず理解される」っていう、ロマンチックな思いがあるから、ぼかしを入れたりとか、顔を見せないってことに関して激しい抵抗があるんですよね。だけど、「社会的影響を心配して個人のプライバシーを出さない」っていう、運動から来た人たちもいて……「どっちが正しい」とは言えないかもしれないけど、個人的には今後はなるべく顔出しだろうと思ってますよね。（逮捕の）不当性の方がすごく大きいので、逮捕されそうな人は出来ればなるべく顔を出して、それをいかに社会に訴えて行くかっていうことの方が重要なんじゃないかなと。[18]

メディア活動という情報集約・配信の技術は反グローバリズム運動の積み重ねを通じて、運動のための戦術として確立されているが、その中で彼らはより細かな手法をめぐって対立することとなる。それは、サウンドデモにも見られた通り、個々の活動家たちの経験と、手法に対して施すことのできる意味や価値の違いに依存している。B3氏の語りは、とくにその違いを明確に示している。彼女の語りは、弾圧（逮捕）の経験やそれに基づく活動家に対するプライバシーの配慮といった運動をめぐる経験だけでなく、職業キャリアとそれに基づく「事実を伝えていれば必ず理解される」という「ロマンチックな思い」もまた、手法の選択理由となることを示す。

何のためのシンポジウムなのか

あらゆる社会運動においてシンポジウム・フォーラムや学習会は、情報を交換し、問題意識を共有しながら、社会問題についての周知・解決に近づく点で必須のイベントであろう。サミット抗議行動においても、G８サミット直前の一〇日間だけで、五〇を超えるフォーラム・シンポジウム・ワークショップ、また比較的小規模な学習会が開催されていた。

特に、準備団体「G８を問う連絡会」が主催した「国際民衆連帯」、準備団体「NGOフォーラム」「市民フォーラム北海道」が共催した「オルタナティブ・サミット」という二つのフォーラムは注目度の高いイベントであった。では、こうしたイベントをオーガナイズした人々は、環境や労働、人権や平和と言った問題についての認識を深め、新たな活動への糧を得ることが出来たのか。また、どのような目的のもとでイベントを開催したのだろうか。オルタナティブ・サミットのシンポジウム司会として活躍した「市民フォーラム北海道」の共同代表、A26氏の語りをみてみよう。

A26：（一日目の全体シンポジウムには）インドネシアの人が来てくれたんですけど、そういう人と一緒に農業とか地域自立について、皆で議論が出来たってこともありますけれども。Qさんと言う我々の業界では有名な方で、アメリカ人で日本人の女性と結婚して、長沼町で有機農業をやっている人なんですけど、非常に高潔な、敬虔なクリスチャンでもありますので、すごくいい話をしてくれたし、良かったんですけどね。ただまあ、こう言うのをやるって時には、市民運動的にはプロセスとしては、「やる過程で何を得るか」とか、「やった結果として何を得るか」と言うことが……こういうのが良かったか、悪かったか、という評価になるんですけども、僕らはすごく色んなことをやった、その中でこれをやったので、十分これに向けて、「色んな人を巻き込んで準備した」とか、「これをきっかけに何か新しいものを始めることになった」ということは、残念ながら無いですね。[19]

A26氏は自らの担当したシンポジウムについて、得るものがあった（「すごくいい話」「皆で議論ができた」）ことを認めながらも、その議論による収穫は決して多くなく、意識の上で何かが大きく変わったわけではなかったと認めている。A26氏らは共同代表として、ゲストの招聘や会場の確保、プログラムの整理やコンテンツの企画に多大な時間を割いていた。また、シンポジウムに実りを感じなかった背景として、A26氏が既にかなりの経験や知識を持つ活動家であったことも影響しているだろう。彼のように豊富な知識や情報を持たない一般参加者に対しては十分に魅力的であり、得るところの多いシンポジウムだったということも考えられる。

では、運動経験がそれほど多くない人々は、どのような意味や結果をシンポジウムから読み取ったのだろうか。A36氏はそれまで「こういうこと（社会運動）をやったことがない」と語る大学生であり、英語の練習やNGOとの交流のためにオルタナティブ・サミットに参加したと語る。

A36：いくつか（シンポジウムに）出ましたよ。どのあれも、言われればそうなんすけど、「証拠は？」って感じ……。データが殆ど無いんで。計量的に分析したとしても、原因がそれとは言えないですよね、相関もわからないから。そういう意味では、「そういう考え方があるんだな」というくらいで、全体的に。債務不履行の活動（ジュビリー二〇〇〇）は、かなり衝撃的でした。日本の途上国への投資（の話で）、官僚が便益とかを計算した上でやっていると思っていて、目に見えないところでプラスになっていると思うので……それは市民にとっては実感がないから利益がない、（先進国から途上国に）手出しをするな、放っておいてくれ。っていうのは、善意があってやっているつもりだったので。垂れ幕まで作って、こっち（日本）来てまで主張しているほど問題とは、ちょっと思わなかった。[20]

サミット抗議行動の期間中、いくつかのシンポジウムに出て、NGO・NPOの行動原理や主張の論理に問題点を感じつつも、途上国の人々の意見を耳にしたA36氏は、今までにない視点からの主張に衝撃を受ける。彼はその後別の社会運動に参加したり、政治的な社会化を遂げた様子はないが、それまで何をしているかわからず、「怪しい」[21]と感じていた市民活動・社会運動に対して信頼する気持ちになったと語った。実際にワークショップでの議論を通じて、若者をめぐる労働問題は国際的に共通した構造のもとで発生しているということ、過疎や医師不足といった途上国の問題は、地域の問題と強く連関していることを理解した人々もいる。むしろシンポジウムは、設営に関わった人々よりも参加者にとって有益な問題認知や議論の場となったと考えられるだろう。

では、設営に参加した人々にとって、シンポジウムは「イベント」という以上にどのような意味があったのか。この論点に関して、B8氏の語りは興味深い。彼は社会運動・途上国開発・平和研究のシンクタンクで事務局を務めていた。サミット抗議行動では独立してイベントを運営していたが、準備団体の活動過程を傍観し、以下のように感じたという。

B8：G8の対抗アクションは国際的な運動ですから、そうなると、「自分の所の組織なりネットワークが、一番良く海外の運動と繋がっていますよ」と日本国内で示すというのは、自分の組織の利益になりますよね。（中略）日本の場合はそういう、「海外で認知されている」ということに弱い。やっぱりそれは広い話で言うと、日本の海外自体が西洋化してきた歴史な訳ですから、学問でも芸術文化の世界でも、基本的には（海外に）弱い訳じゃないですか。そうなると、海外の有名人なり、素晴らしい活動をやっている活動家と自分の所は関係がありますよ、あるいは、その人を自分のところで今回呼びますよ、ということになれば、当然これは組織団体にとって、プレステージは高まりますよね。ある種の海外有名人を動かす政治力があるということは、それだけで意味があると思う人もいるんじゃないですか。[22]

二〇〇八年のサミット抗議行動自体が「国際的な活動」という点でプレステージが高いとみなされる点が、あまり社会運動にとって実質的とはいえない「プレステージ」をめぐる争いを加速させてしまったのではないか、とB8氏は語る。この語りは、第四章で論じた「グローバルな運動の潮流を日本の運動に上陸させよう」という一部参加者のモチベーションとも関連するものだ。シンポジウムをどの会場で開くか、どの時間帯に開催するか、どういったゲストを招聘するか、ということが、社会運動団体の「プレステージ」「プレゼンス」を顕示する行為になりえる。だからこそ、サミット抗議行動におけるフォーラムやシンポジウムは、単に学習や議論の場というだけでなく、既存の党派や組織にいる人々がそれぞれの活動家としての経験のもと、彼らが携わってきた活動の優劣を競う場でもあったのだ。この論点については、第三節でも詳述する。

二　イベントと管理

第四章で示した通り、サミット抗議行動は地元の運営者たちが海外や日本の参加者を受け入れながら遂行する「イベント」であり、急な事故やトラブルといった事態を最少限に抑え、滞りなく進行し、スケジュール通りに実行する必要があった。一方で、そのイベントを準備する人々や、準備はしないが参加し、おもに与えられたイベントを享受する多くの参加者たちは、普段から政治活動に従事する活動家であり、サミット抗議行動を「社会運動」として捉えている。「イベント」としての抗議行動と、「社会運動」としての抗議行動はいくつかの側面において対立するが、それが顕著に現れるのが、参加者をどのように管理するのか、という観点である。

ある時間にある場所で、確実にコンテンツを実行しなければならない場合、当然ながら参加者たちの動きを統制し、管理する必要がある。しかし同時に、管理とは参加者たちから自由を奪い、選択や決定の過程を省略することでもある。社会運動は、行政や政府といった「上」からの管理に抗い、自らの自由な発想や意志決定のもとで活動することでもあるため、管理という発想とはなじまない。しかしサミット抗議行動が予め定められたスケジュールに沿って実行されるイベントであるかぎり、完全に参加者の自治に委ねるわけにも行かない。サミット抗議行動のオーガナイ

	施設の性格	提供者
キャンプ（伊達市）	牧草地	民間企業
キャンプ（壮瞥町）	キャンプ場「オロフレほっとピアザ」	自治体（壮瞥町）
キャンプ（豊浦町）	公園「豊浦森林公園」	自治体（豊浦町）
キャンプ（石狩当別）	指定管理施設「当別町災害防災備蓄センター」	NPO
キャンプ（札幌市）	西岡キャンプ場	自治体（札幌市）
インフォセンター（札幌市）	指定管理施設「アウ・クル」	NPO
メディアセンター（札幌市）	北海道大学　クラーク会館	大学（北海道大学）
メディアセンター（札幌市）	北海航測ビル	民間企業
メディアセンター（札幌市）	天神山国際プラザ	自治体（札幌市）

（国際交流インフォセンター／キャンプ札幌実行委員会 二〇〇八、G8 メディアネットワーク 二〇〇九などを参考に、著者作成）

ザーたちは、つねに「管理」と「自治」のあいだで意思決定せざるを得なかったのだ。

場所をめぐるやりとりと自治のありか

「管理」と「自治」の発想が最も色濃く現れ、ぶつかったのが、サミット抗議行動の場所をめぐるやりとりである。とりわけ、キャンプやメディアセンターは、資本主義社会とは異なる規範や制度のもとで、下からの意志決定によって生成される「自治空間」という発想のもとで構成されていた。しかし自治という発想を徹底するためには、誰からも介入されない空間を手に入れなければならない。キャンプやメディアセンターを企画した人々は、行政との交渉の中で、「自治」を手に入れる困難を経験することになる。

上の表は、キャンプ・メディアセンターの運営者たちが借用し、それぞれのイベントを設営した場所の一覧である。キャンプとメディアセンターの担当者たちは、それぞれ自らの人脈やコネクションを用い、限られた資源の中で場所を確保した。

これ以外にも、すべての準備団体はそれぞれの事務所を持っており、半年から一年にかけてマンションの一室や、NGOの事務所の空きスペースを借用するということになる。こうした「事務所」「会議場」も重要ではあるが、キャンプやメディアセンターは、短期間とはいえかなりの動員が見込まれ、またそうした人々が生活を共にする場であるため、場所の確保は難航を極めた。三日間から五日間に及んで、二四時間解放の空間を借りることは、保安や地域住民への影響を考慮すると容易なことではない。とくに困難とされたのは、自治体から会場を借りなくてはならない場合である。当時運動体との交渉にあたった札幌市役所の職員・Ｂ18氏は、交渉の結果「天神山国際プラザ」をメディアセンターとして、「西岡キャンプ場」をキャンプ場として貸し出すことを決定するが、後者は実質的に利用されず、事実上の「交渉決裂」となってしまう。その経緯を以下のように語る。

Ｂ18：例えばキャンプ村、お互いに折り合わなかった理由を振り返ってみると、自主・自立、行政……いわゆる権力側からは離れた形でやりたい、と言う強い主張があるグループでもあるということがあって、例えばキャンプ村の中での人数、我々とすればある場所に……最初は丘珠空港の近くで用意するような予定をしてたんですけど、さることで無理になったんです。近隣住民との関係もあって、それから公園のキャパ（シティ）もあって、例えば「利用人数が何人になるか」とか、トイレの問題とか、色々ありますでしょう。そういうものだとか、あるいは市の職員も、別に介在するつもりはないけども、安全管理、市民とのぶつかり合い等に発展しないようにするためにも、少なからずしっかりとお手伝いしますからね、と、我々の参加を求めた、というか出入りもお願い申し上げた。けれど、そこはやはりキャンプ村に入ってくること自体、非常に大きな抵抗感を持っていたと言うことがあります。[23]

近隣住民たちの反発や公園の保全といった観点、また人がどれほど来るかわからないため、安全管理が必要になるといった観点から、自治体側であるＢ18氏はキャンプへの参加を求めるものの、それは活動家たちにとって「自主・自立」を脅かす行為となる。行政が提示した「名簿の提出」や「ネームタグを付ける」「監視小屋を入れる」[24]といった条件もまた、すべて活動家たちの自由や自律を妨げるものであった。結果として札幌市とキャンプのオーガナイザーたちの交渉は決裂するが、メディアセンターの人々は、札幌市の申し出を受け入れ、「天神山国際プラザ」を利用することになる。しかし彼らもまた、自治と管理との間で、自分たちはメディア活動を通じて何をしたいのかというアイデンティティに悩む。以下は、メディアアクティヴィスト・A12氏による語りである。

A12：キャンプの場合はある程度、主義主張ある連中が自由にディスカッションしたり、自由に活動したりするための拠点なんだから、最終的に行政にどうたらこうたら言われるの無理だよ、っていうのよく解るんですよね。僕でもそっちを選択したような気がするんですよね。「メディアの場合はどうなのか？」っていうとプラスは「場所を借りられる」っていう所ですよね。マイナスは「干渉される」っていう所ですよね。ただね、我々の、「市民メディアセンターを作ったら誰が使うのか？誰が使いたいと思っているのか？」っていうものもね、一色じゃなかったんですね。（中略）G8で「市民メディアっていう活動があるんだ」って言うのを示した時に、なんか「訳の分からないアクティヴィストがカメラ持って走り回っている」って言うのじゃなく「色んな人がいるんだよ」って言うのを見せて「市民メディア活動にある程度理解を得よう」っていうベクトルも持っていた。その辺のところで妥協路線を選んだっていうことなんですよね。[25]

前章と本章にて少し言及した通り、メディア活動はさまざまなイデオロギーを持つ参加者によって構成されていた。元々社会運動をしていて、その延長線上でメディア活動を行っている者、マスメディアでの経験を活かして活動する者、政治的な意識というよりもメディアそのものに対する関心から活動に参加したボランティアの人々。こうした「一色じゃない」要求と、「市民メディア活動に（対して）ある程度理解を得よう」という活動目標を示した上で、彼らは行政の要求を飲み、自治体と連携する形でメディアセンター運営を進めることになる。

こうしたやりとりは、自治とは何なのか、行政や地域住民といったステークホルダーの言い分をいかに理解するか、社会運動とはどういった活動なのかという自らの活動における方針や、活動参加者としてのアイデンティティを、活動家自身に問い直させるきっかけともなる。市民メディアセンターは、行政との連携を強く望むグループによる拠点「天神山国際プラザ」とは別に、行政と離れ、自治管理を望むグループによる拠点を民間企業が援助したビルのフロアーに設置することとなる。この背景として、サミット抗議行動におけるメディア活動が「コミュニティ・地域活性化」を志す人々と、政治的な問題意識を拡散し、弾圧から人々を守るといった「メディアアクティヴィスト」を志す人々という大別して二つのグループによって担われているという実情があった。A27氏は、サミット抗議行動を通じて行政との連携を目指す「市民メディア」の人々とのやりとりに悩んだ一人だ。

A27：やっぱり（行政と連携したがる人々は）好きでしがらんでるっちゅうところもあるんじゃない。「行政と仕事して嬉しい」とか、「行政と仕事するのが新しい公共ですっ」とか、そういうノリがあるんじゃないんですか。（中略）「おまわりさん来たときどうする」とか、「権力と対峙する」、そう言うスタンス無いよ。別に僕だってそういうことして来た訳じゃないけど、「P」（市民団体）みたいな所にいたら、今までやったことはないけど、だんだん雰囲気とか喋る感じとかで準備は出来てくる。その文化の違いみたいなものも「無理だろう」と。[26]

メディアセンターとして機能していた二つの施設――行政施設「天神山国際プラザ」と民間施設「北海航測ビル」のあいだには、サミット抗議行動における自治や管理、行政の介入を許すか否か、といった問題を越える「文化の違い」が噴出していた。それは、A27氏やA12氏がかかわってきた運動がいかなるものであり、どのセクターと「しがらんでる」か、という問題である。どのステークホルダーと協調するかという問題は、メディアセンターに限らずサミット抗議行動全体でも「市民派」「行動派」（松本 二〇一〇：一二九）の対立としてしばしば現れる。

その一方で、場所の確保という過程を経て、それまで一面的に捉えていた自治や自由に対する考え方を変える者もいる。Ａ16氏はその一人であり、キャンプをめぐって行政交渉をする他、議会への陳情なども精力的に行った。

> Ａ16：交渉して議会回りして陳情出したりしている時点で、もうこれはアナキストのやることじゃない……別に（それが）「だめだ」というんじゃなくて。（中略）（参加者に対しても）「ドアを開けたら非常ベルが鳴ってセコムが来るよ、だからドアを開けないで」とか取り締まったりしてた。「自主管理」とか言って、「警備します」というのをお約束してあそこを借りたわけだから、夜中も懐中電灯持って、「警備」って札をつけて回ってるわけね。そう言う時点で管理じゃないけど、そういうものをしなければならない立場はあるんだ。それが、どれだけ相手と対等で、意見とかを聞きつつ上手い折衷をする所を見つけながらやって行くと言う経験をしたから、政治みたいなのをやるのも、結構その延長上にあるんだなっていう風には（思っています）。後付けなんだけど……。[27]

キャンプの経験からＡ16氏は、社会運動の中で称揚されてきた自治や管理、自由という発想は、実は一定の管理や交渉のもとでこそ可能なのではないかと考えるようになる。前章にて言及した通り、彼女はその後町内会や自治体といった活動に関心を示す。「後付け」と言ってはいるが、そこにはサミットで得た「折衷」や「管理」といった考え方が強く影響している。もちろん、海外の活動家も、地元の活動家と同様に運動をともにおこなう「仲間」であり、原則的には彼らを信頼しなくてはならない。しかしその一方で、イベントを滞りなく進行するためには彼らを統制しなくてはならない。こうしたジレンマは、後に「デモの警備と弾圧」の項でも言及する。

サミット抗議行動の参加者たちにとって、場所をいかにして確保するか、管理をいかなる形で行うか、どのようなステークホルダーと協調するかといった決断は、彼らの活動家としてのバックグラウンドのもとで決められるものであった。しかし、彼らの経験がサミット抗議行動における決断に影響を及ぼすだけではない。A16氏の語りが示す通り、その後の社会運動や政治への見方もまた、サミット抗議行動の経験から影響を受けていくことがわかる。

デモの警備と弾圧

前項ではキャンプとメディアセンターの事例を通じた自治と管理についてのジレンマを検討した。場所をいかに管理するかという問題は、二四時間寝食をともにするタイプのキャンプやメディアセンターだけでなく、一〜二時間という短時間で行われるデモンストレーションにも当てはまる。しかし、デモを「管理」するとはいかなることなのか。それは主に、警察や機動隊からデモの参加者をいかにして守るか、という観点から論じられる。

前節でも言及したが、サミット抗議行動において最も大きなデモンストレーションが「7・5ピースウォーク」だった。札幌市では異例の四千人―五千人規模のものであり、両脇を機動隊が挟む警戒状態でのデモである。デモの申請とオーガナイズをしたのは、地元活動家であり「市民フォーラム北海道」の事務局長でもあるA9氏だ。彼が念頭に置いたのは、「市民フォーラム北海道」のオーガナイズと同様に、いかにデモの参加者に対する取り締まりや逮捕といった弾圧を避け、スムーズにイベント・サミット抗議行動を進行させるかという点だった。

A9：ヨーロッパから来た人は捕まってもいいと思いながらやってるかもしれないけど、それはさ、やっぱ、デモを主催した側とか、その後の（こと）。外国人仮に捕まって、即日釈放になるかわかんないけどさ、色んなこと考えたらめんどくさいじゃないですか。だからなるべくそれ（逮捕者）を出さないって前提を共有して、サウンドデモの人たちもやってもらえればもう少し良かったかなとは思う。あまりにも外枠ばらっとなっちゃってしまったという反省はある。とにかく警備をするって言ってた、少なくともその逮捕者を出さないっていう前提でやるっていうのがあまり言えなかったなっていう風に思います。というか、外国人が一杯参加して一緒にデモをやるって経験がないからね、こっちにはね。[28]

ヨーロッパと日本では、被逮捕者をめぐる処遇が大きく異なる。また、デモの申請自体も事前に必要であるため、政治運動やデモンストレーションをめぐる「管理」や「自治」に対する認識が違うという点もある。彼は、逮捕者を出さず、救援やその後のトラブル対処に割く労力を減らし、「めんどくさい」ことを少しでも減らそうと試みた。A9氏はサミット抗議行動終了後、自身のウェブサイト記事で、自らの海外における逮捕経験を回顧しつつ、「『(外国人が逮捕されたとしたら) このまま強制退去になるのだろうか、そのときには飛行機代はどうなるのだろうか……』などと心配したことを覚えている」[29]と、抗議行動にかかる金銭や、人員といった面から海外参加者の「管理」「警備」に尽力したことを語っている。

しかし、前節にて示した多様なデモの担い手たちは、管理や警備といったシステマティックなデモを拒否し、「跳ね上がる」「暴れる」こともある。デモの警備を担ったB8氏は、当時の状況を以下のように語る。

B8:海外の人たちに「日本の状況はこうである」って伝えるための、こっち(日本側)の努力もほぼ無かった訳ですよね。リーガルチームが用意したのかな、……当日配った「デモのやり方」みたいな、小さなビラみたいなものを作って外国人に配っていたようですけど、なかなかそんなもの受け取らないですよね。それを当日やろうとしても、難しいところがあるので……だから結局、受け入れるこっち側の体制が出来ていなかったので、外国人が来て(日本の) 状況を知らなかったのは当たり前ですから、それは彼らを責められない部分もあるんですけども、であれば受け入れるこっち側が、出せるだけの情報っていうのを出した上で、デモに臨ませるということが必要であった。にもかかわらず、その努力をこっち側で出来なかった。暴れた外国人が問題というよりは、こっち側の問題ですよね。[30]

A9氏とB8氏の語りから明らかになるのは、「客人」として受け入れられ、デモの中で好き勝手に行動したいという外国人参加者たちと、それをなるべく抑えようとする日本の活動家たちの姿である。実際に抗議行動の中では、外国人参加者たちが「遠足」と称して無許可デモを行おうとする場面もあり（黒山 二〇〇八、〇八年G8サミット反対実行委員会 二〇〇九：一二二）、彼らは音楽に合わせて踊り、談笑しながらまったりと歩く日本のデモ参加者に不満を漏らすこともある（二木 二〇〇八：八九）。戦闘的なデモや直接行動をやり慣れている海外の活動家たちには、機動隊と対決しデモ隊を押し広げることの危険性や、逮捕後の拘留期間の長さが想像できない。そして、サミット抗議行動のデモがきわめて限られた時間内で開催されるがゆえに、日本の活動家の側もそうした実情について十分に説明することができず（二木 二〇〇八：九〇）、海外参加者の側もしぶしぶ納得するしかない（G8メディアネットワーク 二〇〇九：一〇六）。

こうした実情に鑑みて、日本の活動家たちは、自治と管理という二項対立の中で、明示的に海外参加者のいるデモに対して「管理」をしなくてはならないという発想をすることになる。共に行動するかぎり、活動家同士の関係は原則として「信頼」の上に成り立っている。だからこそ、海外からの活動家を一方的に管理するB8氏らの態度に対しては「ともにたたかおうとする仲間への尊重を欠いた態度」（noiz 二〇一〇：四二）として批判されることもある。

さらに、デモをいかに管理するかという点でも多くの意見や主張が生まれる。手法をめぐる対立がここでも現れるのだ。以下は新聞記者・田原牧氏による、G8サミット抗議行動の感想である。氏は7・5ピースウォークの参加者について、以下の様な苦言を呈している。

デモに随行していた私の目前で、若い参加者が少しはねた。機動隊員が引っ張る。私も条件反射で手が伸び、参加者をつかみ返す。その私を誰かがまたつかまえてくれると信じていた。しかし、その瞬間、ふと目に入ったのは複数の携帯電話だった。あの「写メ」だ。ご親切にも弾圧現場を撮ろうというのだ。

その場は何とか難を逃れたが、頭が混乱した。そもそも、携帯電話は個人、友人、知人情報の塊である。そんな物騒なものを携行し、あんたは何で参加しているの。デモ参加を決める→救対カードを記す→着衣にもクリーニング屋が名前を記していないか確認する、という世代にはもう理解不能だ。（田原 二〇〇八：九七―九八）

機動隊員と田原氏のもみあいを記録しようとした活動家たちの振る舞いは、むしろ田原氏を混乱させてしまう結果となる。田原氏のデモに対する苦言はもっともでありながら、多くの若い参加者たちやメディアアクティヴィスト、外国人参加者からすればやや「過剰」な管理のあり方とも取れるだろう。しかし、田原氏のようなデモへの参加のあり方は、学生運動や全共闘運動、あるいは党派活動といった、一九六〇年代から一九七〇年代にかけて行われた社会運動を経験した人々にとっては「常識」と見なされるやり方でもある。逮捕者の救援、弁護人の選任を行う組織である「救援連絡センター」は、集会やデモに参加する際の心構えとして「救援連絡センターの電話番号を暗記しておくこと」（逮捕された時の弁護人選任の連絡に必要なため）、「写真撮影などをされたくない場合は、サングラス・マスクやタオル・帽子を用意して着用した方がいい」「定期、身分証明書、免許書、名刺（自分のもの、他人のもの）、電話番号などを控えた紙片、住所録、手帳、携帯電話などは持たないこと。とにかく、捕まった時に名前や住所の分かる物は一切持たないこと」（救援連絡センター 二〇〇七：三五）を徹底するよう呼びかけている。

前項で明らかになったのは、場所の「管理」がステークホルダーや交渉のあり方と結びついて、それぞれの活動家や彼らが従事している運動のアイデンティティを決定するということだった。それに対し本項では、自分の好きなようにに表現したい（主に海外の）活動家をどのように守るか、また、そのためにデモをいかにして管理するかという点が日本人活動家たちの焦点となった。彼らはゲストを受け入れ、スムーズに抗議行動を進行させるという視点の中で、サミット抗議行動を「イベント」として再度捉え直すことになる。しかしイベントとしての運動の中にも、活動家をめぐる経験と手法の違い――管理のあり方や警備の仕方――をめぐる対立、あるいは、他の活動家たちをどれほど「信頼」するかという問題が生じてしまうのである。

合意形成の効用

管理をめぐる議論は、行政との交渉や警察からの警備といった、「権力」や「敵」との対峙のみにおいて生じるわけではない。活動家が活動家自身をいかに管理し、オーガナイズするかという点、いかに自治を行うかということも重要な問題である。

多くの社会運動は、原則民主主義や合意形成による決議を是としており（Players 2010, Polletta 2002）、多数決やトップダウンによらない「合意形成」のノウハウを説明する活動家向けのマニュアルなども見られる（Greaber 2009, 国際交流インフォセンター／キャンプ札幌実行委員会 二〇〇八）。しかし何度も言及する通り、サミット抗議行動は社会運動であるとともに、終了までの期間が定められ、あるプログラムを時間通りに、決められた場所でこなさなければならないイベントでもある。そのような中でトップダウン型の意志決定をせざるを得なかったのが、サミット抗議行動のキャンプを地元で設営してきた三〇代の活動家・A16氏とA17氏である。第四章で、彼らがボトムアップ型の組織に所属していたにもかかわらず、キャンプの設営がきわめてトップダウン型の意志決定とならざるを得なかったと明かした。A16氏らの語りはたびたび今までも引用してきたとおりだが、彼らは一貫してオーガナイズが自治・自律という活動家の理想だけでは達成できないことを主張する。それは、トップダウン型のオーガナイズを選ばざるをえないという点にも言えることだった。

A16：私から言わせるとね、（運動がうまくいかない）問題点はですね、トップダウンじゃないからです。誰も責任を持たない（から問題が起こる）。
A17：そうそう、トップダウンの良いところはそこにあるんだよ、責任の所在が明確になる。
A16：それは私がG8サミット（の抗議行動）をやって感じたことです。皆が勝手に好きな事をやって、上手く行くってことはありえない。感度が鈍ければOKなの。「これはこうしなきゃならないのに」って言うことに関して、誰もが無責任状態でいられるなら上手く行くかも知れないけど、誰か（「こうしなければ」と）考えてしまう人がいればそこに負担が行く。「だったら、はじめからちゃんと決めとけよ」って感じに私は思います。ものによるけどね。[31]

ボトムアップ型の意志決定には、サミット抗議行動というイベントを遂行する上で不足している要素がある。それは「責任の所在」である、とA16氏は語っている。NGOフォーラムを主催したB4氏もまた、「ボトムアップ型の意志決定（原則民主主義方式）」に共感を示しつつ、しかしトップダウン型のオーガナイズを選択した。

B4：常識的だからね。（笑）常識的、というか、俺らは社会一般である組織の形式を持っている。代表で、私は副代表で、意思決定プロセスがあって……というピラミッド形式になっている訳じゃない。それは社会一般（の組織構成）がそうなっているんだよね。他のグループは、原則民主主義方式を取るわけで、それは僕ら、馴染みがない訳じゃないけども、意思決定、連絡がどこでどうなるか解らないという意味では、付き合いはしづらいでしょうねってことだと思うのね。[32]

B4氏は「べ平連」[33]や一九六〇年代から七〇年代に盛んであった学生運動、インドでの途上国開発運動など、多くの社会運動経験がある。もちろん、「原則民主主義方式」の組織形成にも馴染みがあり、それが運動の重要な理念を体現することもよくわかっていた。その一方で、行政や政府と交渉しなければいけない「社会一般」の「常識的」な組織として、ピラミッド型の組織におけるトップダウン形式の意志決定を採用する。サミット抗議行動は、べ平連や学生運動のように、参加者たちや活動の理念を支持する者だけで資源を拠出できるような活動ではない。また、途上国現地での開発活動のように、長期的な視野をもって行われる活動でもない。そのため、サミット抗議行動の参加者たちは、短時間、かつ限られた場で活動するために、さまざまなステークホルダーとの協働が必要だった。そうしたステークホルダーは、財団や企業など、必ずしも抗議行動の目的や理念を十分に把握していない組織もある。このようなアクターと連絡するために、組織内での意思決定の迅速さのみならず、対外的な交渉の円滑さという点でも責任の所在が重要になるからこそ、ピラミッド型・トップダウン型の組織形成、意志決定方式をとらざるを得なかったのだ。

サミット抗議行動の参加者たちが設営の手本としたのはハイリゲンダム・サミット抗議行動、シアトルで開催されたWTO閣僚会議への抗議行動といった過去の反グローバリズム運動であった。過去の抗議行動では、キャンプやメディアセンターといったイベント、ブラック・ブロックや直接行動といったデモの戦術が「自律的に」形成され、人々が自ずとサミット開催地やキャンプの場にやってくる、といった描かれ方をされていた。そして実際、サミット抗議行動の一部参加者もこうした記録に書かれているあり方で組織を形成しようとし（成田 二〇〇八：仲田・栗原 二〇〇八）、なるべく明確なメンバーシップや事務局といった中核となる団体を設けようとしない。しかし、キャンプの設置に関してもキャンプ内での議論に関しても、脱中心的で自由な意志決定は「ぐだぐだ」の進行と紙一重のものとして受け取られてしまう。以下は、壮瞥町のキャンプに参加した地元活動家・A31氏のコメントである。

A31：（キャンプで中心になっていたのは、抗議の）手法に対する合意形成。「面白いな」と思ったのはカンナビストの大麻自由化説明会。説明のしかたが（良くて）、面白く熱っぽく語ってくれた。結構、逮捕歴何回かあるって言っていたから、「面白いのがいるんだなぁ」と思った。結構、ひとりひとり話したら、すごく面白い人が多かったですね。「もったいないなぁ」と思った……だから合意形成とか下らないことやってないで、司会進行役がいて、まず最初は一人一人自己紹介してもらうなり。「さて今日、誰か今すぐにでもプレゼンできる人いますか。じゃあ次誰、次誰」とやっていけば、順番立てて進めて行けば良かったかもしれないけど、そういった進行役がいなかったですよね。だから「決めるつもりがあるのか」、あるいは「話し合う気持ちがあるのか」っていう感じ。[34]

活動家たちの合意形成は、「デモのルートをどこにするか」「キャンプ内でどのような行動を行うか」といった「抗議の手法」に関する議論がメインとなる。しかし、実際にはデモは抗議行動の前に既に申請されていなければならず、キャンプも行政との交渉のもとで借りられているため活動には限度がある。合意は完全な自由のもとで形成されるわけではなく、既にあるいくつかの前提を踏まえなければならないからこそ、時に混乱をきわめてしまうことになる（noiz 2010）。キャンプやメディアセンター、セイファースペースといった他の手法と同じく、合意形成という手法自体も海外のアクティヴィズムから「輸入」された手法であることもまた、日本の活動家たちによる反発に拍車をかけたものと考えられる。[35]

こうした合意形成の限界点は、先行研究が示してきた合意形成の限界とは少し異なる。多くの研究は、平等なネットワーク形成をすることが不可能であり、議論に参加する誰かが暗黙の権力を持ってしまうからこそ、合意形成が困難であると論じ、開かれた熟議や合意形成の可能性を探っていた（Haug 2013, Polletta forthcoming, Juris 2008, Flesher Fominaya 2010など）。しかし本書が主張したいのは、話し合いにおけるアクターの属性や立場だけでなく、活動家たちをめぐる「文化」や「常識」の違い、社会運動とはなにかという考え方の相違が、そもそも熟議を遮っているのではないかという可能性だ。

外国人参加者たちとデモを管理する人々は、デモ申請や逮捕といった社会運動をめぐる条件が著しく異なる点で、お互いを「管理者」「暴れる・跳ね上がる人々」として見なさざるを得なかった（二木 二〇〇八、越田 二〇〇八）。メディアセンターで活動した人々は、「行政と協調するか否か」「自治を全うするか否か」といった考え方の違いから自らのポジショニングを決定し、結果として参加者の関係は決裂してしまう。キャンプを「外国人の受け入れ」とみなし、シンポジウムを「イベント」と捉えた活動家たちは、資源の調達や膨大な設営プロセスを処理するために、熟議による意志決定を避けざるを得ない。また、キャンプ内における合意形成も、日本の社会運動をめぐる前提が共有されていなかったために、必ずしも上手く機能したとは言いがたい。

しかし、その中でも長い時間をかけて議論し、最終的に失敗したとしても合意を形成するという努力は活動家たちの間に、あるいは合意形成に関わった人々の間に、信頼や親愛による関係をもたらすこともあるようだ。先述したA31氏にとっては、サミット抗議行動のキャンプは「お遊戯」「仲良しクラブ」[36]といった表現でしか言い表せないようなものであり、合意形成も機能せず、継続性のない一過性のものとしか感じられなかったことを率直に語る。一方で、さまざまな活動家たちと夜を徹して語った経験を楽しげに思い返す。今も彼らとの仲は続いているという。

A31：日本に住んでいるフィリピンの人たちとかの参加があって、そういう人なんか後から資料送ってくれたり、

「良い繋がりが出来た」と思うんだけれど、なかなかこういう仕事しているから時間がゆっくりとれないので、そのままにはなっているんだけど、「色んな問題が繋がっている」って言う実感はあったよねえ。改めて反サミットで集まった人たちっていうのは、山谷の人、いわゆる日雇い労働者の人たちもいれば、反天皇制を主張する人たちもいれば、農業問題に携わっている人たちもいたし、いろんな問題が絡み合っていて、全部が繋がっていて……そういうのは実感したよね。[37]

また、合意形成の過程を通じて理解し合うのは活動家同士だけではない。活動家たちは、かつては敵対していた行政や企業といったステークホルダーともまた、以前とは異なる関係を構築することがある。北海道庁で、キャンプ貸出の窓口を務めたB19氏は、東京に在籍する準備団体「G8を問う連絡会」の活動家たちと積極的に議論した。彼は、サミット抗議行動の参加者たちに対し「内輪で何かやってる」「住民を巻き込む努力ができてない」[38]と冷ややかな目線を送っている。活動家との間で合意形成が出来たか否かについては自信がないとしつつ、しかし彼らの意志をなるべく尊重するよう努めていた。

B19：洞爺湖（町）との交渉を僕らがしなかったら、彼らどうしたんだろうね……。最後、O氏（「G8を問う連絡会」のメンバー）は俺に握手を求めてきたね。（警察と反グローバリズム運動参加者、）両方から挟まれてるから、「辛かったろう」なんて。外国のNGOからも、日本のNGO（からも）間に挟まれて、警察にデモの交渉行ってはいじめられて、いろんな所に狭間があって、最後、愚痴ってたよ。かわいそうだったね。（中略）北海道（庁）のスタンスとして、反対を唱えるNGOを一律に障害とは見做さなかった。だから、「反G8サミット」を基本姿勢とするNGOであっても、ちゃんと担当窓口を設置し、対応のチャンネルを開設しましょうっていうスタンスを持っていた。だから、色々接触を図って、情報収集をしたり（していた）。暴力がなければ、民主国家なんだから、集会やデモを行っても、自由に発言してもいいでしょう、というスタンスだった。[39]

自治体の役人、警察、地域住民、企業といった多くの人とかかわらなければ、サミット抗議行動は成り立たない。場所を借りるには自治体の力が必要であり、デモの申請をするのに警察の承認が不可欠だ。地域住民が迷惑だと訴えればどの戦術も使えなくなってしまうし、資金を借りるには個人では限界があるため、企業や財団に頼らざるをえない。こうしたひとつひとつの過程の中で、サミット抗議行動の参加者は、参加者同士あるいはステークホルダーと「合意形成」をするための議論をすることになる。社会運動や市民活動に馴染みのない人々に対しても、みずからの理念を分かりやすく説明し、共感してもらうように努めなければならない。互いのポジションや抗議行動に対する考え方が異なるため、合意を形成することは非常に困難である。しかしその過程を踏まえることで、各々の活動や理念についてより深く理解し合うことが可能になるのだ。

三　生活の中の運動

前節までは、サミット抗議行動のフロントステージに対する位置付けと、フロントステージの「管理」という一種のバックステージを検討することにより、手法をめぐる対立や、手法に対する意味付け・価値付与が行われ、活動家同士のコミュニケーションを通じてそれが更新されたり、衝突するといった過程を記述してきた。それぞれの活動家たちが手法に込めているこだわりには、活動家たちがそれまで従事してきた運動や、社会運動をどのように定義しているかといった点、政治活動以外の場における職業上の経歴や余暇の過ごし方が関連していることがわかる。

本節ではもう一つ、サミット抗議行動のさらなる特徴を捉えた上で検討を行いたい。これまで何度か言及した通り、サミット抗議行動は、活動家たちが食住をともにし、新たな社会を構成するキャンプというイベントをする。キャンプは、第一節にて述べたような「フロントステージ」の一つである。その一方で、キャンプというフロントステージが成り立つには、「バックステージ」の機能が不可欠である。さらに言うならば、ここでいうバックステージは場所の確保やデモの管理、資金調達や人員選出による組織オーガナイズのみならず、さらに生活に密着した行為――ゴミの分別や炊事、余暇活動――が含まれる。キャンプが抗議行動の一環であり、そこに生活のさまざまな局面が含まれる限り、その場ではあらゆる生活上の行為に政治的な理念が付与されうることに注意しなければならない。

この中で活動家たちは、自らの職業や余暇活動に用いるための技能や物資を運動に振り向けることで、サミット抗議行動内での食住といった活動だけでなく、自らの生活をより政治的に解釈することが可能となる。また、反グローバリズムやG8サミットといったテーマに関心がなくとも、自分自身のアイデンティティをより容易に運動へと反映させることができる。その一方で、参加者たちは、それぞれの政治的理念やアイデンティティを賭してサミット抗議行動に参加するため、運動の状況によっては対立に苦しむことになる。その対立は、単に運動上の役割や分担をめぐるものではなく、彼らの中で自らの存在そのものを賭した苦しみを抱く原因にもなってしまうためである。

専門性を持ち寄って作る運動

資本主義下での生活がさまざまな種類の消費や社会的役割に彩られているように、キャンプをはじめとしたサミット抗議行動の中で作られる「オルタナティブな社会」は、いろいろな役割を参加者たちに要請することになる。怪我をすれば「救護」が必要であり、生き延びるためには「食事」が不可欠だ。食事のためには「食糧」を調達しなければならず、発生したごみも処分しなくてはならない。だからこそ、キャンプを企画する人々は、こうした要請に応えられる人々に声をかけることになる。現在はオーガニックレストランで働くA14・A15夫妻は、以下のように語る。

A14：（キャンプに参加した動機は）A5さんに誘われて。何かのイベントで一緒になって、たまたまお店隣だったんですね。で、A5さんが、僕らがやってることを見て「この人たちしかいない」と思ったらしく（キャンプの調理を）「やんない？」って声かけられたんですね。「じゃあやるか」って言って。（笑）（中略）

（筆者：じゃあ一応キャンプと銘打っているけども、一応「G8に反対する」みたいな名目があるわけですが、そういった社会運動的なものに関わられた経験はなくはなかった……？）

A14：はじめてでした。はじめてだったし、やっぱり（資本主義や社会問題の）仕組みっていうか、市場原理主義から起こってるいろんなこととか、「それに付属してこういう活動、フェアトレードとかいろんな活動があるんだな」ってそこで勉強した。ちゃんとした考えを持つことができたってのが、そこがきっかけです。[40]

二人は、参加時点では政治に対する意識が薄く、サミット抗議行動の目的も共有していない、第四章で述べた「手法本位」「イベント主義」の行動としてのキャンプに惹かれ、好奇心や楽しそうだという動機から参加した人々である。しかし彼らなりに、海外の参加者との交流を楽しみ、その中でだんだんと政治的な話題に触れることも多くなっていったという。彼らのような参加者でも違和感なく楽しめるのがキャンプであり、技能に応じて役割を定義することにより、自らの技能や個性といった「キャラ」を立てながら運動をすることが可能になる。

A28・A29氏夫妻もまた、自らのDJとしての技能を買われてサミット抗議行動に参加した。決して反グローバリズム運動や、G8サミットに対する知識があるとは言えないふたりだが、サウンドデモやキャンプの中で活躍することにより、音楽に関心のある活動家たちと交流し、自らの居場所を獲得していった。

A29：あんまり物壊すのも好きじゃないし、リスクを負うのも楽しくないから。まして、「僕ら音楽をやってて、音楽でそう言う意思表示を出来ればいいよね」と思ってて、多くの人に知ってもらいたいなと思った。
A28：多分（キャンプに来ていた人たちの中で）トップクラスでうち二人はアーホゥ。全然ね、他の人たちに比べると物凄いペラい。
A29：結局僕らが基本的にあるのは、音楽が好きで政治に興味があるというだけだから。[41]

キャンプというオルタナティブな社会は、多様な役割の集合体であったと言える。従来の運動観によれば、サミット抗議行動を「社会運動」として捉え、参加した人々によって成立するはずの空間は、イベントとしての性格を帯びることで、政治的な目的でなくその内容や雰囲気に惹かれて参加する人々を生み出す。それにより、技能や役割はあるものの政治的な知識を十分に持っていないA15・A16夫妻やA28・A29夫妻のような参加者を惹きつけることになる。しかし彼らは、活動の中で疎外感を抱いたり、離脱したりすることなく、自らの役割を遂行しながらサミット抗議行動に没頭することになる。さらに彼らは、活動の中で食事や遊び、音楽鑑賞といった行為をともにし、確固とした役割を持って他の活動家と時間を共有することで、政治的にも社会化されていく。

キャンプの中でなくとも、活動家たちがある場所に集結し、食住をともにすることで、日常的な生活は、こまかく小さな「政治」としての色を帯びる。とくに食事は顕著にその政治性が現れる部分である。例えば、最も代表的なのが、世界的なチェーン店に対する嫌悪・拒否を示す活動家たちであろう。反貧困をめぐる世界的活動体・No-Voxを通じてサミット抗議行動に参加していた稲葉によるドキュメントは、日本の活動家たちと欧米の活動家たちの「意識差」が、懇親会において生じたことを克明に記した。日本の活動家たちは、チェーン店に入ることを拒否する海外の活動家たちの要望に応えるために、長い時間をかけて「赤ちょうちん」を見つけたのちに、ようやく食事することになる（稲葉 二〇一〇：八二―八三）。また、当別町にてキャンプを設営し、「札幌実行委員会」で食事提供に関与した人々は、以下のように記録している。

なるべく飲みものも地産地消ということで、ワインは「道民還元」というラベルの北海道のメーカーのものを仕入れる手配をした。ところが、当別キャンプに届いたそのワインのラベルには「サミットを応援します」というシンボルマークがついていた。〝反G８〟を掲げるこの領域にあってはいけないマークである。キャンプ参加者たちにあまり気づかれないうちにこっそりとこのマークを油性ペンで塗りつぶした。（国際交流キャンプ／インフォセンター札幌実行委員会 二〇〇八：四一）

G８サミットを応援しているか否か、グローバル企業のチェーンであるか否か、にかかわらず、活動家にとって食をめぐる選択は、遺伝子組み換えや放射能をめぐる問題や、動物の殺生、産地といった点まで、多くの要素を考慮して決定されるものである（Haenfler et al. 2012 など）。もっとも、この選択にどこまで妥当性や有効性があるのか、と考える人もいるだろう。グローバル・ブランドがCSR（企業の社会的倫理）活動として環境保全や途上国支援の試みを推進している場合もあれば、地産地消を志すことがナショナリズムにつながりかねないのでは、と疑問を抱く活動家もいる。しかし、一部の活動家たちは、食を通じて運動をするということそのものに惹かれていたのだ。メディアセンターの事務局長であったA10氏もまた、サミット抗議行動の中で海外の活動家たちと接し、ベジタリアンフードやメディアに対する考え方を学ぶことで、自分の価値観が変化したこと、自分が生きてきた世界が彼らにとって非常に生きづらい世界であったことに気づく。[42]

サミット抗議行動を始めとした反グローバリズム運動ではヴィーガン食をふるまうことがある種のグローバルスタンダードと受け取られることも多く（成田 二〇〇八など）、海外参加者を受け容れた東京の活動家たちも「彼らが食事できるお店を紹介するのも一苦労だった」（二木 二〇〇八：八八）と述べる。キャンプに従事した人々もまた、「少数の意見の尊重、多数の意見が必ずしも正しいわけでもなく、少数の意見が間違っているわけでもない、という考えに肯定的な雰囲気」（国際交流キャンプ／インフォセンター札幌実行委員会 二〇〇八：三七）から、ヴィーガン食の提供に積極的だったという。食を通じた運動はヴィーガン食の提供にとどまらず、「フードキャラバン」という、なるべくサミットの抗議行動が行われる地元の農家と協調しながら食糧を調達しようとする動きもある。[43] 抗議行動をただするのでなく、地元と連携し、ローカルなネットワークを築きながらグローバルな権力に対抗しようとする試みである。

サミット抗議行動は一過性のものであり、それぞれの参加者たちは自らの立ち位置を作ることが非常に困難である。とりわけ政治的な情報や理念をそれほど持っていない人々にとっては、比較的コミットが難しい活動として想定できる。しかし、キャンプはさまざまな参加経路を担保しているため、彼らに運動の中での確固たる「役割」を付与し、活動にコミットさせることが可能になったのだ。活動を続ける中で、参加者たちはあらゆる生活の行為を社会運動としてみなすことが可能になるとともに、彼らは普段の運動歴や属性によらず、平等に運動へとコミットすることが出来たと言える。

運動の中で生じる権力

前項ではそのキャリアや問題認識によらず、活動家たちが運動内での役割を獲得し、平等に運動へと参加する過程を検討してきたが、「生活の全てが運動になる」ということは、普段の生活における権力関係が、運動の中でも表出するということでもある。サミット抗議行動は、その問題意識に共感せずとも、自分の持っている、普段の生活によって獲得された有形無形の資源を供与しやすいという点で、「新しい社会運動」などとは違う側面でアイデンティティを賭けやすい運動でもあると言える。それだけに、手法や手続きを決定する過程で自分の意図が汲まれなかったり、存在を無視された場合、耐え難い苦しみや禍根を残すことになる。

例えば前項にて論じた「食」に関するあらゆる気遣いは、オープンさや平等さを形成する上でなくてはならないものだが、限られた人々以外にとっては「逆差別」ともとられかねない。主に準備団体「アイヌモシリ連絡会」を通じて活動し、北海道伊達市でキャンプを形成したA35氏の語りからは、このことが顕著に見られる。

A35：あと特に俺が譲れなかったのは、絶対三日間の中でチェプ・オハウ（筆者注：アイヌの伝統食である鮭を使った汁）と言うか、鮭汁を出したかった訳ですよ。だって、アイヌモシリに来て、なんで鮭食っちゃいけないとか魚食っちゃいけないとか言うの？って。（中略）そのヴィーガンとかが書いた文章で、共感できる所もあるんだけど「うわあ」と思ったのは、動物とかを殺してしまうことが非人間的、人間の暴力性を存続させているひとつのあれ（要素）なんだ、みたいなことを抜かす訳ですよ。「ふざけんな」と。「君が食いたくないことはそうなんだろうし、肉を大切にしない、大量消費するのは生命を大切にしないことかもしれないけど、でも屠畜をしたりすることによって人間性を失うのであったら、屠場とかで働いている労働者というのは超非人間的だし、それこそアイヌ民族とかイヌイットは肉を食べて生きてきたわけですよ。それが非人間的ですか」と思う訳です。[44]

A35氏は、自らもマイノリティと深い関わりがあり、被差別者にたいする社会運動にも積極的にコミットしてきた。少数民族が社会的に置かれている立場を顧みないようにも読み取れる、一部の反グローバリズム運動の言説に対して強い抵抗感を示すと同時に、自らが大学時代を過ごした「北海道」の独自性――それは彼が共感しているアイヌ民族の歴史そのものでもある――を大切にしようと考えている。だからこそ、サミット抗議行動において定例化され、活動家たちのグローバルスタンダードとなりつつある「ヴィーガン食」の提供から距離を置いたのだ。

生活上のあらゆる行為は社会運動とみなされうる。とりわけ高度消費社会においては「消費」は生活と切っても切れないものであり、消費をめぐる選択こそがひとつの社会政治的な活動であるとされてきた（Haenfler et al. 2012）。そして、ある程度政治的な理念を共有している人々であれば、望ましいとされる消費も自ずと決定することは想像に難くないだろう。しかし、ある選択がある政治的態度の表明となる以上、選択と選択のあいだには必ず衝突やすれ違いがあるのも確かであり、時によってある選択は特定の政治的理念を持つ人に対して嫌な思いをさせてしまったり、自分は周辺的な存在だと感じさせてしまう原因にもなる。

生活の中にある暗黙の権力性は、性をめぐる問題としても現れた。これまで見てきた通り、キャンプを主に設営したのは、東京や札幌といった日本国内の活動家たちであった。彼らはなるべくさまざまな人々が平等にキャンプを楽しめるように配慮する。彼らは、勝ち負けをなるべくつけないようなルール作りをし、サッカーに興じる（Kuhn 2011=2013）。また、宗教的な信仰・政治的な理念から食べられないものがある人に向けて、食糧を調達し、食事を作る。しかし、それでもまだ、彼らの想像力の行き届かない領域にある「生きづらい人々」がいた。それはトランスジェンダーの人々だ。キャンプ札幌実行委員会の共同代表でもあるA４氏は、キャンプで起こったことを以下のように語る。

A４：キャンプの（中で）男部屋女部屋っていう（区分けを行った）時に……。トランスジェンダーの方々が反抗して、事務局で話し合って、事務局で「ばー」って（意見を）出したら、「それはおかしいじゃないか、話し合おう」っていうね。[45]

Ａ４氏らは、キャンプを設営する際、バスルームや部屋を分ける際に「男」「女」という基準を用いてスペースを区切った。これは各種施設や学校、一般的な事業所でも見られるようなごく普通のやり方であるだろう。しかし、トランスジェンダーの人々にとって、こうしたスペースの区切り方は彼らが忌み嫌う「資本主義的な社会」「トップダウンによる意志決定で意見が形成される社会」「自分たちが差別されている社会」の反映でしかなかったのだ。東京で野宿者支援を行っていた活動家は、会報誌にて以下のように記している。

　このキャンプを訪れた初日から「staff only」と記された部屋、「男女」しかないトイレ、「スタッフミーティング」と「ジェネラル（全体）ミーティング」に分かれた会議体制…様々なキャンプの構造が私を苛立たせ精神的に追い詰めていた。彼女（筆者注：海外からの活動家）も同じことで怒りをあらわにしていたのである。

　東京からの友人であるＹさんとＪさんと三人で話し、まずそこらじゅうに貼られた「男」「女」という表示をはがす。暴力的なまでの紙をやぶく音と三人の靴音が響いた。Ｊさんの怒りは発露した。「権威づけされた性別を、私たちを分断するものを、このキャンプでも再構成するというのなら、この取り組みは意味が無い。権威を恐れるのならば、今すぐテントを畳んで帰りましょう。」（のじれん 二〇〇八：一〇）

活動家たちは議論の末、トイレは男性と女性、そして「誰でも（everybody）」のもの、部屋割りは全体で統一し、ほかに「フェミニスト」「クィア」向けの部屋が用意され、ミーティングも全体向けの「ジェネラルミーティング」に一本化された。「暴力的なまでの紙をやぶく音」に象徴される活動家の怒りはややラディカルすぎる反応ととれなくもないが、サミット抗議行動のキャンプの中で人々は、活動家としてだけでなく、日々社会で生活を営む「生活者」

として生きていたのだということが分かる。

また、キャンプやデモといったフロントステージ、バックステージを問わず、「参加」や「直接行動」が高く評価される状況はいつでもありうる。このような事態に警鐘を鳴らし続けてきたのが、フェミニストたちのグループであった。彼女たちは、生活こそが運動であると主張し、過度な参加至上主義に対し対策を講じる。サミット抗議行動でも、直接行動や路上での目立つ活動に参加できない人々向けに「セイファースペース」という空間を設けたが、この試みは十分に理解されずに終わってしまう（松本 二〇一〇、徳永 二〇一〇）。以下は、松本勲氏によるドキュメントと、それを引用した上での徳永理彩氏によるドキュメントである。セイファースペースをめぐる経験からその必要性に懐疑的な松本氏に対し、フェミニストの徳永氏はその必要性を再度主張し、松本氏を批判する。

Y嬢はあちこち走り回ったに違いない。戻ってきて開口一番、「やっぱりそうよ、ここいちゃいけないセーファースペースよ、すぐに移動しなきゃダメよ！」

（中略）かれこれかなりの時間ぼくらは騒いでいたのだが、自立式テントをそのまま持ち、テーブルをそのまま持ってえっさえっさと別の場所に移動することにした。おそらく、そのセーファースペースで、ぼくらは他の安寧に過ごそうとする人々の脅威になったに違いない。ぼくらが「男」であるがためなのか、あるいは「宴会という騒音」のためなのかよくわからぬまま、「逸脱」し「侵犯」してしまったということだ。（松本 二〇一〇：一五〇―一五一）

（筆者注：松本氏の意見を受け）運動批判は率直に行えば良い。キャンプの運営批判も忌憚なく行えばよい。しかし、このテントの女性の恐怖と怒りを素通りして、「叱責されたこと」「権威的活動家の振る舞い」をきっかけにキャンプの運営批判を行っているのには強い違和感と「既視感」をおぼえる。大文字の運動論の前に、女の声はかき消される。「ほんのうすい仕切られた小さな空間が、安らぎと安全と、そして何よりも絶対的な孤独を保証してくれる」（松本氏記事一四七頁）とテントの小世界を満喫する松本氏ならば、無防備なテントの恐怖への想像力がなくてはならない。（徳永二〇一〇：一一二）

キャンプは、開放された空間で、さまざまな人が夜を共にする。その多くは見知らぬ人々で、信頼関係を築《きず》くには時間がかかる。こうした場合、他者に対して警戒や危機感を抱く人々がいるのは当然のことだろう。こうした人々のために設けられたセイファースペースは、他の活動家からすれば「自由な空間であるはずなのに、知らないうちに知らないルールが設けられ、自分の立ち入りできない場所が定められていた」という印象を持たれることになる。「性」をめぐる問題は、「弱い者」「庇護されるべき者」一般をめぐる問題へと姿を変え、ある人々を、他の人々とは異なる形で扱う。これは誰もが参加できるように、という平等のための試みであるはずが、差別・特別扱いのための試みと感じる人々もいることが、松本氏のドキュメントからもわかる。

さらに、性をめぐる社会的役割や制度・規範の問題は社会のいたるところに見られる。だからこそ、活動家たちは細心の注意を払わなければならないが、無意識に抱いている制度や慣習に対する認識が、マイノリティの人々を傷つけることもある。A34氏は、サミット抗議行動に参加した後、二〇一〇年に横浜で行われたAPECへの抗議行動に参加した。反グローバリズム運動という点ではサミット抗議行動と同じく、多種多様なイッシューに従事する世界中の人々が集まる機会である。彼は、デモンストレーションでともに歩いた人々に対して、以下のように感じたという。

A34：（デモ中に）結婚式をしている人たちのオープンカーが通った場面があって、そのときに参加している人たちが手をふったり「おめでとう」とかって言って、妙に喜んでたりする盛り上がりがあって、その時に違和感がものすごいあって……結婚に「おめでとう」と違和感なく言えるような、結婚するのが当たり前だという社会的な規範を運動の中にそのまま持って来てるんだなって。そういう結婚至上主義、性愛中心主義の人たちとの断絶っていうのをすごい感じたんですよ。（一緒に活動に参加した人に対して）そういうところに無意識な人たちなんだなっていう風に思ったんですよね。[46]

私たちの日々の生活において多くの要素は性的なものにとらわれざるを得ず、生活の中のあらゆる要素に敏感にならざるを得ない。A34氏の語るような事態は、日々の生活でも十分に起こりうることだろう。しかし、彼を失望させたのは、こうした事態が他ならぬ社会運動の中で生じたことであり、社会運動家が間接的にであれ差別に加担したという状況であった。運動の中にもかかわらず「マジョリティ」的な振る舞いをすることは、フェミニスト・クィアアクティヴィストと共闘し、フェミニズム的なコードが既に身体化されていた彼にとっては、信じがたい出来事であったのだ。

また、活動家たちは時として運動を過度に戦闘的な行為として捉える傾向がある。活動家の中には「部隊」（矢部二〇〇八：一七三）や「闘い」「ゲリラ戦」（松本二〇一〇：一二四―一二五）など、まるで自分たちの活動が戦闘的な行為であるかのように記述する人々も見られるが、サミット抗議行動もその例外ではなかった。こうした活動家たちの態度に対する反発も根強い。参加者の中には「西洋男子のマッチョ（ここでは〝強くあれ〟〝闘え〟といった態度やスローガンのようないわゆる「男性」的な思想のことを指す）な考え方にはウンザリ」（〇八年G8サミット反対実行委員会二〇〇九：一一三）といった意見も見られたという。

抗議行動内での「役割」は、彼らの日常生活から生じる問題意識や職歴、生活歴といった要素のもと決定される。

その「役割」のために、政治課題への理解によらず平等な参加ができる側面もあれば、逆に排除され、周辺的な立ち位置を占めざるをえない活動家たちもいる。この他にも、「英語圏以外からの参加者が多かったにも関わらず、日本語と英語のみの通訳」（〇八年G8サミット反対実行委員会 二〇〇九：一一三）しかないという点で、特定の活動家の発言力が増加してしまうといった語学の問題も取り沙汰されており、活動家たちが平等であるために生じる困難はいたるところに見られる。

こうした観点から、本書はさらに活動家たちをめぐるもう一つの「格差」の側面を検討したい。

キャリア、有名性、ヘゲモニー

前項で示したものとは別に、活動家間の格差や差別を生じさせる原因として、活動家内の「知名度」がある。平等を重要な理念とし、活動家間の待遇に格差を設けないことを理想とする社会運動において、「スター」や「有名」活動家がいるというのは不思議な話と考えられるかもしれない。しかし、長年にわたって社会運動の継続に貢献してきた活動家や、各種メディアで政治的発言や運動への貢献を示してきた著名人が、運動の中で重要視されるのはそう不自然でもない話だろう。そしてこの「有名性」は、運動におけるキャリアや知識、それが作り出す「教える」「教えられる」という活動家同士の関係と関連している。

前章にて記したとおり、サミット抗議行動は準備団体の結成や資金の獲得といったバックステージを、多くの属人的な要素に依存していた。たとえ組織間ネットワークの調査であったとしても、筆者の聞き取りに対して、多くの人々が「どの組織」でなく「誰」と協力した、と答えている点に、それが現れているようにも考えられる。だとすれば、運動に最も貢献した人、運動に動員できる資源の大きい人が貴重と思われ、丁重に扱われることも納得行くだろう。さらにサミット抗議行動の多くの参加者は、既に社会運動の世界に身を投じてきた人でもある。サミット抗議行動が「多様な活動からなる活動」「社会運動の集合体」である以上、既に名声を有している活動家が中心的な位置を占め、そうでない活動家たちが時折不満を感じることもある。

B17氏は、サミット抗議行動に参加しなかった首都圏の活動家の一人であった。それは、彼の目には抗議行動が「ダサい」ものとして映り、いつもの行動と地続きのように感じられなかったため、また北海道での抗議行動に参加する資金がなかったためだと語る（第四章）。だが、扱う問題が異なるとはいえ彼も社会運動の世界で活動する一人であったため、抗議行動の中で逮捕や大規模動員などのことがらがあると、嫌でもそのニュースが耳に入ってくる。サミット抗議行動中のデモンストレーションにおいて活動参加者四名の逮捕が判明した時、その「救援」（逮捕者への差し入れ、弁護士の派遣など）をめぐって、東京でも被逮捕者の救援活動を行った。B17氏はその救援活動に対して、強い違和感を持ったという。

B17：あのデモで三人逮捕されて、そのとき問題になったのは、「Nを奪還しようデモ」みたいなことをやった訳ですよね……そのことはいいか悪いかっていうと俺は悪いことだと思ってて、なんで悪いかっていうと、有名人性でお金を稼いでるわけじゃないですか。それで寄付を、寄付をどうやったかっていうのは詳細はわからないんですけど、寄付っていうのは、三人公平に分配されるわけであって、誰かが有名だから集めるとか集めないっていう話じゃないし……それはないいんじゃないかって。[47]

N氏は、サミット抗議行動以前からイラク反戦運動をはじめとした社会運動に参加し続けている活動家である。アーティストとしてのキャリアを有し、研究者としても活動している彼は、自らの考案した新たな運動のやり方やブリコラージュ作品などをネットや雑誌を通じて共有することで、多くの人々が知る存在となった。サミット抗議行動における大規模デモで氏を含む四名が逮捕された際、彼の友人たちは、彼の名前を冠したデモを行った（二木 二〇〇八：九四）。それは友人である彼を警察から取り戻したい、という有志たちの善意からの活動であったのだが、B17氏からすれば有名性に依存し、N氏と他の活動家を区別する行為となってしまう。それは「他の被弾圧者との間に差を設けることであり、それを臆面もなく実行する無自覚な差別的態度」「身内・著名人を持て囃す態度（権威主義の亜種）」（noiz 二〇一〇：四二―四九）といった形で批判され、活動家内の平等や公正といった規範を著しく侵害する行為として受け取られる。

また、サミット抗議行動がとりわけ活動家たちの「有名性」を問われやすい活動である理由として、過去の反グローバリズム運動を多くの知識人達が支えてきた経緯がある。アントニオ・ネグリやマイケル・ハート、デイヴィッド・グレーバーといった社会思想家たちが反グローバリズム運動の理念形成に一役買っていた。しかし、「知識人偏重」の姿勢に繋がり、活動家たちの間に前述したものとはまた異なる敷居を設けることにもつながってしまう。B7氏は沖縄サミット抗議行動を始め、多くの国際会議への反対運動に従事してきた立場だが、二〇〇八年のサミット抗議行動について以下のように語る。

B7：欧米の左翼インテリの崇拝主義みたいのは非常によろしくない左翼の伝統……そういうのが、若い世代にもっと過剰にあるってのが見えちゃって、ちょっとがっかり。（ネグリやハートを）ありがたがるのはいいんだけど、なんか自分の頭で考えたらどうかっていう感じがすごくしますね。もっと自分でやってることから含めて色々考えることで、そういう時に参照例としてああいう外から来るものを使ってるんじゃなくて、「すごい権威」として崇めちゃってる。そういう構造はつまんないなと。もともと日本にある伝統ですけどね、つまんないですよね。

（筆者：インテリ崇拝がより強くなっているなというのはどこから感じられましたか）

B7：例えば、要するにハートは来てたんですね、ネグリ来れなかったんで。で、やっぱり帝国をみんな読んでて、『帝国』のハートが来てる」ってことではしゃいでるみたいな。そういうはしゃぎっぷりが馬鹿馬鹿しいというふうに思ったことはある。[48]

B7氏語るところの「はしゃぎっぷり」は、サミット抗議行動のインフラにおいても多少ながら現れていた。あるドキュメントは、誰にでも平等で自由な空間として開かれた「オルタナティブ・キャンプ」に、特定の知識人用のテントがあったことを明らかにし、以下のように批評した。

土砂降りバイクで疲れている僕は、そうそうに引き上げて「バンガロー」でチビリチビリやりながら決定を待つことにした。あとで聞いたのだが、ここの六棟ほどのバンガロー群は「官僚ハウス」と冗談めかして言われていたそうだ。医療救護用や幼児委託等としての機能はもちろんあったが、大事な外国からの学者等が泊まっているところもあったらしい。（松本二〇一〇：一四二）

第四章にて示した通り、日本の反グローバリズム運動は欧米の潮流を受けて作られたものだった。「手本」ありきの運動だからこそ、それを提唱した著名な知識人が単なる参加者にとどまらない存在となってしまう事態も、無理からぬことと考えられるだろう。日本の活動家が海外ゲストの「ネームバリュー」を利用することは、前章や本章第一節でも言及したとおり、どのイベントにも見られる傾向であったという（ピープルズ・プラン研究所二〇〇八：一三一）。この背景には、活動家の間に生じる「教える」「教えられる」という関係があるとも考えられる。重要な思想や、新しい社会運動の技法を「教える」人々がある種の資源や権力を持ち、それを「教えられる」人々が支えるということは、有名活動家でなくともありえることだろう。もちろん、先述したA35氏のように、グローバルスタンダードや欧州の活動家たちの常識を、ローカルな立場から拒否した活動家たちもいる。

さらに、抗議行動でなくサミットのイベント性に惹かれた活動家たちは、自分たちが相対的に反グローバリズム運動や運動の規範・作法を「知らない」立場にあると考えていた。こうした考え方の中で、「知らない」活動家たちは一貫して「教えられる」立場となる。彼らにとって社会運動は、経験に基づく政治への不満・不平を共有し、自らの政治的経済的立場を改善する試みではない。既に存在する経典のようなものを紐解くことからはじまる営みといった方が適切な場合もある。A14氏・A15氏は、東京から来た活動家たちと交流した印象として、それぞれ「いろんなこと教えてくれた。特にB6さんなんかは優しく教えてくれた」と語り、自らを「何も知らないんで」[49]と話す。さらに、彼らにとってサミット抗議行動を継続する過程は、そのまま運動の目標や理念を「教え」られていく過程だったと言える。

こうした運動継続の語り方は、フレーム分析（Snow and Benford 1988）を用いた研究に比較的よく見られるものであろう。運動の主導者側が提起した動員のためのフレームを、動員される側の人々が解釈するからこそ、人々は運動へと参加し、継続することができる。これは参加や継続のための枠組みとしてみると全くそのとおりだが、第二章にて批判したとおり、フレーム分析が参加者たちの「意図」「意識」にフォーカスしながらも、基本的には活動家に対し「組織に従属する個人」としての見方を推し進めるような分析枠組みであった点は、先行研究も指摘している（本郷二〇〇七、野宮二〇〇二）。また、第四章で言及したとおり、少なくともサミット抗議行動における組織はさまざまな点で属人的な要素によって形成されている。このことを念頭に置いた場合、サミット抗議行動の運動組織は「力のある個人」によって主導されるため、結局のところ知識や経験を持つ個人が組織の機能を代替したことによって、比較的「無知な」「知らない」活動家たちがベテラン活動家から「教化」「社会化」され、運動に参加し、活動を継続するという構図が生じる。

もちろん、「教える」「教えられる」という関係は固定化されるものではまったくない。先述した通り、その場その時に必要な技能や知識によって、活動家たちの関係は常に流動しうるものである。活動家たちは、他の人々への「オルグ」や、効果的な行政交渉、調理や食料調達の技術など、お互いの得意分野を持ち寄りながら運動のバックステージを遂行する。活動家たちの権力関係は、求められている技能、その場で尊重されるべき人々の論理などによって変化する。こうした関係の流動性や、多岐にわたる技能の要求は、反グローバリズム運動にはとりわけ顕著に見られるものであり、こうした運動の仕組みが「他者との経験の共有」を可能にする一面もある（McDonald 2002）。

四　サミット抗議行動の非日常性

運動のバックステージを通じて、既に様々なステークホルダーとの連携を行ってきた運動参加者は、運動のフロントステージの過程でさらに過剰化する警備や外国人・他地域出身参加者の合流にあたり、経験したことのないさまざまなトラブルに見舞われる。このような状況を評して、長年の社会運動の経験を持ち、言わば運動の「ベテラン」として知られる反天皇制活動家の天野氏は、ともに活動した同世代の人々との往復書簡において、以下のように打ち明けた。

私の実感としては、運動を準備した方（とりあえず東京グループ）は、混乱に次ぐ混乱を繰り返していたというのが実感です。大きな諸グループが集まった共同行動を、私たちはなんども経験してきましたが、私は、これだけ無責任事務局によるシッチャカメッチャカな行動を体験したことはありません。毎日、頭に来ることの連続でした。

この点は、あなたの実感ともそう遠くはないはずです。

ところが札幌行動を駆け抜けながらよく見えてきたのは、各グループ・個人とも、大量の外国人行動参加者を抱え、共に行動するという、まったくなれない、自分達の力量を越えた作業にあたふたしているという事実でした。（中略）世代の問題というより、それは反グローバリゼーション運動の世界的なうねりをはじめて日本に着地させる日本側の主体が必然的に背負いこまざるを得ない混乱であったのだろうと思えてきました。（天野・国富　二〇〇八：二）

反グローバリゼーション運動を「上陸」させる過程で起こった混乱については、前章第一節と本章第一節から第三節までを記述する中である程度言及できたのではないかと思われる。天野氏はこうした混乱の原因を「大量の外国人行動参加者を抱え、共に行動する」というサミット抗議行動の特性に帰しているが、それはサミット抗議行動がイベントであり、制限された空間と時間、その中で行動を管理しなければならない状況であるからこその特徴に見える一方で、実は他の社会運動も共有する特性であることは、第六章と第七章にて記述する。

ここでは、もうひとつ、サミット抗議行動がイベントであるがゆえの特性を描く必要がある。それは、バックステージとフロントステージにおける様々な困難や負担から、サミット抗議行動を離脱してしまった人々の存在である。彼らはサミット抗議行動だけでなく、社会運動への参加を一旦差し控えることになる。

Ａ1氏は五〇代の男性であり、成田空港敷設反対闘争（三里塚闘争）や平和運動を経て、所属していた反グローバリズム運動団体を経由して、サミット抗議行動に関わることとなった。サミット抗議行動を経て、それまで絶え間なく続けてきた運動を「お休み」した、と語った。

Ａ１：（運動をやめたのは）僕の個人的な理由。それとまあ、くたびれた……サミットの後遺症です。あの、介護の仕事をしているんです。仕事しつつこれ（サミット関連の活動）もやって、もともと精いっぱいなものですから。（中略）あの、（力量に対するイベント規模の）ギャップっていうか、つまり、大きすぎるイベントなんですよ。僕ら位の数人でやってる、月に一回読書会してるようなグループが、受け止められるような規模のものではないじゃないですか。[50]

サミット抗議行動の中で、現地住民であり反グローバリズム運動団体・ATTACを代表して世界中の参加者を受け容れたＡ１氏は、自らの日常生活の合間を縫って活動に参加した。日々の仕事や資格取得の勉強がある中で、フォーラムを開催する会場の確保やデモの許可をとるための警察との交渉、資金の管理などを一手に担うこととなった。専従に近い状態の活動家を数名抱え、外国語といった技能や知識・情報が豊富な首都圏の活動家たちとのギャップを感じながら、現地での設営活動に従事した。

もう一人、社会運動を中断した者としてＡ27氏がいる。前節にても紹介した通り、メディアセンターの設立にあたり非常に重要な役割を果たした。地元にある運動団体の専従職員を務めており、その経由でサミット抗議行動のためにメディアセンターの拠点を設置した。だがサミット抗議行動に参加した後、それまで関わっていた社会運動をぱったりと止めている。

Ａ27：（サミット抗議行動中は）盛り上がった訳でしょ、その後やっぱり「どーん」と来る訳だ。それだけです。別に家の中で何かやったのかって言うと、無い。特に無い。

（筆者：その気持ちはどう言う風に回復されたっていうか、今されていますか。）

Ａ27：回復してないかもしれないです。してない、でも（抗議行動が終わって）二年経ってる、いい加減……。

（筆者：「回復していない」というのはそのがっかり感というか、そういうのが続いている感じですか）

Ａ27：難しい。がっかり感と、後はやっぱり、そこ（Ｇ８に関する運動）でやったことが今に繋がってないっていうのはやっぱりあるような気がする。[51]

Ａ27氏は、家庭や地域生活といった日常の合間を縫いつつも、基本的にはメディアセンターの専従職員としてサミット抗議行動に従事していた。日常生活の合間を縫って活動していたという意識は希薄だが、前節でも述べた通り、場所の確保や自らとは性質の異なる「行政としがらんでる」活動家たちとの間でつねに厳しい立ち位置に晒されていた。

ここで彼が社会運動からの退避の原因として述べているのは、「がっかり感」と「そこでやったことが今に繋がってない」という感覚である。サミット抗議行動が、普段から行っている類の住民運動や市民運動とも異なり、また彼らの過ごす日常とも無関係と感じられるイベントであることが、Ａ27氏の発言や、Ａ１氏の「大きすぎるイベント」という発言からも明らかになる。

サミット抗議行動にあたって、北海道の活動家たちは多くの経験をした。それまでしたことのないデモの申請や、行政との場所に関する長時間にわたる交渉、普段はともに活動しない人々との協調行動、公安警察とのやりとりといったものだ。上記のようなプロセスは、彼らの経験値を高める上で無効だったわけでは全くない。しかし、彼らが普段から過ごす札幌での市民活動や、仕事をしながら運動に従事する彼らの日常においては、こうしたノウハウを発揮する機会がないのだ。「月に一回読書会をしてるような」小規模なグループで、「何人もいないデモ」[52]が、札幌の活動家たちにとっての社会運動であった。そこで出会う人々は「どこに行っても同じ顔で、まるで金太郎飴」[53]であり、だからこそ「家族的」[54]であるとも言える。このような状況で過ごしてきた札幌の活動家は、東京の活動家たちが「経済的にも元々の知識経験からいってもできる条件がある」、「情報量にしろ、いろんな才能とか力を持っている」[55]人々であり、普段活動している札幌の人々はまた違う特色をもった活動家たちであることを強く認識する。

そしてサミット抗議行動は、海外や日本の首都圏をはじめとした他地域の活動家たちを巻き込んだ、彼らの日常からは想像できず、彼らにとって「受け止められる規模ではない」イベントだった。限られた期間の中でキャパシティを超えた負担を強いられた活動家たちは、その後も経験を活かす機会なきままに社会運動そのものから退避してしまう。

本章では、運動のフロントステージ、バックステージ、さらにフロントステージとバックステージ双方をめぐる管理の問題に焦点を当てながら、活動家たちが個々の手法に込めた政治的な理念や価値を明らかにしていった。デモやメディア、シンポジウムは、それぞれの活動家たちによって異なる意味を付与される。それは活動家たちの担ってきた運動だけでなく、職業キャリアや余暇活動によって解釈されたり、改めて意味付けされるものだった。サミット抗議行動を行う上で、活動家たちはイベント実行者としての「管理」と、社会運動従事者としての「自治」という規範の間で揺れ動くことになる。キャンプやメディアセンターの場所獲得、デモの警備という管理、また活動家間の合意形成に基づく自治を行う中で、敵対するアクターは何なのか、自らを守るとはどういうことなのか、という問いかけを通じて、自分にとって社会運動とは何なのかを考えることとなる。普段から異なる社会運動に従事している者たちの合意形成は困難を極めるが、一方で結果はどうあれ過程を共有したことにより、活動家たちやステークホルダーたちは良好な関係を形成することに成功する人々もいる。

以上の知見より、サミット抗議行動における手法や理念をめぐる対立や、信頼関係の形成は、それまで活動家が担ってきた社会運動のみによって生じるものでなく、それぞれの職業上のキャリアやライフヒストリーに基づいていることも判明する。さらに第三節では、サミット抗議行動が普段の生活において用いているものと近似した技能や振る舞いを要請することにより、参加者たちのバックグラウンドが問われやすく、またそれゆえに平等な参加が可能な一方、意図せぬ差別もまた生じやすい一面を明らかにした。最終節では、上述したようなさまざまな過程と、サミット抗議行動が「イベント」であるがゆえの日常とのギャップを生んだために、社会運動から退避する人々もいることを示した。

ここでの考察について、サミット抗議行動の特殊性を示しただけではないか、と思う向きもあるだろう。すなわち、サミット抗議行動がとりわけ日常生活に近いような参加の仕方を促し、また、「イベント」としての特性を色濃く反映しているために、権力をめぐる問題が噴出したのではないか、異なるセクター同士の関係が形成しやすかったのではないか、また一部の人々は社会運動を辞めざるを得なかったのではないか、という問題が指摘されるかもしれない。しかし、本章が導き出した知見は、サミット抗議行動だけではなく、いずれの社会運動にも一定程度当てはまるのではないか。サミット抗議行動は時間と空間が圧縮されたイベントだからこそ、いくつかの特性をより明確なかたちで観察することができるとも言えるのではないか。

我々が普段から見かけるような住民運動や市民運動においても、やはり「デモ」や「シンポジウム」がある。それらを行うにあたって、道路の利用をめぐって交渉する必要や、自治体との協議の場を設ける必要がある。一つ一つのことがらを決定するにあたって、運動の参加者間で日程を調整したり、次の会議の場所を決めたりする必要がある。その際、民主的な合意形成に頼る場合もあれば、時間が迫っていてトップダウンにしなければならない時もあるだろう。さらに、それが政策提言であるにせよ過激なストライキや暴動であるにせよ、それぞれの手法に込める意味はそれぞれの活動家によって異なる。あらゆる運動の中で、日常的に築いてきた人脈や技能を用いることは、サミット抗議行動ほどでないにせよあり得ることであろうし、行使する情報や知識をめぐって差別が生じたりもするだろう。専門知識があり、学歴があり、余暇の時間が多い活動家たちは「資源」があるからこそ中心的な役割を占めることは、しばしば社会運動論でも言及されている（Byrd and Jasny 2010など）。しかしそこには、運動内での「教える」「教えられる」といった関係性や、それぞれの手法を用いるにあたって使われる技能など、活動家たちがかかわってきた「イベント」としての社会運動全般に目を向けることで検討可能になる課題があると考えられる。

社会運動をイベントとして検討する重要性を確認した上で、本書は次の段階に進みたい。それは、活動家たちが普段から行っている社会運動と、それを支える職業生活や家庭生活、余暇活動やライフスタイルへの注目である。本書が示した最も重要な知見であり、社会運動論が共有している課題は、活動家たちが「社会運動の履歴」のみによって運動への参加や解釈をしているのではなく、それまでの多種多様なキャリアをもって運動を見ていることだった。第六章では、活動家たちの私生活と社会運動との関連を検討したい。

〈注〉

1 デモや集会といった示威行為の際に、参加者らが自らの主張や運動のスローガンを発声し、周知させること。
2 A20氏インタビュー、二〇一〇年五月二七日、於北海道美唄市。
3 A14氏・A15氏インタビュー、二〇一〇年五月二四日、於札幌市東区。
4 A12氏インタビュー、二〇一〇年五月二六日、於札幌市中央区。
5 同上。
6 同上。
7 A20氏インタビュー、二〇一〇年五月二七日、於北海道美唄市。

8　同上。
9　A30氏インタビュー、二〇一〇年八月一二日、於札幌市中央区。
10　A16・A17・A18・A19氏インタビュー、二〇一〇年五月二四日、於札幌市中央区、A9氏インタビュー、二〇一〇年四月三日、於東京都新宿区、B18氏インタビュー、二〇一〇年五月二五日、於札幌市中央区。
11　B5氏インタビュー、二〇一〇年七月二九日、於東京都武蔵野市。
12　A2氏インタビュー、二〇一〇年三月三日、於札幌市豊平区。
13　A21・A22氏インタビュー、二〇一〇年五月二七日、於札幌市北区。
14　A9氏インタビュー、二〇一〇年四月三日、於東京都新宿区、A30氏インタビュー、二〇一〇年八月18日、於札幌市中央区、A35氏インタビュー、二〇一〇年九月21日、於東京都文京区。
15　A30氏インタビュー、二〇一〇年八月一二日、於札幌市中央区。
16　B3氏インタビュー、二〇一〇年五月一一日、於東京都文京区。
17　同上。
18　同上。
19　A26氏インタビュー、二〇一〇年八月九日、於札幌市北区。
20　A36氏インタビュー、二〇一〇年一二月一六日、於東京都文京区。
21　同上。
22　B8氏インタビュー、二〇一〇年九月一〇日、於東京都文京区。
23　B18氏インタビュー、二〇一〇年五月二五日、於札幌市中央区。
24　A5氏インタビュー、二〇一〇年三月一〇日、於札幌市北区。
25　A12氏インタビュー、二〇一〇年五月二六日、於札幌市中央区。
26　A27氏インタビュー、二〇一〇年八月一一日、於札幌市北区。

27 A16氏インタビュー、二〇一〇年八月一八日、於札幌市北区。
28 A9氏インタビュー、二〇一〇年四月四日、於東京都新宿区。
29 ウェブサイト「思いがけないことがやってくる　ピースウォーク顛末記」http://yaplog.jp/koshidakiyo/archive/151 二〇一四年八月二九日最終アクセス。
30 B8氏インタビュー、二〇一〇年九月一〇日、於東京都文京区。
31 A16・A17・A18・A19氏インタビュー、二〇一〇年五月二四日、於札幌市中央区。
32 B4氏インタビュー、二〇一〇年七月二七日、於東京都多摩市。
33 「ベトナムに平和を！市民連合」の略。一九六五年のアメリカ軍によるベトナム攻撃を皮切りとして世界中で行われた運動であり、日本でも一定の支持を得た（絓　二〇〇六）。
34 A31・A32氏インタビュー、二〇一〇年八月一四日、於北海道壮瞥町。
35 サミット抗議行動の前後には、合意形成やセイファースペースに関して記述・説明する内容の海外のミニコミ誌やビラが、日本人の活動家によって翻訳され、流通した（ロックダブコレクティブプロジェクト 二〇〇八、徳永 二〇一〇）。
36 A31・A32氏インタビュー、二〇一〇年八月一四日、於北海道壮瞥町。
37 同上。
38 B19氏インタビュー、二〇一〇年八月一八日、於北海道旭川市。
39 B19氏インタビュー、二〇一〇年八月一八日、於北海道旭川市。
40 A14・A15氏インタビュー、二〇一〇年五月二六日、於札幌市東区。
41 A28・A29・B22氏インタビュー、二〇一〇年八月一一日、於札幌市手稲区。
42 A10氏インタビュー、二〇一〇年四月四日、於東京都新宿区。
43 A31・A32氏インタビュー、二〇一〇年八月一四日、於北海道壮瞥町。
44 A35氏インタビュー、二〇一〇年九月二一日、於東京都文京区。

45　A4氏インタビュー、二〇一〇年三月七日、於札幌市北区。
46　A34氏インタビュー、二〇一二年九月一七日、於札幌市北区。
47　B17氏インタビュー、二〇一三年八月二日、於東京都新宿区。
48　B7氏インタビュー、二〇一〇年九月一七日、於東京都文京区。
49　A14氏・A15氏インタビュー、二〇一〇年五月二六日、於札幌市東区。
50　A1氏インタビュー、二〇一〇年二月二三日、於札幌市北区。
51　A27氏インタビュー、二〇一〇年八月一一日、於札幌市北区。
52　同上。
53　A4氏インタビュー、二〇一〇年三月七日、於札幌市北区。
54　A2氏インタビュー、二〇一〇年三月三日、於札幌市豊平区。
55　A1氏インタビュー、二〇一〇年二月二三日、於札幌市北区。

第六章　文脈としての日常

前章までは、「二〇〇八年G8サミット抗議行動」をイベントとして検討し、社会運動サブカルチャーが、社会運動の手法をめぐる伝達や衝突といった形で関係形成に対して影響を及ぼしていることを明らかにした。こうした衝突や相互理解が生まれる背景をさらに検討するために、本書はサミット抗議行動の手法であるバックステージやフロントステージ、またそこで生じる参加者やスケジュールの管理に注目して分析を行った。その結果、参加者たちは自らのキャリアや、過去に関わった社会運動の経験をもとに、サミット抗議行動のデモやシンポジウム、メディア活動に意味や価値を付与するようになる。また彼らは、自らの経験を元に場所の確保やイベントの管理、また自らがどのように自らの運動をオーガナイズするのかを意志決定する。その過程で人々は、自らの活動家としてのポジショニングを定めたり、社会運動に対する意味付けを更新したりする。こうした特質は、とくにサミット抗議行動の「フロントステージ」の中にありながら「バックステージ」的な活動を行う、オルタナティブ・キャンプに顕著である。暮らしに必要な技能を必要とするキャンプは、抗議行動そのものでなく、キャンプという手法そのものに惹かれた参加者を多く含む。政治的な理念を強く持つ人々も、持たない人々も、自らが日常的に用いている技能やスキルを用いて運動の中で居場所を作っていくことが可能だ。この事実は、キャンプが彼らの日常に政治的な理念を付与する機能を果たすことも意味している。サミット抗議行動において、活動家たちは自らの階層や職業、性別に基づく経験や技能を発揮し、運動にコミットする。多くの参加者たちにおいて、「日常的なことは政治的なこと」となるが、その一方で日常的に感じている被差別や迫害といった感情もまた運動の中で繰り返し体験する可能性もある。

サミット抗議行動の「フロントステージ」と「バックステージ」の検討を通じて明らかになったのは、活動家たちの衝突や相互理解がどのような社会運動サブカルチャーに基づいているのかということであった。前章でいくつかの要素を検討する限り、活動家たちがどのような手法を選好しているか、どういった行為をもって運動に貢献しているかは、彼らが普段から携わっているサミット抗議行動以外の社会運動や、彼らの職業生活や家庭生活のあり方に基づく。同様に、活動家たちが共有している、社会運動において忌避すべき言動や振る舞いもまた、彼らの日常生活によって形成される。

こうした点を踏まえて、前章の分析結果から、本書がさらに検討しなくてはならないのは、出来事をなす活動家たちの「日常」であろう。人々は、彼らの生活やそれまでの政治参加といった文脈や背景なしにサミット抗議行動に参加するわけではない。サミット抗議行動以前にも彼らの生活はあり、そこで得た選好や気づきを元にこの抗議行動に参加する。もちろん、サミット抗議行動以降も彼らは生活を続けるが、その中で抗議行動を得て改めた認識や、得た人間関係をもとに、それぞれの人生を送るのである。

そこで本研究は、視点を「サミット抗議行動」から活動家たちの社会運動とのかかわり全般へと移し、検討を行う。第六章では、普段、活動家たちが運動に関わる上で直面する活動家同士の関係の作り方、自らの活動を行う上での役割などに関する聞き取りの分析を行う。サミット抗議行動の分析を通じて映しだされた要素は、彼らが日々の活動を通じて学び取り、感じているものだということが分かる。

一　管理と自治

サミット抗議行動を通じて、活動家たちの頭を悩ませたのは、どの程度抗議行動の中で、その参加者やスケジュールを管理するかということだった。抗議行動を安全に、かつ、滞り無く行うためには、しばしば何をしでかすか分からないと捉えられる参加者たちの動きを統制し、計画通りに諸手続きを済ませなくてはならない。しかし、抗議行動におけるひとつひとつの手続きは、本来参加者間で話し合い、合意を形成して決めなければならないものであって、特定の管理者やオーガナイザーが決定していいものではない。こうした問題は、日々社会運動と向き合う上で活動家が直面する問題でもある。とりわけそれは、「多くの人を集めたい」という気持ちと、「社会運動としての理念を手放したくない」という欲求の間で、一種のジレンマとして生じる。

人々は、政治を変え、社会問題を解決するために運動する。一般的に、運動に参加する人々は多いほうがよい。動員を増やした結果、たくさんの支持を得ることが出来、それに伴い金銭や物資、メディアや政府への発言力も増大するであろうことが予測できるためだ。しかし、参加者を増やそうとする試みは、社会運動としての理念や原則を踏みにじってしまう可能性も十分にある。本節では、支持を増やそうとするにあたり活動家たちが直面する危機について検討を加えたい。

拡大する「社会運動」の裾野

日本では、「社会運動」を担うのは限られた人々とされており、勢力を拡大するためには自ずと行政、政府、市場といったセクターと手を結ぶ必要がある。他のセクターと協力しようとする試みにより、それまで無関心だった人々も社会運動に関心を持ち、発言力やメディアへの露出が増える可能性があるためだ。しかしその一方で、活動家たちがそれまで重要視していた手法に対するこだわりや、運動に対するしきたりは、全うできなくなってしまうこともある。これは前章第二節において言及した社会的信用をめぐる語りにも現れていた。

とりわけフェアトレードや環境保護といった分野は、近年市場化がすすめられている領域のひとつであり（畑山二〇一二）、盛んに市場や政府との連携がすすめられている。活動家たちは、商業主義化するフェアトレードをどのように見ているのだろうか。B23氏は、東南アジアの市民活動にシンパシーをもち、平和運動や途上国開発などをすすめてきた。商業化するフェアトレード団体に対して、以下の様な思いを抱いている。

B23：チョコレボって知ってる？　チョコレートレボリューション。フェアトレードのチョコを期間限定で高島屋で売るって感じで、「フェアトレードってこんなに素敵な活動なんだよ」ってことを広める活動で、その時だけのデザインでとっつきやすくやるってものなんだけど、でも、フェアトレードをごりっとやってる人からすれば、その活動は持続活動じゃないわけよ。チョコレボのいい所は、フェアトレードっていうマイナーな活動がまず何なのかっていうのを知ってもらうっていうところにすごい特化してるんだよね。そのための戦略が、専門的だしプロフェッショナルだし、上手なのさ。つけるグッズとかもプラスチックで、一年くらい使ったら捨てちゃうんじゃないみたいなものもあるけど、すっごく可愛くて良いんだよね。（ただ、それは）プラスチックで（出来てるから、いずれ）捨てちゃうんだよね。それを良しとするか、目くじらを立てるかの違いで、一緒にやれないんだよね。[1]

B23氏は続けて、「フェアトレードをごりっとやってる人」は、チョコレボが巨大百貨店である「高島屋」と手を結んでいることを批判し、かつ、ノベルティは「プラスチック」で、すぐに破棄され、環境を汚染する可能性のあるものだということを指摘するのだ、と説明する。市場と手を結び、幅広く販路を拓くことは、既に「ごりっと」した活動家にとっては悪なのである。B23氏とその仲間たちは、「チョコレボ」に代表される市場と調和的な活動を「チャラつきすぎてて好きじゃないけど、目的（を達成すること）に関してはずば抜けてる[2]」と評し、「ごりっと」した人々に対しては、「最終的には手段、手段、手段……って、目的の話がおろそかになっちゃう[3]」と語る。

目的と手段との関係は、そのままここでは「支持を得る」「動員を増やす」という目的をめぐる議論として現れる。B23氏が言及した市場というアクターとは別に、もうひとつ、社会運動を取り巻く主要なアクターとして「政府」がある。企業から資金を受け取るか否かと同時に、政府や行政と協調するか否かは、サミット抗議行動でも重要な問題となっていた。こうした事柄は、彼らも活動家生活を続ける上で否が応でも直面する問題である。A9氏は、サミット抗議行動の主要なオーガナイザーであるが、自身の活動家としてのキャリアの中でもこうしたジレンマに直面していた。

A9：「M」（A9氏がかつて所属した団体名）で最後に、東ティモールで活動して、緊急支援から復興（をする、）みたいなことをやったわけですね。政府の金で、ODA（政府開発援助）の一部を使ったり、国連機関の一部のお金を使ったりしてやった。そういうことをMの中で始めて、それを少しずつ広げたいって考えもそこの中にあったと思う。……僕は「いったんやめた方がいいな」と思ったので、きちんとそういう風に、自己資金でなくて、ODAの一部を使って行くということに対して、一旦ストップして議論したほうがいいなと思ったこともあったけど、「もっとやって行こう」という路線になったので、このままやって行くと矛盾になるな、と思って、その前に辞めたの。[4]

A9氏にとって、「政府の金」や「政府開発援助」「国連機関」といったセクターから資金を拠出して政治運動を行うことは、問題があるわけではないが「一旦ストップして議論したほうがいい」ものであり、「矛盾」を感じる事態であった。しかし、彼の所属していたNPOは、そうした議論を許してくれない。結果としてA9氏は、団体Mを辞職し、札幌で市民活動を行うことになる。今やNPOやNGOなどが、比較的頻繁に政府や行政と連携を行っている。

それはG８サミット抗議行動のように場所や物資の調達をめぐるものから、活動資金の提供、事業提携などさまざまである。しかし一方で、多くの活動家たちにとって政府・自治体との連携は、ＮＰＯを政府に取り込む動きであり、「下請け」的に扱う行為としてとられかねないものである。

政府や企業とはまた異なるレベルではあるが、警察もまた、社会運動との関係を論じられるセクターである。警察は運動に対して基本的に妨害や遮断を繰り返す立場であるが、こうした「弾圧」をめぐってどう行動するべきかの議論も、サミット抗議行動参加者たちの間でみられたやりとりだった。ときに、活動家たちは警察と対立するのでなく、むしろ協調をめざそうとする。「救援連絡センター」の専従職員であるＣ３氏とＣ２氏は、警察からの取り締まりや逮捕といった案件を扱う活動家たちである。二〇一二年七月以降に首相官邸前で行われている脱原発運動を「新しい動き[5]」として、ネガティブな「利用論」であると語る。

Ｃ２：（脱原発）官邸前行動は警察と事前に打ち合わせしてますから。主催者のほうが警察とモメることはしないでちょうだいって、参加者にね。それが結構変な形で拡大してる、公安なんかとも、半分利用論なんですよ。警察を利用してるつもりなんだけど、警察からすると逆に運動主催者を取り込んで。時間なんかもね、例えば六時から八時って決めるわけじゃない。六時にはじめて、八時になったら解散しなさい、主催者が解散して下さいって言うわけだから。主催者のほうが警察より先に。[6]

官邸前行動が作り出した比較的新しいとされる警察との協働のあり方は、弾圧をめぐるトラブルや救援活動に割く資源の損失を防ぐという点で、持続可能な運動を行う上では確かに有効である。また、危険視されない運動を作り、社会運動に慣れていない人々を呼びこむ際にも役立つ対策であろう。しかし、Ｃ２氏は、こうした「取り決め」によって運動が警察のコントロール下に置かれているとし、自分たちがおこなってきた運動の経験からは高く評価できないと語る。

これまで見てきたように、また、サミット抗議行動でも見られたように、企業、政府、警察といったステークホルダーとの連携は、社会運動の裾野を広げる一方で、活動家たちが運動に込めてきた意味や価値——環境運動なのだからプラスチックを無駄にしてはならない、社会運動なのだから政府とは独立してすべきだ——といった「こだわり」や「しきたり」をある程度見なかったことにしてはじめて実現し、動員や社会的信頼を担保するために譲歩しなくてはならない事柄だった。さらに興味深いのは、このようなこだわりを捨て、動員を集めようとすることが、参加者たちや運動のスケジュールをいかに「管理」するかという点において、さらに新たな運動のこだわりやしきたりを生み出すという点だ。次項では、この点について説明を加えよう。

管理するオーガナイザーたち

参加者を増やすためのひとつの対策として、活動家たちは時間や場所、参加者たちに要求する行動をある程度事前に定め、自らの動員したい人々を明確にするというものがある。二〇一一年以降の脱原発運動や安保法案に対する抗議行動などに多く見られるが、イラク反戦運動においても部分的に存在したと言われている。それぞれの活動で主題ややり方は違うとはいえ、いかにして普段から活動を行っている人々ではなく「普通の市民」に参加してもらうかが、オーガナイザーたちの関心としてあったという部分では共通している。「普通の人々」を呼びこむためには、ただ単に時間と場所を決めてデモンストレーションをするのでなく、「一般向け」に相応しい名称やルールを定め、厳しく管理する必要があったのだ。

例えば、二〇一一年七月以降に福島第一原発事故を受けて活動を始めた「首都圏反原発連合」は、以下のようなガイドラインを明確に定めている。

（一）原発問題と直接関連しない文言を掲示することはお控えください。下ろしていただくよう、スタッフがお願いする場合があります。「直接関連しない」とは、その文言だけを見たときに、一般に原発問題と認識されないものを言います。

（二）市民団体その他で、団体の名称そのものが特定の政治的テーマに関する主張となっている場合も（一）に準じます。

（三）その他の団体名の旗や幟については現場で下ろしていただくことはしませんが、首都圏反原発連合はそれらの幟旗を歓迎しません。所属よりも主張を！ということを強く提案します。

これらのガイドラインは、できるだけゆるく運用していく所存ですので、参加者の皆さまのご協力のほどを、どうぞよろしくお願いいたします。

（「首都圏反原発連合主催のデモ・抗議活動におけるのぼり・旗・プラカードのガイドライン」より）
（coalition againstnukes.jp/?p=789、二〇一四年九月一日最終アクセス）

「団体名の旗や幟」、「原発問題と直接関連しない文言を掲示」することを控えようとした脱原発連合の試み（野間二〇一二、ミサオ・レッドウルフ 二〇一三など）は、支持と反論を含め、活動家たちの間で大きな議論を巻き起こすことになる。それは脱原発連合の側に、旧来の活動家たちを参加させず、参加させたとしても動きを抑制し、「新左翼」や「組合」と呼ばれる旧来型の活動家に抵抗を持つ「普通の人々」に参加してもらおうという明確な意図があったためと考えられる。「幟」は組合や市民団体のアイデンティティでもあり、原発の問題は平和や女性の問題とも繋がっている。しかし脱原発連合は、ベテラン活動家たちが行ってきた主張や手法が運動の中に入ることを許さず、表に出すことから距離を置こうとする。こうした活動のあり方は、他の地域や運動団体にも広まっていくこととなる。以下は、サミット抗議行動に参加し、その後も運動を続けていたものの、二〇一一年以降の脱原発運動を経て「運動はやめてしまった」と語るA34氏の語りである。

A34：デモをやって数が集まればいいなって思うのはどんなものでもそうだけれども……東京の反原発運動の組織化してるような人のインタビューを見ると「数を集めなきゃいけない」って言うし。で、「数が集まったから私たちはすごいんだ」っていう。「そのためには中核派や革マル派を徹底的に排除する。警察と私たちは共通の敵を持ってる」っていうのが、Lさんとかは週刊誌のインタビューで言ってて……。
（筆者：いわゆる、中核派や革マル派といったセクトのことですか。）
A34：そういう人たちを排除したいって。すごいなって思うし……。札幌の人たちで、運動を組織化してる人たちの現状ってよくわかんないけど、やっぱり多くの人を組織化しなきゃいけないっていうことで。そういう中で普通の人たちの参加を呼びかけるために団体の旗は駄目だとか相応しくないスピーチは禁止するとかっていう規制を設けて。つまり、運動の中で誰に我慢してもらうか、誰を排除するのかっていうのを運動を組織化する人たちが決めているっていうことがあると思いますよね。[7]

社会運動のオーガナイザーがはっきりとした意志と、管理のためのガイドラインを設けることとは、運動のあり方を「運動を組織化する人たちが決めている」ことに繋がる。これはサミット抗議行動の中でも外国人参加者やトランスジェンダーをめぐる処遇といった形で現れていた問題だろう。具体的には運動内の権力やリーダーシップの問題と繋がるため後でも論じるが、同時に注目したいのがA34氏の「誰に我慢してもらうのか、誰を排除するのか」という語りである。彼自身もオーガナイザーの意図を受け、活動を辞めた一人であった。彼は、オーガナイザーの一人による、弱い立場の人々を軽んじるような発言によって、自らが「傷つけ」られたと感じる。

サミット抗議行動の中では、もっぱら管理の問題は外国人の参加者や、国内の他地域から参加した「ゲスト」たちに向けられるものだった。こうした論点は、ともに活動する仲間を危険視するのか、活動家同士信頼し合う必要があるのではないか、といった問題と関連していた。本項で示した事例を見るかぎり、サミット抗議行動の中と同様に、普段の運動の中でも管理をめぐる問題が生じることが分かる。さらに、それは活動内での信頼や危険視を超え、活動家に対してそもそも社会運動への参加を許容しない、つまり排除へと繋がってしまう。では、運動内において、A34氏のように「我慢」しなければならず、「排除」される人が生じるということは、何を意味するのだろうか。次項では、オーガナイザーが参加不参加を決定することにより、差別が生じる構造について論じたい。

問題の根幹と差別

運動の中で、特定の人物がルールを定め、動員を増やそうとすることはいかなる帰結を生むのだろうか。動員のための組織化の取り決めは、ただ単に参加や不参加を定めるだけでなく、その後の活動家たちの生活や運動に影響を与えるものでもある。前章でも記述した通り、サミット抗議行動のデモンストレーションやキャンプといった場は、それ自体が宿舎であり意思伝達の手段であるのと同様、誰にでも開放された空間であり、誰もが参加できるはずの場であった。そこから排除されるということは、ただでさえ社会において周縁的な位置付けで生きざるをえないマイノリティたちが、社会運動においても差別されてしまうことを意味する。

B17氏は、コミュニティユニオン事務局で活動する一人である。氏自身「マイノリティ」としての自覚を強くもっており、シングルマザーや在日外国人といった人々に対しても共感的であった。二〇一一年三月以降の脱原発運動を、以下のように語り、批判する。

B17：数を広げたいっていうときの暴力……マイノリティの言葉を聞かせないというか殺すのが多分ポピュリズム的運動の特徴だと思うんですよ。「再稼働反対」以外は言わせない、労働問題に関しては言わせないっていう。そうすれば「原発は怖いな」っていうくらいの人にはのりやすいじゃないですか。（中略）で、そういうフェスっぽい雰囲気を作ってフジロックとかああいう形で空間のプロデュースをしてるから人を集めた……あれに関しては俺は否定しないです。ただあそこに行くと警察と仲良くしようとか権力の関係性の距離の近さとか。あとマイノリティ、つまり日の丸の問題ですよね、日の丸の問題があって……ある集会の帰りに飲み会があって。在日の女性の方と二十歳くらいの方と話をして。で、「ぶっちゃけ官邸前でやってる反原発運動ってどう思いますか？」ってクエスチョンをしたら「あれは日本人だけの運動でしょう？あれは私たちは絶対に行けない」と。要するに日の丸を踏絵的にガードされてるってこと。つまり、マイノリティは排除するけどマジョリティは来てくださいってことを明確にしたっていうのが「日の丸」の、ひとつの問題じゃないですか。[8]

官邸前の反原発運動は「団体名の旗や幟」を排除する一方で、「日の丸」を掲げる参加者に代表される右派団体の参加については問題視しない方針を取っていた。こうした運動のあり方についても活動家たちの間で激しい議論が交わされることとなる。[9] とりわけ反発が大きかったのは、それまでともに活動してきた「マイノリティ」である「在日」（在日外国人）の人々を運動から排除するのか、という点であった。サミット抗議行動がそうであったように、活動家たちにとって運動は、ただ単に社会変革の手段であるだけでなく、運動自体がオルタナティブな社会であり、誰も排除しない場として存在するはずだったのだ。さらに、活動家たちが背負ってきた民族的アイデンティティや歴史的なバックグラウンドは、運動で取り上げられるひとつひとつのシンボルをめぐって、激しく動揺することになる。

こうしたシンボルに動揺するのは、民族的マイノリティの活動家だけではない。性をめぐる権力もまた、社会運動の中で表出しやすい。本書が取り上げるのは、二〇一〇年以降に台頭した数ある反レイシズム運動のひとつである、「仲良くしようぜパレード二〇一四」というデモンストレーションの中で配られたフライヤーである。このフライヤーには、以下の様な形で複合化する「差別」の有り様が描かれている。以下は、その引用である。

女性差別／セクシズムに反対するという点から、「仲良くしようぜ」というパレード名称（に象徴される仲パレのあり方）への批判が、以前より出ています。

「ぼく」や「オレ」を自称する女子がいるのと同様に、「仲良くしようぜ」と言うのは男子だけではありません。しかし一般的にまだ「男言葉」のニュアンスが強い「ぜ」を公的な企画の名称に冠することは、仲パレが男性文化の企画であること、男性中心主義に反対する気が無い企画であるとの印象を与えるには、十分でした。（中略）

私たちがもし「本当に差別をやめよう」と思うのなら、ただ単に目の前にいる人に失礼なことをしなければいいのでなく、私たちを取りまく社会関係の不公平を解消するために、各自で行動する必要があります。[10]

反レイシズム運動の中にある男女差別的なスローガン・団体名を批判するフライヤーは、反レイシズム運動のイベントの中で配布されることがある。また、こうした批判に対して、批判された団体やその支援者の側も「差別」という意図がないことを示している。主催団体もまた「『ぜ』という言葉がセクシズムを示すようなものである」という主張がそもそも問題を含んでいるのではないかと言明することもある。[11]

ここで我々は、社会運動の中で参加者が経験しなくてはならないふたつの相反する過程に気付く。ひとつは「平等」「寛容」あるいは「差別しない」という規範を徹底するために、活動の細部を検討しなくてはならないこと。その一方で、「平等」や「寛容」といった規範そのものは問題視しないことである。あらゆるシンボルが差別かそうでないかについて厳しく問われる中であっても、「平等」そのものが尊重すべき規範であるかという論点に関しては問われることがない。なぜなら、その主題自体を問うていては、活動そのものが立ちいかなくなるためではないか。活動家たちは、半ば無意識のうちに「考えること」と「考えないこと」の境界線を定めているのではないか。こうした点について、次節では検討を加えていくことにしたい。

二　動くことと考えること

活動家たちは、「何が差別であるか」「どうすれば平等になるか」を考え、運動に平等に参加できる方法や、特定の人物が権力を持たないようにする意志決定方法を構築しようと努力を重ねてきた。これは、サミット抗議行動において「ボトムアップ型の意志決定」や「民主的合意形成」が取り沙汰されてきた点からも分かる。しかしその一方で、なぜ社会運動が人々の「差別」をなくし、参加者同士が「平等」でなければいけないかについて、多くの活動家たちは十分に議論してきたとは言いがたい。活動家たちは十全に問題を吟味しなければならない一方で、実際に行動しなければならないため、どこかで思考をストップしなければならないのではないか。本節では前節に引き続き、活動家たちをとりまく、動員とは違う形で生じるジレンマを考えてみたい。

考えること――止まらない思考、終わらない議論

社会運動の重要なプロセスとして、つねに「正しさとはなにか」をもとめて思索し、議論する過程がある。問題がなんであれ、彼らは常に、どのように生きることが正しいか、どうすることが社会にとって善なのかを、活動しながら考えることとなる。

特にその傾向が強いのは、人権やフェミニズムといった問題に携わる人々だろう。サミット抗議行動でも中心的に活動したA3氏は、「正しいかどうかも考えながら」人権問題やフェミニズムの問題にコミットし、運動に携わっていた一人だ。

A3：私はね基本的に、「絶対正しい」とされていることを実現する運動ってのは苦手で、正しいかどうかも考えながら（運動を）やっていく。人に正しさを要求したり押し付けたりする運動っていうのはあんまり好きじゃなくて、もうちょっと精神の自由を求める。図書館運動なんかもそうですし、フェミニズムもそうですし、人権運動ってそうでしょ。反原発とかエコロジーっていうのは体の外側の問題っていうと乱暴ですけど、安全な食べ物だとかきれいな空気だとか、汚染されない自然とか、それは大事じゃない……って気はさらさらないんですけど、私自身の思いの注ぎようが、やっぱり内面の問題の方、人権とか、そっちの方にどうしても思いが行くので、ある意味そっちにつながる運動[12]（に重きを置いています）。

彼女は「反原発とかエコロジー」といった運動の中で「安全な食べ物」「きれいな空気」を守る行為を、「絶対正しいとされていることを実現する運動」として、みずからが従事している人権運動やフェミニズム運動とは少し異なるものとして区別している。しかし、環境運動に参加する人々の中にもまたこうした区別がある。A5氏は、サミット抗議行動をきっかけとして環境運動にコミットした一人だが、「苦手な運動」について以下のような活動を挙げている。

Ａ５：（環境運動の中でも）スピリチュアル系のニオイがするやつは苦手ですね。なんか、「自己肯定、すべて認められる」みたいな、ああいう雰囲気があるものは結構苦手。なんか、（環境運動の中でも、活動のあり方が）渾然一体となってます。それはやっぱりエコ系、環境系には結構あるんですよ。そこは一歩引いて見たりとか、関わらなかったりとかしますね。（中略）やっぱり、思考停止みたいなことは危ないなと、私ちょっと思っているんですよね。やっぱり思考停止の状態ってろくなことにならなくて、結局啓蒙主義的なものに利用されやすいですよね。それを利用されて、後に、みんなが一斉に物（が）考えられなくなって、戦争状態みたいなものが、一番嫌だ。[13]

Ａ５氏は環境運動も「渾然一体」としており、正しさを疑わないタイプの「スピリチュアル系」の運動とその他運動があるとしながら、自らの理念の正しさを称揚するタイプの運動は「思考停止の状態」につながり、「啓蒙主義的なものに利用されやすい」という視点から危機感を持っている。活動家たちは、正しさを実現するために運動をすることは勿論であるが、その正しさについても折に触れ検討しなくてはならない。

前節にて挙げたような手続きの正しさ――この社会運動をすることで傷つく人はいないか、過度に権力が集中していないか――は、参加者やオーガナイザー全員で振り返り、議論されることになる。それは時として、運動経験の浅い活動家たちに驚きをもたらすことになる。Ｃ４氏は、二〇一一年三月以降、本格的に社会運動をはじめた活動家の一人である。彼は、運動にはじめて参加した経験を、以下のように語る。

Ｃ４：色々考えるのはいいんだけど、何でも完璧になるまで決めようとするから、ミーティング、ミーティング、ミーティング……みたくやってた、それをずっとやってるからげんなりしちゃって……なんだろう。「正しい人じゃないと居られない」っていうノリがあって、なんだかねえ、みたいな……。それはどこに行っても思う、俺は本当にただのパンクというか、勝手な音楽やって勝手に生きている人みたいな、わかりやすく一言で言うとそういう括りなんですけど、だから「運動家」とかじゃない。知識として何となくパンク系で入ってきて知ってるけど、そんな真面目でもなかったり、どっちかっていうとただばーっ、て（運動を）やりたいだけの人だったりとかするから、「あっ、じゃあお手伝いしよう」と思って行くと、なんかこう、入りづらさにびっくりするね……。[14]

活動家たちは、徹底的に正当な手段や戦術にこだわり、ミーティングを繰り返す「正しい人」としてC４氏の目に映る。それは間違いなく「真面目」な運動であることは間違いない。しかし、「そんな真面目でもなかったり」「ばーっ、てやりたいだけの人」である自覚を持つC４氏は、「入りづらさにびっくりする」と率直な感想を漏らす。サミット抗議行動でも見られた通り、社会運動に参加する人々は、時間や空間が許すかぎり、みな終わらない議論を行うことになる。しかし、議論が終わらなければ、さまざまな手段を実行に移すこともできない。そこで活動家たちは、どこかで議論を終わらせる必要がある。そこで次節では、「考えること」に対して「動くこと」についての活動家たちのかかわりを論じたい。

動くこと——思考を停止する必要性

前項では社会運動に必須の「考える」プロセスについて論じた。活動家たちは自分の取り扱っている問題がどのようなものでも、基本的には何が正しいかについて欠かさず考え、議論するが、それは運動の初心者にとってみれば「げんなり」するものである。実際に、考えているばかりでは行動できないからこそ、どこかで考えるプロセスから「動く」プロセスへと移行することが必要である。

では、いかにして「考える」ことをやめ「動く」のか。サミット抗議行動の主要なオーガナイザーでもあったA9氏は、平和・人権・途上国開発といったさまざまな問題に携わっていた。社会運動の世界に馴染めず、A9氏のような「活動家」になるためにはどうすればいいのかという筆者の相談に対し、以下のように語ってくれた。

A9：軽薄であることが活動家の一番大事な要素なんです。腰が重いとだめなんです。だから、こういうことやっていいんだろうかと思う前にやっちゃわなきゃさ。喋ってる前に、「これ問題だな」とか言う前に、（例えば）こないだ朝鮮学校への実質的無償化を除外するっていうのも、すぐやっちゃう。「おかしいんだ」って皆何回も思ってるんでしょ。皆「大体そうよね～、なにー？」みたいな話はするけど、それをもう、こんなに進めるっていうのはさ、お調子者でしょ、調子に乗ってなきゃダメなんだ。だからそういう、半分思慮のなさが……ある意味での思慮のなさがないといけない、っていう風には、思いますね。で、やるとみんな「あ、待ってました」（って言う）。待ってましたじゃねえだろーって思うけど、でも大体はそうなんだよね。まあ役割ってのが、だからそういう軽薄な人間の役割ってのがあるんだろう、と、思います。[15]

彼は「考える」ことを重要視していたA3氏やA5氏とは対照的に、「軽薄であること」「お調子者」であることの必要性を説く。また、参加や、運動組織の発足にあたっては知識や思索はそこまで重要でなく、徐々に運動の過程の中で得るものであったり、運動に参加していない期間に学習するものなのではないかとA9氏は語るが、これについては次項にてまた言及する。フェミニズム運動に従事するA34氏は、運動のオーガナイズではなく参加という観点から、はじめてデモに参加した時のことを以下のように語る。

A34：何か、新しいデモとかおもしろそうって思った集会とかに行くときに前提がそこにいる大方の人と（初心者とで）は違ったりするじゃないですか？そうなったときに、結局勉強をして詳しくならないとそれに参加できないのかな……みたいな意識にさせられることもあるけど。でも、最初のころってそういうのじゃなくて、もっと「軽い」っていうか「敷居が低い」っていうか、「戦争に反対」とかその程度でいいじゃない？みたいな。自分のその頃の感じとしても、そんな難しいことじゃなくて、「戦争に反対」っていうのは別に普通のことだしそれでいいじゃないみたいな感じがあったのかなあと思いますね。[16]

A9氏やA34氏の語りは、戦争反対や朝鮮学校の実質的無償化除外反対など、基本的な反差別運動における問題意識を共有してさえいれば、運動に参与すること、運動を企画することそのものは問題なく可能だということを示している。しかし、こうした態度は、「戦争は正しくない（戦争に反対するのは正しい）」「朝鮮学校は無償化すべきだ（朝鮮学校の無償化除外は正しくない）」という「正しさ」を無条件に支持する点で、前項にて述べた「正しさを追求する姿勢」とは相反するものともなってしまう。メーデーに参加し、活動家たちとの議論に参加した20代の男性・C7氏は、はじめて、彼の言う「左翼」の人々との議論を経て、以下のように感じたという。

C7：（「左翼」活動をしている人々の、）自分の正しさを微塵も疑おうとしないように見える所が気持ち悪いですね。人権、平和とか、非常に抽象的で、怪しい概念に疑義を挟む気配が無いところが信じられない。ある状況下においては、差別や暴力は必要とされるかもしれないことに対しての想像力が全く欠如していると思う。人権を黄門様みたいに「人権侵害だー」って言ったら、そこで止まってしまう。人権って人工的な概念じゃないですか。自然法であって、実在して、とかもあるんですけど、とりあえずそういうの（議論）を抜きにして、とりあえず人権って人工的なものじゃないですか。そういう人工的なものに、あたかも所与みたいにされている。そこで止まるから面白くない。気持ち悪いというよりも面白くない。そこから掘り下げたら「もっと面白いのになー」と。（中略）「もうちょっと考えようよ」と思っちゃう。ただ、さっきも言ったんですけど、そこでどっかで打ち止めないと動けないから、「まあ、しょうがないのかな」と思っています。[17]

C７氏は、正しさをめぐる合意形成・意志決定の手続きを「ぐだぐだ」と批判しながらも、その一方で最も根本的な部分であり、彼の言う「左翼」活動家自身によって捉え直されることのない「人権」や「平和」といった規範を問わないことに関しては、「踏み越えちゃいけない枠じゃないですけど、何らかの共通理解がある」[18]と感じている。また、こうした点を問わないことについて「どっかで打ち止めないと動けないから」「しょうがないのかな」[19]と語っている。

C７氏の推察する通り、活動家たちは、どこかで思考を停止して動かなければいけない「しょうがなさ」と、それでも正しさに固執せざるを得ない「ぐだぐだ」さの間で活動を行っている。それは、サミット抗議行動が徹底的にスケジュール化され、管理されたイベントであり、開催そのものを至上の目的としていながらも、その中で出来る限りの手法に対するこだわりを込められている実態とも同様と重なっているとも言える。

ここでさらなる疑問が生じる。活動家たちは、何かについて考えない一方で、何かについて考え正しさを追求するという矛盾を、どのように個人の中で調停しているのだろうか？　次項では、本項で紹介したよりも更に長いスパンでの活動家たちのライフヒストリーの中で、「考えること」と「動くこと」について捉え直してみよう。

考えることと動くことのあいだ

多くのベテラン活動家たちは、学生時代から、また長期にわたって活動している人であれば幼少期から、二〇年や三〇年といったスパンで活動を行っている。彼らは常に社会運動に参加しているわけでもなく、また一度辞めたからといって活動を永遠にやめてしまうわけでもない。

前項、前々項を通じて、活動家たちは社会をめぐる正しさについて「考えること」と「考えないこと」を通じ、社会運動への参加を可能にしてきたと言える。では、何かを考え、何かを考えないという矛盾について、どのように解消しているのだろうか。ここでは、個々人のライフヒストリーにおける「考えること」と「動くこと」を、さらに長い期間検討することで考える。これは活動家たちの人生を、「考える期間」と「学ぶ期間」に分類し、その間になにがあるのかを考察する作業と言えるだろう。

はじめに、B４氏の場合を見てみよう。彼は国際開発NGOの共同代表であり、サミット抗議行動で「NGOフォーラム」事務局長として活動した。それ以前は、南アジアの開発援助団体で活躍していたものの、一度社会運動を離れ、再度大学で学ぶこととなる。

B４：大学の同窓の仲間が、バングラデシュで（活動を）やっていて、「駐在員にならないか」ってことで八一年の留学でしたから、終わってバングラデシュに行って、K（団体名）（で活動する）っていう人生になった。八二年の末までバングラデシュで駐在員やって、それまで貧困とかよく解らなかったんですけど、勉強して社会運動の用語を使うじゃないですか。市民意識を持って、社会構造が……とか言って、「おお、結構役に立つなあ」みたいな感じでした。（中略）一九八三年からKの事務局長を引き受けて五年くらいやっていた。でもさすがに勉強してないから、「社会構造」とか生意気なこと言ったって全然解らないから、「勉強しないと駄目だよな」と思って、Kも組織が大きくなってきたので離れよう、と思って離れて、日本政府の奨学金が取れたので、八八年から九〇年までコーネル大学の社会学部ですけど、私の場合農村社会学です。そこで修士号を取った。[20]

B4氏は修士号を取得した後、再度日本に戻って市民セクターでの活動に従事している。その前から「社会構造」や「市民意識」といった概念を用いながら活動をしていたものの、同時に自身が勉強不足だという感覚も強く持っていた。「Kも大きくなってきた」ことを機に、自らが離れても問題ないと感じ、一度活動から身を退くことになる。B4氏は、言わば、自らが動かなくとも、自律的に誰かが動く仕組みを形成できたからこそ、再度「考える」方にシフトしたのだ。

同じくサミット抗議行動において「市民フォーラム北海道」のオーガナイザーを務めたA9氏も、自らの運動「中断」体験について以下のように語る。彼はサミット抗議行動後、少し「ボーッとして」いたと雑誌の記事で語っている。その期間についてのことを、以下のように話した。

A9：俺ら、文書っていうか、要請文書いたりとかさ、何か（活動を）やったりするけどさ、それは情報を取って来てさ、横のものを縦にしてみたいなとこがあるからさ。自分のこう、拠って立つものとかさ、それからきちんと本も情報としてだけじゃなくて、その下にある、考えとかをちゃんと読んだり、議論することができなくなるって言って、まあ単純に言うと「本を読む機会を作る」っていうのが読書会です。まあ「みんなで議論しましょう」っていうふうに始まった……G8が大変だったからだよ。ただでさえ物事考えないのにさ、やってる時なんて、「七月何日までにこれとこれとこれー」って言って「ばーっ」ってとにかく走って行くわけでしょ。それで疲れてリカバリーで物を考えたいな、って思ったのかもしれないね。[21]

A9氏は、サミット抗議行動という明確な終わりのあるイベントを経て、いったん動くことをやめざるを得なくなる。それを機に、それまで従事してきた社会問題に対して、再度「読書会」や「議論」といった形で考えることを始めようとする。ここで興味深いのは、Ｂ４氏もＡ９氏も、動くために考えようとするのではなく、考えることそのものに集中する時期を設けようと試みていることだ。さらに検討すると、Ａ９氏もＢ４氏も、「考え」ていた時期の自分を、組織や行動をしていないとはいえ、政治活動そのものをやめたとは考えていないことが分かる。ここから分かるのは、彼ら活動家が、特に活動へのフィードバックなしに何かを学ぶこと、考えることもまた、それ自体が運動であるとみなしている可能性だ。だからこそ、彼らは「考えること」と「考えないこと」の間にある矛盾を特に意識することがない。この点に関してはひとまずここで置いておくとともに、第四節で「活動をやめる人々」との対比のもとでさらに論じたい。

三　運動とのかかわり、運動における役割

第一節と第二節では、活動家がサミット抗議行動だけでなく日常においても、動員を拡大したり、他者から支持を得たりするためのジレンマを感じ、イベントを設営することと問題について深く考えることの間にある矛盾をどのように処理しているのか明らかにした。また、そこから生じる差別やステークホルダーをめぐる課題、オーガナイザーによる管理や、運動の「正しさ」をめぐる問題なども、サミット抗議行動と日常の活動、双方に見られるものであった。

本節は、本章第一節と第二節、またサミット抗議行動について検討した第四章や第五章を通じてみられた知見を踏まえ、活動家たちが社会運動をするにあたって重要視する規範としてみられた「正しさ」や、平等や差別に対する態度とは別に、また異なるタイプの「しきたり」や「こだわり」があるのではないかと提案する。それは、差別を撤廃

し、平等を称揚しようとする態度でなく、また、平和や人権を順守しようという、活動家たちが意図的に守ろうとする「正しさ」のあり方ではない。むしろ本節では、活動家たちが意図せずに作り出してしまう、運動内の構造について議論したい。具体的にそれは、運動内の「参加至上主義」と「権力」として現れる。

運動における参加至上主義――誰もが「力になりたい」と感じている

前節までで、社会運動をめぐる動員と管理について議論した。活動家たちは動くことと考えること、双方を運動として捉えながらも、集合行動の中ではやはり「動く」人々が上位に立つ、貴重な人々として扱われることになる。それは、活動家たちが基本的には誰かの力になりたい人々であり、端的に言ってしまえば、活動家たちの中では「誰が最も運動に貢献できるか」という競争が行われるからだろう。この競争に勝つためには、誰よりも参加し、運動をオーガナイズするか、また動員を集めるのかといった点が問われる。

B20氏は、行政と連携しながら活動を行うフリーランスのコンサルタントであり、直接的に市民活動に関わったことは「ほとんどない」[22]と語る。そのような彼が、一度だけ市民活動の組織とかかわりを持ったことがある。それは、二〇〇四年にイラクで生じた三邦人誘拐事件でのことだった。イラクで拉致された邦人三人のうち、二人が北海道出身の活動家だったのだ。誘拐されたうち一人の活動家を友人に持つB20氏は、「なんとかしたい」[23]という思いから、北海道の平和活動家たちと連携することになる。しかしそこで目にしたのは、必ずしも組織的に、合理的に動いているとはいえない活動家たちの姿だった。

B20：「彼ら（誘拐された活動家たち）がイラクの国にとって害じゃなくて、有益な情報を僕たちにくれるために、あえてリスクを背負って行ったんだ」っていうのを、どうやってメディアを通じて世界中にちゃんと認識してもらうっていうのを、地元から出さなきゃいけないっていうメッセージを……それをしかも四八時間でやんなきゃいけないわけでしょ。「できるのか?」っていうのに、メーリングリストずっと観てて、どうもそういう動きにはならない。各自、「自分たちがやりたい」ってのが先行していて。（札幌の活動家たちは）「署名活動して集めるのは私たちです、そっちじゃありません」とか言い合うわけ。「そんなこと言ってる暇ないですよ、そんなこと言ってる暇ないんだ」って誰が言うんだっていう話。色々な思いを一方的に一つの目的に向かって集中させなきゃいけないっていうのを短時間でやらなきゃいけないのに。[24]

B20氏はイラク三邦人誘拐事件について関わりながら、市民活動家たちの「純粋な気持ち」「情熱」[25]を評価しつつも、「やりたいって気持ちが先行しすぎている」「横のつながりがない」[26]と苦言を呈する。ここで注意したいのは、誰もが運動の権力を掌握しよう、縦割りで活動をしよう、と意図していないにもかかわらず、そうなってしまっている可能性があるということだ。

活動家たちが互いに、自らの「縄張り」や「領域」に対して敏感になっているさまは、サミット抗議行動の観察を通じても明らかになった。しかしそれは、上述したB20氏の語りを読むかぎり、活動間でヘゲモニー争いをしているというよりはあくまで自らが運動に携わりたい、最も問題解決に寄与したいという純粋な気持ちの現れなのではないかとも考えられる。こうした見方は、活動をオーガナイズする人々だけでなく参加する人々もまた共有しているのではないかと考えられる。「役に立ちたい」という思いのもとでの競争が、いつしか「役に立った人が偉い」という理念へと変化し、活動家たちは、イベントを開催した人々、署名を集めた人々が最も運動に貢献した人々として捉える構造を創りだしてしまっているのではないか。サミット抗議行動に参加し、その後も脱原発運動などに携わるA28氏の語りからは、そのような構造が読み取れる。

A28：そういうこと（運動のオーガナイズ）をやってたから、「アニキすげぇな！」って奴も現れてたりして。沖縄から遊びに来た友達とかも、やっぱりそういう風に行動することはすごいって、「こういう活動をして、うちらこういうことあったんだよね」って話をした時に。……やっぱりそれって変な話、こういう言い方したらあれだけど若干ステータスじゃないですか？

（筆者：活動で中心にいたってことですね。）

A28：そうそう。そういう風に思う人もいるわけじゃない？……っていうところで信頼を着々と得てた。[27]

A28氏は「こういう言い方したらあれだけど」と前置きしながら、活動のオーガナイズに携わった者、活動で中心にいた者が「すごいって」言われ、「ステータス」を得ることについては認めている。もちろん、彼女らが賞賛される背景として、ただ単に目立ったり活動を主導していただけでなく、そのバックステージにある地道な努力があり、それを認められていることは「信頼を着々と得てた」という発言からも明らかだ。しかし、運動に中心的に参加した、オーガナイズしたという「動くこと」への信仰は、同時に「考えること」に重きをおく人々や、「動けない」人々を運動の中で軽んじることにも繋がる。以下は、A28氏ともたびたび同じ運動に参加するという札幌の活動家、A34氏の語りである。職業や生活上の都合からデモに出られず、心苦しさを感じている著者に共感するかたちで、彼は以下のように語る。

A34：やっぱり、実際にメーデーとかで「自分は出たくない」と言う人の話を聞いたり、「もう何年も前から歩きたくない」と言う人もいるし、事情で出られないという人も。やっぱり仕事のこととか、実際バレたらクビにならないかもしれないけど、そう言うおそれを持たなければいけないと言う立場に置かれている人たちっていうのはいる訳で、デモに出ている間、その人たちは公園でお留守番な訳ですよね。（デモに参加する人たちの）「ふろく」みたいな扱いをされている訳で、デモに出ている人はそう言うつもりはないのかもしれないけど、そう言う風なところに対する否定感があったりもしてたんですよね。[28]

活動家であれば、誰もが政治課題の解決に携わりたいと感じており、そのために社会運動の中でも「何かしたい」と強く感じる。そして、実際に何かした人に対して敬意や尊敬のまなざしを注ぐことになる。こうした構造には、誰かを排除しよう、差別しようという意図はまったくない。しかし、誰もが純粋に問題に携わりたいと信じ、そのような人々を尊重しようと考えた結果として、運動の中で参加至上主義が生じ、運動に参加できない人々が周辺的な位置を占めてしまうということを、A34氏の語りは示している。

こうした「運動に貢献する」あり方は、何もイベントを開催し、そこで中心的な役割をなすだけではない。他にもさまざまな形で役割を持ち、貢献が可能であることは、サミット抗議行動の分析を通じても明らかにしたとおりだ。では、どのような人々が「役割」を持ち、運動の中で能力を発揮できるのだろうか。

社会運動における役割の決定

前節では「動くこと」信仰による参加至上主義が生じる構造を描いたが、その一方でサミット抗議行動の分析を通じて明示化されたのが「知識人信仰」である。活動家たちの純粋さは、どれほど「考えること」をしているかという競争に向くこともある。ある一部の団体に所属する活動家の中では、どれほど活動家らしくふるまっており、考えることと動くこと、双方ともできているか否か、ということがそのまま活動家の価値として捉えられる場合がある。A

31氏とA32氏は、新左翼の活動家たちとともに市民運動をおこなう五〇代の男性と女性である。平和への思いから、一〇年以上ともに活動をしてきたが、最近は「挫折とか言う以上に、(他の活動家との)関係に消耗しきってしまってる」[29]と心の内を吐露する。彼女は新左翼[30]の活動家と話した印象を、以下のように話す。

A32:中核(派)の彼らもそうだよね。だから、逮捕されたこととかもそれは勲章で、繰り返し、全然その話題してないのにいきなり始まるよね。自慢話が。
A31:「資本論読んだ」って何回聞かされたことか……。
A32:「A32さん資本論読んでないからね」ってくさしてくる。だから私言ったの。私の(作った)このパンにどれだけの労働がね、陰に隠れてるかわかる?って。言ってやったよ。……それでもなんか、黙んないけどね。向こうもね。「そうだね、A32さんなんか全部の労働やってるからわかりやすいでしょ」って切り返してきて……。[31]

A32氏の語るような、日々の労働に即した実感は、彼らが付き合う新左翼の活動家の中ではあまり重要視されることがない。それよりも「逮捕された」「資本論読んだ」といった、実際に活動したこと、危険を侵したことや勉強した量などが、そのまま活動家としてのプレステージに繋がるという印象があることを、彼女らの語りは示している。

こうした「知識」や「情報」といった資源は、社会運動への参加だけによって育まれるものではない。サミット抗議行動を扱った第四章と第五章では、反グローバリズム運動と欧米の知識人の言説が密接に関わっており、だからこそ知識人の人々は、抗議行動の中で一定のポジションを占めることに成功したと言及した。これと同様に、他の領域の専門家たちが社会運動に参入し、重宝がられるといった事態もしばしば見られる。A28氏は前節にて言及した、運動のオーガナイズによって「すごい」「ステータス」を得た活動家の一人だが、彼女はさらにアマチュアミュージシャンの「Jさん」という人物と脱原発運動をおこなった記憶について言及している。

A28：例えば（脱原発運動は、）「I」（札幌市内にあるライブハウス）のJさんっていう人が立ってくれたっていうのが、何よりもほっとしたし。「ほっとした」っていうか、私らが（抗議行動の参加者を）繋げるのより、五千倍速いスピードで音楽の人たちが協力するし、音楽の人が出てくるから。最初、活動家の人とうまくいってるかどうか見に行ったくらいだけど、何やかやうまく行ってて、「もううちらの出る幕じゃないよね」っていう気さえするから。（中略）Jさんは何かを成し得る人だってわかってるので……ずっと震災以降一番最初に物資だとかを宮古とかに運んでたんです。[32]

A28氏は、「Jさん」が「活動家の人」ではないために、当初は脱原発運動の中で上手くやっていけるか否かを心配したものの、それが結局杞憂だったと明かす。その上で、氏の動員可能な資源が豊富であること、またその裏付けもあること（「音楽の人が協力する」「物資だとかを宮古とかに運んだ」）を強調している。A28氏の中では彼は中心的な活動家たる人物で、自らはあくまで「出る幕じゃない」と、「Jさん」に比べれば周辺的な位置付けを占めると自認している。芸術家や知識人、音楽家といった専門家は、運動の動向次第では、社会運動にずっと従事していた人よりも尊重される可能性がある。

「Jさん」の動員可能な資源、さらに、A28氏が自らを「出る幕じゃない」と語ったことに今一度注目したい。誰かに運動のオーガナイズをする、イベントの開催をするといったスキルがあることは、その誰かが他の活動家に助けを求めなくてもいいという利点がある。これは「Jさん」以外の人々からすれば、「出る幕がない」といった言葉で、自分の存在意義を脅かされる事態でもありうる。A10氏はサミット抗議行動でも活躍した三〇代の女性だが、彼女は日々の運動をする上で、自分が「必要じゃない」のでは、という不安に苛まれていた。

A10：……留学しようって思った時に、「H（それまで氏が関わっていた市民団体）」をすごく離れたくなかったんです。すごく面白くなってきた所で、だけど留学しようと思ったのは、前の事務局だったGさんっていう人なんかは短大出て一般企業に勤めて、すごく若いうちにHに入って一〇年くらい働いたんですけど、英語が出来るし、Hで働いている中でももの凄く知識も豊富で、実務能力がものすごい人なんですよ。（中略）だから（札幌の年長活動家は）やっぱり私たちより大人なんですよね、だから、私たちが、必要じゃないんですよ。[33]

さらに、彼女は、運動における役割や位置付けが年長活動家たちの「一般企業に勤めて」や「知識も豊富で」「実務能力がものすごい」と密接に関連しているのではないか、と示唆する。これは、私生活と運動への参加、出来事と日常を論ずる上でも重要な点と思われる。

活動家たちがただ単に、「自分が運動に貢献したい」という気持ちで動き、運動に参加し、知識を蓄えた結果、運動内でのプレステージが決まるとは限らない。さらなる問題は、そもそも運動参加やそこで得られる知識が、彼らの階層や属性、専門性やそれに基づく技能によってある程度定まってしまっていることだろう。

サミット抗議行動において活動家たちは、自らの生活に密着した技能や資源を用いて活動することにより、運動上の役割と自らのアイデンティティをさらに近づけながら活動することに成功した。だからこそ、自分の性や出自が貶められるようなことがあれば、それに対抗し、自らが生きやすい場を作ろうと出来る限り努力した。これはサミット抗議行動のみに見られる現象ではなく、活動家たちが普段から従事している社会運動においても、同様の事態が生じている。社会運動において活動家たちは、無意識のうちに中心となるオーガナイザーや、権力を持つ人々を作ってしまう。それは多くの場合、運動のために供出できる資源や、どれほど運動に参加したかによって決まる。その資源や運動参加の頻度を支えているのは、やはり他ならぬ活動家たちの属性や職業、階層といった要素なのである。

四　社会運動からの離脱あるいは復帰

サミット抗議行動のような大規模で局所的・時限的な運動であるか否かにかかわらず、社会運動は、それがイベントの集合体であるがゆえに、参加者に対して役割や参加への重圧を課す。また、参加者同士の自治や際限なき思索や探求を促す一方で、ある人々がオーガナイザーとなり活動のスケジュールや資源を管理しながら行動しなくてはならない一面もある。

　サミット抗議行動は、このような側面があまりに顕著であったため、一部の活動家たちが日頃従事している社会運動とは別個の出来事であると捉えられる側面が強かった。あまりに多大な資源供出や日常とのギャップに耐えかねた活動家たちは、サミット抗議行動のみならず社会運動そのものから離脱してしまう。

　しかし、サミット抗議行動が日常行っている社会運動のイベント的な要素を反映しているなら、普段の社会運動においてもやはり、そのイベント性によって離脱し、退避する人々がいるのではないだろうか。また、本章第二節では、社会運動を「動く」局面と「考える」局面に分けて活動する人々がいた。これは、見方によっては集合行動への「復帰」過程とも取れるだろう。ある社会運動をきっかけとして運動を「離脱」した人がいる一方で、運動へと「復帰」する人もいると考えられる。本節では、離脱のあり方について考えると同時に、前節の知見を経た上で「復帰」についても考えていきたい。

　活動家たちは何故運動を辞めるのか。海外には、運動を辞めざるを得なくなった活動家たちや、警察のいやがらせに遭っている活動家たちを受け入れ、その相談を聞く「アクティヴィスト・トラウマサポート（Activist Trauma Support）」というグループがある。イギリスに本拠地を置いているが、彼らの試みはイタリアやフランスにも伝わっており、独立した組織でなくともフェミニズム運動の活動家や人権運動家が実質的にその役割を担っていることが多い。

日本の活動家たちではないが、筆者はアクティヴィスト・トラウマサポートの中心活動家であるC8氏とC9氏に聞き取りを行った。彼女たち自身も「バーンアウトした（燃え尽きた）」活動家であると語り、その状況を以下のように話す。

C8：（燃え尽きに関する団体を作った理由は）簡単ですよ。私も燃え尽きていたのよ。運動の場がマッチョになっていた。それで燃え尽きたの。警察から嫌がらせをされるのも、男性と女性がいたら、（イギリスでは）絶対に女性のほうが多い。（中略）あとは、運動の中でも……。

C9：男性のほうが、あるカテゴリの人を排除したり、ある価値観を押し付けたりということを無意識にやってる場合がとても多い。場がマッチョになると、運動は限られた人だけのものになってしまう。

C8：マイノリティの運動がさらにマイノリティを作って、そのマイノリティは運動から出ていかざるを得ない。そういうことも、とても多かったよね……。

C9：男性活動家は「燃え尽きなんかないよ」って言うからね。（笑）[34]

活動家を「男性」「女性」と分けてしまう点には賛否あるかと思われるが、興味深いのは「場がマッチョになる」というC8の発言だろう。これは彼女の言葉を借りれば「あるカテゴリの人を排除したり」「ある価値観を押し付けたり」といった活動家たちの振る舞いを意味していると想定されるが、前節までで検討した運動内での差別の問題や、役割に関する課題と関連して生じる現象でもあるだろう。つまり、サミット抗議行動において見られたように、単純に準備の負担や抗議行動の経験が日々行っている運動に活かされないという理由から人々は運動から離脱するだけではなく、その準備の過程における居場所のなさや、孤立、役割の押し付けといった要素から活動をやめるのではないかと考えられる。

しかし、繰り返しておきたいが、運動の中の差別や上下構造の形成は意識的になされるものではない。デモにせよ運動組織の形成と維持にせよ、活動家たちにとっては日常を離れたイベントである。だからこそ活動家たちは、日常生活――地域生活や家庭生活――を営む個人とは異なる目で、「同志」として互いを扱わざるを得なくなる。同志である活動家たちは、家事や稼得をおこなう人々ではなく、運動を盛り上げ、ともに目的を遂行するために管理すべき資源として見なされざるをえない。

A31氏とA32氏は、前節にて紹介した五〇代の男性と女性である。先述の通り、新左翼の「中核派」に属する活動家との交流の中で、他のベテラン活動家との関係に消耗してしまっていた。それを強く感じたのは、運動に参加する中でもあったが、父親の介護のために活動参加を休止していたときでもあったという。とりわけ運動の中で感じた活動家たちの「冷たさ」について、以下のように語る。

A32：例えば、ずっと運動仲間として一緒にやってきた夫婦で、旦那さんが交通事故に遭って、いわゆる植物人間のような状態になって、八ヶ月間くらい生き延びてたんだけど、結局亡くなったんだけどさ、入院してる時は入院先も室蘭だったからみんな足繁くお見舞いに通ったりしてる人もいたけど、でもね、そのあとね、もうプツンと、その人が亡くなって、奥さんだってずっと運動してきた人なんだよ。奥さんはやっぱり長年ずっと夫と一緒にやってきたから、やっぱり、もう気力失っちゃったんだよね。それに対する……手を差し伸べるとか、配慮するっていうのがあんまり感じられなくて、私あれはびっくりした。

（筆者：運動を離れた人は、もう付き合いはない。）

Ａ32：だから、それを私は見てて、それは私の父の（介護をしていた）件の後だったから、だから、長年やってきたあの人がそういうあしらわれ方をした、そう言うと言葉は変かもしれないけど、ああいう状況だったから、私みたいなぺーぺーはこの程度でしょっていう風にも思ったけど。[35]

Ａ32氏の語りが示すのは、サミット抗議行動と普段から従事している社会運動との間にある断絶ではなく、普段から従事している社会運動と彼らの日常との間にある断絶である。前章で示した限り、サミット抗議行動に燃え尽きた人々は、普段からしている活動とサミット抗議行動とのギャップに苦しみ、仕事や家庭生活の中で時間や資金を捻出する困難に耐え切れず、運動から離脱した。Ａ32氏や、彼女の語りに出現する「運動仲間として一緒にやってきた奥さん」もまた、介護や看病のために運動に参加することができない。さらに、あくまで運動というイベント内でしか場をともにせず、時として社会運動組織に従属する資源として互いを扱う活動家たちは、その場を離れた活動家たちが運動に貢献しなくなった途端、自分たちとは無関係の人々として扱ってしまう。

それは、離脱した人々がそうした「イベント性」に耐えられなかったというよりは、離脱させてしまった人々が、社会運動のイベント的な特性から抜け出せなかったことによる現象ではないかと考えられる。社会運動は、場所を定め、時間を決定し、集合して何らかのコンテンツやプログラムを実行する試みである。だからこそ活動家たちは、そのノウハウがあるか否かによって暗黙の権力関係を決定し、自治にゆだねながらも他の参加者を管理せざるを得ない。たとえ過去のイベントに貢献したとしても、いま実行しているイベントに参加していない人々はそもそも認識もされなくなってしまう場合がある。

離脱した人々の目線からすれば、こうした離脱の過程は彼らの日常生活と社会運動との関係の間にあるものとして認識される。Ａ１氏やＡ32氏は、「仕事」や「介護」のために運動の場に出られず、社会運動をしていないという自覚が強い。離脱した活動家たちは、運動がイベントであるがゆえの参加至上主義や、運動の中で何か役割を持たなくては参加者でないという「役割」イコール参加という了解を最も強く内面化し、参加できなかった事実をもって「自分は活動家ではない」「運動に挫折した」と語るのだ。

ここで、ひとつの疑問が起きる。「考えること」と「動くこと」の関係だ。運動を辞めた人々は、その中断を、南アジアの開発援助運動に携わっていたＢ４氏や、人権運動に携わっていたＡ９氏のように「考える」期間として捉えられなかったのだろうか。運動の中断を「考える」ことにあてていたＡ９氏・Ｂ４氏と、運動を辞めてしまった自覚を持つＡ31・Ａ32氏は、運動を辞めたという点では何も変わらない。ではなぜ、双方の間には運動をしているか、していないかという自覚の差があるのだろうか。この点にアプローチするためには、我々は運動をやめている期間、つまり彼らの日常にフォーカスしなくてはならない。第七章では、活動家たちがそれぞれの地域や職場で過ごす日常について再度検討したいと思う。

五　本章のまとめ

本章は、「出来事」である性質が強いサミット抗議行動の検討を通じて見られた要素が、活動家たちが日々従事している社会運動を通じても観察可能であるかを確認するものだった。サミット抗議行動という「時間と空間が圧縮され、活動家のみによって形成された空間」において、個々の手法に対する意味付けや理念こそが、活動家たちの関係構築を促進する、あるいは阻む要素だった。活動家たちは、資金調達や会議の進め方、食事の材料や警察の対応に至るまで、さまざまな点に自分なりの理念を込め、サミット抗議行動をすすめる。

では、活動家たちはどのような判断に基づき、社会運動の手法に理念を込め、意味付けをおこなうのか。普段から携わっている社会運動が大いに関連しているのではないかというのが、第五章の結論であった。そこで本章では、サミット抗議行動に限らず、普段から社会運動に従事している人々が携わっているフェアトレード運動や平和運動において、彼らの振る舞いやこだわりを通じ、社会運動サブカルチャーがどのように生成されているのかを明らかにした。

第四章と第五章ではサミット抗議行動という「出来事」のみを検討してきたが、その時間と空間を引き伸ばして「日常」における社会運動を検討しても、やはりある程度同様の要素が見られる。本章を通じて見られた、運動の動員を拡大する際に他セクターと行う連携、運動を管理することによって生じる差別は、サミット抗議行動を通じて見られた企業や行政との関係、またマイノリティ運動の従事者やトランスジェンダーに対する差別と構造を同じくしている。さらに、自分たちの正しさを追求しようとする姿勢に対して、一部の参加者にとっては「思考停止」ともいえるような態度をとりながら運動を実行しようという態度もまた、サミット抗議行動にも普段からおこなっている社会運動にも共通して見られるものであった。

サミット抗議行動は、明確に限られた時間と空間の中で行われ、参加のあり方が多様なだけに、最大公約数的な目標（イベントの開催）を果たすという目的しか共有していない。しかし、サミット抗議行動の参加者たちが限られた時間と空間の中で直面する諸問題は、普段から携わっている、時間と空間を限定せず、明確な政治的目標のもとで行われる社会運動のそれと大いに共通するところがある。熟議のもと、統一された「合意」を形成することにより他者を排除しなければならないというジレンマや、運動の中で「参加」に対する圧力がかかる点などは、両者に見られる特徴であり、社会運動サブカルチャーをなす要素とみることができるだろう。

ただし、本書が見出した「社会運動サブカルチャー」は、決して個々の活動家が意図して形成しているわけではない。活動家たちが良かれと思って行っている習慣や振る舞いが、意図せず上述したような構造を創りだしている側面もまたある。活動家たちは純粋に問題解決に携わりたい、運動に貢献したいと考えるために、運動のオーガナイザーや中心的な活動家、多くの資源を動員できる専門家、スキルを持っている活動家たちを尊重してしまうようになる。また、活動の中で無意識的に生じてしまう、あるいは活動がイベントであるために生じてしまう参加至上主義や価値の押し付けのために、活動を辞める人々もいる。

さらに重要なことは、彼らの社会運動参加や離脱・中断、あるいは具体的な振る舞いや慣習のひとつひとつを検討すればするほど、活動家たちの「社会運動参加以外の生活」が変数として大きな影響をもたらしているという点だ。例えば活動家たちは、特殊な技能や専門性を持っている人々を社会運動の中で重宝する。活動家たちの運動の中での役割は、個々の活動家が有している知識や情報によって決定する。しかしその役割や技能は、社会運動への従事によって生じるのではなく、職業生活や地域生活によって醸成されるのだ。社会運動への参加や離脱についても同様である。活動家たちが資源を動員でき、運動に参加できる、あるいは運動を離脱する背景として、彼らの職業生活や家庭生活に注目せざるを得ないことが、前節で提示した人々の語りから分かる。

本書が「社会運動サブカルチャー」をより深く検討するためには、サミット抗議行動とそれ以外の社会運動とを問わず、社会運動への参加や従事から離れ、活動家たちの「生活者」としての側面を検討しなくてはならない。活動家たちの「日常」が、どのように彼らの社会運動を支えているのか、という点を取り上げなくてはならない。第七章では、活動家たちが日常的に遂行している運動を支える、職場や家庭、地域において営まれる「日常」について検討していきたい。

〈注〉

1　A28・A5・B23・C1氏インタビュー、二〇一三年九月一九日、於札幌市中央区。

2　同上。

3　同上。

4　A9氏インタビュー、二〇一〇年八月一〇日、於札幌市北区。

5　C2・C3氏インタビュー、二〇一三年一〇月三日、於東京都港区。

6　同上。

7　A34氏インタビュー、二〇一二年九月一七日、於札幌市北区。

8　B17氏インタビュー、二〇一三年八月二日、於東京都新宿区。

9　秋原葉月ウェブサイト「首都圏反原発連合から大阪教育合同組合への回答メールをみて考えてみました（ちょっと大事な追記有り）」http://akiharahaduki.blog31.fc2.com/blog-entry-1039.html　二〇一四年八月二七日最終アクセス。

10　ひびのまことウェブサイト「仲良くしようぜ」http://barairo.net/files/nakapare2014/nakapare2014_omote.pdf　二〇一四年八月三一日最終アクセス。

11　Togetter ウェブサイト「【メモ】『ぜ』と『トイレのマーク』と『セクシズム』について」http://togetter.com/li/653317　二〇一四年〇八月二七日最終アクセス。

12　A3氏インタビュー、二〇一〇年三月五日、於札幌市北区。

13　A5氏インタビュー、二〇一〇年三月一〇日、於札幌市北区。

14　C4氏・A5氏・B23氏・C5氏・C6氏インタビュー、二〇一三年九月一八日、於札幌市北区。

15　A9氏インタビュー、二〇一〇年四月四日、於東京都新宿区。

16　A34氏インタビュー、二〇一〇年八月一九日、於札幌市北区。

17　C7氏インタビュー、二〇一〇年五月二八日、於札幌市北区。

18　同上。
19　同上。
20　B4氏インタビュー、二〇一〇年七月二七日、於東京都多摩市。
21　A9氏インタビュー、二〇一〇年四月四日、於東京都新宿区。
22　B20氏インタビュー、二〇一〇年三月三日、於札幌市中央区。
23　同上。
24　同上。
25　同上。
26　同上。
27　A28氏・A22氏・C10氏インタビュー、二〇一二年九月一六日、於札幌市中央区。
28　A34氏インタビュー、二〇一〇年八月一二日、於札幌市北区。
29　A31・A32氏インタビュー、二〇一三年八月一一日、於北海道壮瞥町。
30　一九六〇年代頃から現れた、急進的な革命を志向して過激・表出的な直接行動に出た、学生を中心とした活動家のことを「新左翼」と呼称することがある。これは海外における「ニューレフト」とは区別される（安藤 二〇一三）。
31　同上。
32　A28・A22・C10氏インタビュー、二〇一二年九月一六日、於札幌市中央区。
33　A10氏インタビュー、二〇一〇年四月四日、於東京都新宿区。
34　C8氏・C9氏インタビュー、二〇一二年七月二七日、於London, UK。
35　A31・A32氏インタビュー、二〇一三年八月一一日、於北海道壮瞥町。

第七章　活動家たちの日常生活――家庭・職場・地域

活動家たちはサミット抗議行動中と同様、様々なイッシューを持つ普段の社会運動にも参加するものの、彼らは抗議行動時と同じように社会運動そのものをオルタナティブな社会として捉える。活動家たちは誰をステークホルダーとするか、何を活動のシンボルとするか、問題の正しさをどこまで考えるかといった事柄を考える中で、自らの運動の原則や理念についても共に考えることになる。前章までの内容を簡潔にまとめると、以上のようになる。

サミット抗議行動において見られたのと同様、活動家たちの運動参加や、「こだわり」「しきたり」を支えるものとして、彼らの就いている職業や受けてきた教育がある。これはある意味、当然といえば当然である。資源動員論を持ち出すまでもなくとも、学歴・職業・性別などの属性と政治参加・社会運動参加の関連について量的な見地から検討した研究は数多くある（McCarthy and Zald 1973; McAdam 1986; 片桐 一九九五、山田 二〇〇四など）。しかし本書が主張したいのは、活動家たちの運動参加そのものというよりも、運動の中での権力や役割や、活動家たちのシンボルや手法に対する「こだわり」と、活動家たちの生活をめぐるもろもろの背景との関連である。つまり、単純に「学歴」や「職業」「性別」といった属性を問う変数ではなく、より活動家たちの生活歴に依存した属性のあり方を問うことが必要となる。それはむしろ、単純に「大卒」「高卒」といった区分けではなく、たとえば「女子高卒」や「男子高卒」、あるいは「留学経験」といった言葉で表すほうが適切な場合もあるのかもしれない。

本調査では、活動家ではない人々、活動に参加したことのない人々は主な調査対象となっていないため、いかなる資源や属性、あるいはライフスタイルや生活構造が人々を運動に参入させるのかを検討することは難しい。ここでは視点を改めて、活動家の日常生活において、彼らが活動外部の人との交流ややりとりを通じて、運動への参入と日常生活のあり方が関連をもったと自覚する瞬間を捉えていきたい。その瞬間を映し出すことで、活動家個人の社会運動を左右するものとしての日常生活が論じられるのではないかと考える。そのために本稿では、多くの活動家たちが過ごすであろう「家庭」「職場」「地域」という場を設定して議論する。

一　社会運動組織としての家族、オルタナティブな社会としての家庭

第一に、社会運動参加を決定する上で重要なのが、活動家をめぐる家庭環境である。家庭環境は、先行研究の示す通り、例えば親の学歴や年収といった点においても子どもの政治参加に影響を及ぼす（山田 二〇〇四など）。しかし同時に「ラディカルな政治参加に寛容であるか否か」「社会運動の規範や前提を子（あるいは親、配偶者）と共有し、理解できるか」という、家族の社会運動への寛容さや理解もまた、活動家たちの政治参加や、彼らが社会運動においてどのような役割をなすかを決定すると言えるだろう。本節では、家族の存在が自らの社会運動参加に、それが正であれ負であれ影響を及ぼしたと語る活動家たちに対して行った聞き取りから、社会運動参加と家庭生活の関連を明らかにする。

社会化の主体としての家族

社会心理学や社会学、政治学で扱われる概念に「政治的社会化」がある。家族ほか、生育環境による一次的社会化集団がいかにして政治意識を育むかという「一次的社会化」概念と、二次的社会化集団（学校や職場など）における教育や相互行為が人々の政治意識にどのような影響を及ぼすかという「二次的社会化」概念が代表的である。一時的社

会化論に属する多くの研究は、活動家たちが親からイデオロギー的な影響を被っており、場合によってはそうした「社会化」が社会運動参加の契機となっていると主張する（Keniston 1968=1973, Jennings and Niemi 1981など）。

非制度的な政治参加であるデモやストライキといった社会運動を担う活動家たちがいる家庭であれば、その子や配偶者も同様に、社会運動に参加しやすいと考えることができる。資源動員論が運動参加の要因として「他の活動家とのネットワーク」（片桐 一九九五、McAdam 1986）を挙げたとおり、その「ネットワーク」は家庭内においても形成されるということになる。活動家の中でも、「親の影響で」運動に参加したという人々は数多い。サミット抗議行動にも参加した大学教員のA2氏もその一人だ。彼は、特定政党に所属する親から「させられ」るタイプの社会運動はいやだとして、一旦政党から距離を置こうとした。しかし就職した後も、フェアトレードや環境運動にコミットし続けている。

A2：僕はね、高校時代までは、市民運動をやっていて、そういうのに参加させられてたから……「子ども劇場」とかそういうものに参加させられてたのかな？ 大学に入って、福岡と札幌だからだいぶ距離もあるし、そういうの（市民運動）が嫌だったから、自分で楽しめる方向っていうので考えて、王道ができるようになるまでは距離を置こうと。（中略）子ども劇場って、「子供に文化的なものを提供しよう」ってことで演劇見せようみたいなの（活動）をやってるんだけど、そこで何か大きなイッシューがあるかって言うとそれはないんだけど、子どもの権利とか教育の問題とか、考えさせるような話もあった。一番嫌だったのは民青。[1] うちの父親はバリバリの共産党員だったからそれもあってね。[2]

A2氏は、「共産党」「子ども劇場」「赤旗の配達」に代表されるような市民活動に対して、「悪いものじゃないとは思うけど、自分で選んで（活動）やってないのはどうにかしたほうがいいかな」[3]と感じながら、大学では「民青」から逃れるように生活し、「親の差し金で配られた民青新聞とか赤旗」[4]は意地でも読まない。Ａ2氏が市民活動を「リスタート」したのは大学院修了後、大学に就職をしてからであったが、高校時代までの「教育」の効果もあり、すんなりと入ることができた、と語る。

　共産党における「子ども劇場」のように、子供向けの教育プログラムを多数用意している党派や政党は一定数存在する。こうしたプログラムがあるからこそ、政治的社会化がうまくいったのではと考えることもできるだろう。しかし、党派色の薄い市民活動や社会運動においても、活動家たちは自らの子を社会化することに努める。以下は札幌で市民活動を行う女性の親子に対する聞き取りである。サミット抗議行動に参加した三〇代の女性・Ａ10氏は、札幌を代表する活動家であるＡ3氏の娘である。四〇年以上のキャリアを持つ活動家である母の影響を、以下のように語る。

> Ａ10：母が、お分かりだと思うんですけどああいう人だってのもあってか、（市民活動への参加は）拒否権がなかったんじゃないかと……。「来週の土曜日はなになにのイベントがあるからあけといてね」、って言われたら、「ああもう土曜日遊びに行けないんだな」って感じ。で、そこでほんと、（生活が）運動とそばにあって、で例えば明日イベントがあって、何が必要で、「うちで（必要な物を）作んなきゃいけない」って母が言ったら、家族総出で作ってたんですよ、父親も兄も姉も徹夜して。だから、何かそういうものだと思っちゃうんですね。で（市民活動のイベントには）「ほかの子供たちが来ないなぁ」って思ってた。だけど結局殆どの人（が）戻ってきたんですけどね。戻ってきたっていうのは、運動に。[5]

彼女は自ら「親離れできてない」[6]と語り、母親の影響の強さを語っている。社会運動に参加することが半ば「拒否権がない」人生を送ってきた彼女にとっては、むしろ運動に参加しない生活のほうが珍しかったのだ。A10氏は、配偶者との関係も「事実婚」を選ぶ。消費する洗剤や石鹸、恋人に対する態度など、あらゆる点で同じ活動家との付き合いはストレスを感じないと主張し、「こんなに（活動家ではない人と付き合うのと比べて）楽なんだなと思った」[7]と語る。さらに彼女は、親が活動家であり、かつてイベントを共にしていた子供たちも「結局殆どの人（が）戻ってきた」と話しており、周囲の活動家たちもまた家庭の影響下で活動しているのではないかと語る。家庭で育んだものがどのように個々人の運動復帰へと影響しているかという点は、第四節にて言及することとしよう。

また、家庭は社会運動への参加を決定する集団に加盟するか否かという以前に、出自や地域の中で「当事者」としてのアイデンティティを形成することも多い。例えば、特定の民族的・宗教的な背景をもつ人々が、その出自や信仰が抱える主題を扱った集会やデモへと参加する可能性は他の人々よりも高くなるだろう。たとえば聞き取り当時、大学生であったC15氏は、クリスチャンとしての問題意識が、社会運動へと参加するきっかけになったと話す。

C15：救いですとか慰め、己の救済を求めて信仰を持つ人が多いじゃないですか。うちの母もクリスチャンなんですけど、家でいろいろ話して（いくうちに）、宗教っていうことと、抑圧されることに対する（問題意識を持った）……。私はとくに、高校生のときは「権力は最悪だ」とか、今はもうちょっとそんなに短絡的ではないことを考えてますけど。とくにすごくプルーストに傾倒していた時期があって、プルーストの思想とか、教えがすごい好きだった。ある活動家の人がそれに似通ったような言葉を（Twitterで）つぶやいてらして、あの人はどういう経緯で、無私の愛とか、永久の幸福を否定するような主張をされたのか、すごく興味があって。
（筆者：その方のTwitterに共感されて運動を始められた。）
C15：（社会運動を）はじめたのかな。彼から（運動）界隈についての話とか聞いて。[8]

C15氏は「クリスチャン」というアイデンティティを持っており、「宗教」と「思想」[9]を動機の一つとして運動に参加した。その点では、集合的アイデンティティや「新しい社会運動」論の説明と適合的な運動参加者の一人である。しかし、単に彼女は特定の信仰や帰属意識から運動に参加していたわけではない。彼女の家族が政治的な思想や権力による抑圧について話しやすく、政治参加に対してオープンな人物であったためでもあると考えられる。実際にC15氏は、知り合った「界隈」[10]の人々を通じて自らが当事者ではない活動にも参加するようになったという。

彼らの運動参加のあり方は、親の影響を受けて参加した幼少期とは当然異なっている。A2氏は「民青」から「フェアトレード」へ、A3氏は「人権運動」「フェミニズム運動」から「メディアリテラシーの活動」などへ、C15氏は信仰や抑圧から就活をめぐる課題へと問題関心を移行させている。しかし彼らが共通して主張するのは、幼いころに得た幅広い問題意識、活動家が共有する問題理解の枠組みは、つねに彼らの活動の根底にあるという点である。彼らは大人になり、自発的に運動に関わった際にも、社会運動をめぐるこだわりや規範を身体化しているのではないだろうか。この点については、第四節で活動家の「復帰」を論じる際にまた参照することになるだろう。

相反する場の論理——フェミニズム的規範

前項までは、家庭における政治的社会化と、その社会化のために比較的スムーズに運動へと参加・復帰できた人々を見てきた。その一方で、活動家的な理念と家庭における規範がうまく融和せず、結果として社会運動への参加を断念する人々や、家庭での生活を変更せざるを得ない人々ももちろんいる。ベテランのフェミニスト活動家・A3氏は、地元の市民団体で共同代表や事務局を務め、サミット抗議行動でも活躍した。A10氏が家族の影響で、運動に参加する自身をポジティブに受け止めているのとは裏腹に、A3氏のフェミニストとしての運動は親族の「無理解」や「冷笑」、自身の「無力感」や夫とのすれ違いの間で行われた。彼女と筆者は、家庭での生活が運動参加を阻害する可能性について語る中で、自らの「運動的な生き方」が、家族の生活と齟齬をきたしていくことに気づいた経験について話した。彼女のパートナーは全共闘の活動家であったが、医師として職業生活を送るうちに、たとえば活動のために外出する際や、子どもが事実婚を選ぶ際に説得しなくてはならなくなったという。[11]

個人的なことをつねに政治的なこととして生きているフェミニストの彼女にとって、パートナーとの間にある「妻」と「夫」の役割の壁は予想以上に厚かった。また、A3氏は、パートナーが職業生活に邁進すればするほど、周囲の人間関係や、言わば「家長」としての相手の対応に苦しまざるを得ず、結果として活動家としての自分を選び、「連れ合い」である夫との関係については「離婚」を選ぶことになる。

フェミニズム的な規範は、多くの女性活動家が家庭を築く上で障害となるもののようだ（A4氏インタビュー[12]、B3氏インタビューなど[13]）。また、家庭で生じるこのような関係の断絶は、決して配偶者との関係だけに見られるものではない。同棲中のパートナー同士や交際中のカップルの間でも、こうした軋轢は度々見られ、女性活動家たちは、活動家として生きるか、社会の中で「女性」に要請される条件を満たしながら生きるかという二者択一を迫られることとなる。C1氏・B23氏・A28氏は、札幌で活動を続ける比較的若年の活動家たちである。彼女たちに対して筆者は、恋愛に関する相談を持ちかけたことがあったのだが、そのなかで意図せず彼女らの価値観が見えてきたのは「アクティヴィストの恋愛事情」へと話題が及んだ時のことだった。

C1：アクティヴィストって、男を立てられない人が多いんだよ。フェミニストとか熱心な人じゃなくてもそうなる。
B23：つきあってた人に（運動を）反対されてたよ！　理解できないことをしてるのが嫌だったんじゃない？時間もなくなるしさ、がーって（なんでも議論をする）感じになんじゃん。関係性が安定してればしてるほど、（恋人のことは）二の次三の次になっちゃうじゃん。途中から（自分の生き方や活動の理念については）わかってもらえたけど、回数制限されたりしてたよ。

A28：私の近くにはたてられない女が多い！　女性だね、やっぱり。アクティヴィストの女性。[14]

活動家としての論理と、男女関係の間にある論理が衝突することは、配偶者との関係でなくともままあることである。彼女たちは「男を立てる」という規範がなく、「がーって（なんでも議論をする）」ために社会で要請されている女性としての役割には応えられず、また実際に恋人との関係は「二の次三の次になっちゃう」と話す。

また、家庭の中には、さまざまな権力関係や規範の衝突が沈潜している。それはフェミニズム的なものだけではなく、信仰や労働に対する価値観でもまたあるだろう。B10氏は、福岡で活動をする二〇代のフリーターである。親には「隠れて活動してる」と語るB10氏は、脱原発運動への参加の時の親とのやりとりを、以下のように述懐する。

B10：（活動するなとは）親に言われましたよ。僕は、お家は創価学会の家だし、労働組合イコール共産党っていう。共産党員になったとか、そういう活動してないだろうとか。反原発の運動をやってても、「あんた行ってないやろねえ」とか言われ……。自分が労組に入っていても、フリーターで、活動家になりきれない情けなさがあります。[15]

「創価学会の家」でずっと過ごしてきた彼は、社会運動といっても「共産党」の主催する活動に参加しているわけではない。しかし、B10氏の両親は「労働組合イコール共産党」という印象を持っている。結果として、労組や共産党は彼らの政治的理念や信仰と相反するものであるため、B10氏は運動に参加していると大々的に語れず、現在は社会運動から「一線引いてますね[16]」と語った。また、「逮捕」や「弾圧」が日常的であり、必ずしも「定職」に就いていなくてもあまり白眼視されないといった、ともすれば反社会的と見なされやすい活動家をめぐる現状は、当然ながら活動家たちの結婚生活にも影響を与える。

以下は、サミット抗議行動でも中心的な役割を果たした活動家・栗原康氏の婚約をめぐるドキュメントである。彼は活動家ではない婚約者との婚約破棄の顛末を、以下のように語る。

Sさんのほうからも自己紹介をしてくれた。「コペンハーゲンで監獄をともにしたSです」。いやいや。かの女の顔がまたピクピクしている。（中略）車のなかで指輪の箱をパカッとひらき、結婚してくださいといってみた。オッケーだ。しかし、うれしいのもつかのま、かの女がこうきりだした。「二度とデモや集会にはいかないでください」。（栗原 二〇一三：二〇六）

栗原氏はこのほかにも、就職をめぐって婚約者と諍いになり、お互いの金銭感覚や消費に対する態度の違いに驚く。栗原氏の場合は「家族」形成に失敗した事例ではあるが、いままで紹介した事例からわかることとして、家族は政治的社会化をもって社会運動への参加をすすめることもあれば、それを妨げることもある。妨げられた時、活動家たちは活動家として生きるか、それとも家庭人として生きるのかを選択することを迫られ、運動参加をめぐる岐路に立たされることになるのだ。A3氏はその後も活動の中で中心的な役割を務め、B23氏とC1氏、A28氏も、活動をともにしている。栗原氏もまた、婚約を破棄した後に活動を続けている。

相反する場の論理——家庭内と家庭外

さらに、活動家たちの良しとする価値観と、それを生み出す社会運動サブカルチャーは、家庭内の人々に共有されないだけでなく、家庭の外にいる人々に対しても通用しない場合もある。活動家たちの生活は、いわゆる世間的な常識と異なる振る舞いややりとりによって形成されることもままあるためだ。彼らの生活の中での社会運動としての意味を持つ振る舞いは、挙げてみれば枚挙に暇がない。天皇制を支持することになるため、年賀状を元号で書かない、途上国への援助になるようなフェアトレードのコーヒーを飲む、グローバルな規模での経済的搾取を防ぐためにグローバルにチェーン店を展開しているレストランやカフェに行かず個人経営の店を選ぶ、水や木材の利用を抑えるために自分の箸を持参し、割り箸を使わず、食器洗浄機を購入する……といったものであろう。また、言葉遣いにも気を使う必要がある。「夫」や「妻」は差別表現に当たるため、パートナーや連れ合いといった呼称を使うほうがより望ましい。性的マイノリティとされる人々に対しても、「レズ」や「ホモ」といった表現でなく、「クィア」や「ビアン」、「ゲイ」といった呼び方がより相応しい。それほど掲げたり歌ったりする機会はないかもしれないが、国旗や国歌を掲げるといった行為はなるべくすべきでない。自衛隊や警察、大企業、また近年であれば電力会社といったセクターは基本的に敵対すべき場面が多いため、そうしたセクターで務めている人とは一線を置く、といった振る舞いをする人々もいるが、そうでなくても積極的に支持したり助けを求めたりするような行動は避けるべきだろう。男女がともに食事や後片付けをする場面では、女性が食器洗いやお酌といった行動をしがちだが、これはもちろんなるべく避けたほうが良い。異性の容姿について言及し、批評するようなことも決して褒められるべき行為ではない。

こうした活動家たちの常識は、居住をともにする「家庭」という集団を貫く規範として存在すると思われるが、活動に参加しない人々にとっては一般的でないものも多数ある。新左翼の活動家として行動し、現在は逮捕者の救援や死刑囚の援護をおこなうC2氏の語りからは、活動家の常識と地域社会の常識の相違に対する動揺が現れている。

C2：私なんかも子供生まれたときなんかにこんなことやってていいんだろうかとか思って、子供のことも考えるとやっぱり救援（活動）じゃちょっとねって。なぜかって言うと、子供が小学校で作文書かされるじゃないですか。「親の仕事」っていう作文があってね。で、「お父さんは三里塚、お母さんは救援」って書いてんのね。「あんたね、これ学校で出したの？　先生なんて言った？」って言ったら、「んー」って。そりゃびっくりするよね、先生。（笑）でも本人は正直に書いてるわけだから別に隠すことじゃないと思ってるし、別に私も隠せとは言わないけど、「うーん、これって学校じゃ大変だろうな……」って。例えばうちの子供なんかも警察は敵だって思ってるじゃないですか。もうずっと……だって家宅捜索なんかきたりして、警察官と親がわーわーやりあってるのを子供のころ見てるからね、警察は悪いもんだって思ってるわけよ。当たり前だ。（でもそれを）学校で「警察官は悪い人だ」って言ったらね、みんなが「お前はおかしい」って言ってね、クラスで一人で浮いちゃったんだよねーって言うから、（中略）本当にそういう世界の価値観みたいな、私なんかは自分がそうやってこういう世界を選んできて、自分の生き方としてこういう生き方を選んできたけど、子供にはやっぱり違うじゃないですか。学校とか地域でやっぱり結構きついだろうなって思う。だから果たしてこんなんでいいんだろうかって、子供に対してもっと別のことを考えた。[17]

C2氏は大学卒業後、一貫して逮捕者の救援活動を行っており、その後地域で「共同保育」を行うものの、その仲間たちも活動家時代の友人たちであった。「家宅捜索」や「警察が敵」だという態度が彼女や彼女の周囲にとって自然であっただけに、ごく普通に子供がその常識を身につけたことに驚き、「果たしてこんなんでいいんだろうか」と率直な心情を吐露している。

結果として、C2氏は活動からいったん身を引くことになるものの、かといって「学校」や「地域」の価値観に染まるわけでもなく、社会運動には継続的に関心を持ち、数年後、逮捕者への救援活動に復帰することとなる。子供もまた、政治や社会に対する関心が「強いほうじゃないかな」[18]と語る。

活動家たちが家庭内と家庭外の価値観の相違に気付くのは、主に「子供」の養育を通じてということが大きい。親となった活動家たちは、保育園や幼稚園、学校といった場で、子供が既存のジェンダー概念や「警察」「政府」に対する価値を教えこまれることに気付く。A10氏とF氏は、サミット抗議行動に参加した後、ともに札幌で活動を続けるふたりだが、F氏の子供をめぐって以下のような会話を交わしたという。

A10：Fさん、子ども居るんですよ。おととい入学式、小学生になった子で。私とFさんがちょうど知り合った時に年に生まれた子なんですけど、その子と私が遊んで仲良くして遊んでて、でFさんが買い物に行きたかった時に私が子守りしてあげるって言って引き受けた日が、ちょうどメーデーで、札幌でデモがあったんですね。「じゃあ私、この子連れてデモに行くわ」って言って（Fさんは）「（左翼）二世にしたくない。お前みたいな子にしたくない」って、そういうこと言われたりしましたけど、でも奥さんも社会運動に関わってるし、二世になるかまではわかんないですけど……。でもA27さんの子育てもかなりマジョリティとは言い難くて、なんか子どもが保育園とかでかわいいポーズとか学んでくるじゃないですか、それ家でやると、「それはバカの象徴だからやめなさい」って言って。私が「かわいい、かわいい」ってその子に言っても、「かわいいってバカって意味なんだぞ」って言ったりして（笑）[19]。

F氏は子供をなるべく活動家として育てたくない、とA10氏に対して語っているものの、従来「マジョリティ」的な社会でまかり通っているとされているジェンダー規範からは距離を置こうとする。ここからも、「保育園」などの家庭外で学ぶ「かわいいポーズ」を目の当たりにし、それを「バカの象徴」と断言する活動家たちを通じて、「家庭内」「家庭外」の価値観の相違が浮き彫りになっている。

これは「地域生活」や「職業生活」の節にて明らかにするが、家庭が社会運動への参加に比較的親和的であったとしても、活動家たちが家族への影響を案じ、運動をいったん辞めなければならない事態などが出てくる。C2氏の子どもをめぐる事例は、まさにその一例と言えるだろう。しかし、F氏とA10氏は、この体験を元に、フェミニズムや学校・幼稚園・保育園といった場でのジェンダー教育について、さらに学習や考究をすすめている。

二　職場を通じて見える社会

家庭が人々の運動参加のあり方に影響をおよぼすことは、政治的社会化研究などからも容易に想像がつくが、稼得活動である職業生活もまた、社会運動への参加と強く関連する。加えて、職業生活もまた、活動家たちが社会とかかわる場である。この中で社会の歪みや政治の不正に直面し、問題意識を抱くこともあれば、職業上のキャリアとの関連から運動参加を断念する人々もいる。また、職業生活を通じて政治的な目的を遂行しようとする人々も出てくるのである。

職業生活の中にある不平等や矛盾

A4氏は、元々学生運動家で、フェミニズムの問題に強い関心を持っていた。彼女にとってあくまで職業生活は、活動家生活の「おまけ」のようなものだったという。大学卒業後小学校教員として働く道を選ぶが、彼女がその職業を選択した理由は「音楽に携わっていられて、男女差別が少なくて、同じ給料が貰える仕事」[20]であった。筆者の小学校時代の担任教員であった彼女は、かつての教え子である筆者に対し照れながら、教育への情熱は「もう驚くほど」[21]

なかったと語る。しかし、問題意識が共有できる職場であることは、彼女が活動する上で「とてもよかった」と話す。

A４：最初、優生保護法の学習会から入って、それから教員になったら、当時別だった家庭科と技術科の男女共修の学習会とかやったり、教科書の中の男女差別を分析したり。教員になったからそういうことに興味が行って。（中略）自分の生きるときの障害になったり、疑問に感じたりすることを、一人ではなくて……だから組合とかありがたいと思うんですけど……そこら辺の話もできるし、教員としての問題とか、クラスがうまくいかないとか、男の先生からちょっかい出されるだの、ということが課題になってちゃんとできていく。[22]

彼女が教員として生活する上で、隠された男女格差や生徒指導における男女格差は目をつぶっていられない課題だった。しかし、そうした問題に直面するたび、「組合」や「ほかの先生」とともに何が問題なのかを分析し、学習し、学校をあげて手立てを考えることができた。それについてA４氏は、「教員という職業を選択する人の（が共通して持っている）何か（社会への捉え方・問題意識）もあったのかな」[23]と話す。彼女は有給を駆使しながら、満足とはいえないがそれなりの社会運動参加ができたと語り、自らの政治参加を支えたのは職業や家庭による支えが大きいと話した。

オルタナティブ・メディアを扱うNPOの代表として活動するB３氏は、幼い頃から国際情勢や戦争といった政治問題に関心を寄せており、政治的な意識も強かった。元々はマスメディアを扱っており、テレビ局に勤めていたが、そこで抱いた問題意識を元にNPOを立ち上げる。

B３：最初の会社がテレ朝系の報道をやってたんですけど、一つは分業体制がすごくあるってことと、やっぱりマスメディアって善悪二元論的な……「良いもの悪いもの」的な、単純化していく部分だったりとか、やっぱり単純に納得いかない。ちょうどその時、前の非自民政権の時で細川内閣だったんですけど、やっぱり政治改革法案が決まる辺りでずっと国会にいたので、非常に単純な報道の姿勢だったりとか、まあ後すごい役割分業とか（に疑問を持っていた）。一日私は「E」（テレビ局）ってとこでビデオジャーナリストやってて、そこでの何年かは素晴らしく満足して仕事をしてたんです。その時水俣の事とか、フランス核実験の話とか、あらゆる活動をしている子たちの所に行って、ニュースとして七、八分の企画ものを出してって話で。私の中でその時やりたい放題やってて、（今は）「ああいう風な形が実現するにはどうしたらいいのかなあ」ってことを常に考えてますね。[24]

「善悪二元論」「良いもの悪いもの」的な報道のあり方にうんざりし、その後は別の局でのビデオジャーナリストとしての活動に満足していたB3氏であったが、「広告収入的な面で」彼女の務めていた局も大きく変化を遂げてしまう。自分のやりたいことをマスメディアで行うことは難しいと感じたB3氏は、テレビ局を辞め、NPOを立ち上げることになる。彼女の政治参加が、理念的にも技術的にも可能になったのは、やはりテレビ局での経験があったからだ、とB3氏は語る。

最後に紹介するのは、精神科医であり、サミット抗議行動にも尽力した、五〇代の男性であるA12氏だ。彼は「新左翼」や「全学連」に代表される、左派的な活動を「やりたくないなーい」[25]と話していた、所謂「ノンポリ」の学生だった。彼は精神科医として就職したあとで、はじめて社会への認識が変わったと語る。

A12：世の中の矛盾自体は「なんでこうなんだろう」みたいな、ずっと持っていたとは思うんですよね。精神科医になるとね立場微妙で……精神科医が人権問題を起こしたりするじゃないですか。「人権を大事にしろ。安易に患者を閉じ込めるな」みたいな事を言う人がいっぱいいる一方で、逆に「こんな患者、なんで閉じ込めて置かないんだよ」って言う人もいっぱい居るの。しかも、同じ人が違うことを言ったりするの。そこで、やっぱり世の中の矛盾って見たしね……。「何なんだ、こいつら。人に嫌な仕事させといて、ちょっとまずい事やったら俺たちのせいにするのかよ」みたいな、そういう非常に動きづらい、自分のこととして考えていないと言うか。日本人のずるさ、ダメさと言うか、ちゃんと考えてないとかいい加減というか、そういう所に腹が立ちつつも、一方で精神科、病院の中に安易な人権無視した治療するような人がいる、というような時代に医者をやっていた。[26]

「同じ人が違うことを言ったりする」「安易な人権無視した治療するような人がいる」状況に対して、A12氏は「腹が立つ」と語り、激しい憤りを感じている。しかし、こうした怒りや憤りがあるからといって、すぐに彼は運動に参加できたわけではない。その点については次節にて言及しよう。

A4氏、B3氏、A12氏は、それぞれ政治への関心の程度は異なっていたものの、社会や政治への認識を職業生活によって変化させたという点で一致している。A4氏は「ほかの先生」たちと問題を解決しようと試み、B3氏はテレビ局をやめて活動家として組織を立ち上げる。A12氏は、少なくとも問題を認識した時点では何もしていない。このようにばらばらの選択を行った三者の語りからは、まだ職業生活が運動参加のあり方を規定するとはいえないだろう。だが、職業生活は、人々が問題意識を抱き、社会運動へと従事するにあたり決して小さくない影響力を持っている。そのことを見るために、次項では、職業生活が運動参加を阻害した場合について議論する。

キャリアが運動を阻害する

活動家たちはみずからの職業生活を通じて、社会への認識を変化させることがある。しかし、だからといってそれが直接に運動参加のあり方を規定するわけではない。では、どのような要素が運動参加を支えるのだろうか。ここでは、前項で示したものとは逆に、職業生活を営んでいるために運動に参加できなかった人々の事例を紹介しながら、考察を深めていこう。

第一に、前項にて紹介した精神科医のA12氏がいる。彼は、精神科医として日本の社会や精神医療業界に疑問を抱いていた。その疑問は、職業活動をすすめるうち深まっていったと語るが、しかしその時点では運動に参加していない。

A12：メディアの問題が、精神科医やっていてもあるんですよ。例えば変な殺人事件が起こったと。調べてみると、（犯人が）精神科に通っていた。「精神科医の患者だ」って、ダーっと報道するのもおかしいと思ってたし、一言で言えないいんだけど、「ぎくしゃくしたこの世の中は、一体誰が作ったんだ」って言うのはあったし、社会問題に関心が全く無かった方では無かったと思うんだけど、医者であって、忙しくて社会運動に参加するとか、実際の機会がなかったですよね。[27]

A12氏が運動に参加しない理由は、「忙しくて」と非常にシンプルだ。とくに当時激務をきわめていた彼にとって、いくら政治的に不平不満があったからといって、政治参加できる状況などはとても想像できなかった。A12氏は数年後に休職して、サミット抗議行動やメディアをめぐる活動に参加することとなる。

もうひとつは、活動に参加することで、職業上のキャリアが絶たれてしまうのではないかという危機感を持ち、運動に参加しない人々だ。C7氏は、学生時代は新卒一括採用反対運動やメーデーなどに関わっていた。社会運動や市民活動に忌避感を持ちつつも、他の参加者との付き合いや「社会的に声を上げていくのは重要だから」[28]という理由で運動を続けてきた。しかし、就職活動を初めてからは一切活動にコミットしていない。

C7：名前出すのは嫌ですね。ただその一方で「就活やめろ」っつって、まぁ労組にしても、新卒がうにゃうにゃにしても、やっぱり正社員保護っていうのが目的なんじゃないですか。そこもなんかアンフェアな気もする訳ですねやっぱり。派遣の人のほうが物凄い（仕事が）できるけども、正社員と全然待遇違うとか。それもアンフェアなんだけども、かと言って自分はおいしい思い、おいしい思いでもないけど、安定した身分に就きたいっていうのもあって……（運動は支持したいけれど）そういうアンビバレントなところがやっぱありますよね。やっぱりデモって自分が不遇、自分の待遇が悪いっていう事を訴えるって事じゃないですか。就職よこせっていうデモもそうなんだけど。[29]

彼は以前のように社会運動に参加せず、「名前出すのは嫌」「隠れて手伝いくらいだったら」[30]と活動を渋る理由に、「共産党」や「民青」といった組織に所属する活動家の友人たちが就職できなかったということがある。政党で活動していないC7氏と無関係とは言えなくもないが、しかし「社会運動が負い目になるっていうのは、その時はじめて自覚した」[31]と語り、就職活動を始めたあとも、また就職してからも、社会運動に対しては距離を取り続けている。

端的に時間が足りないという理由と、キャリアを形成する上で不利になるという理由のほかに、職場の中で活動することに対して制限が課されているということも挙げられる。これはとくに労働運動の場合に顕著だと言える。B17氏は、東京に在籍するコミュニティユニオンの事務員として活動している。彼はアルバイトやパートタイムの仕事を続ける中で、有給や労働条件について雇用者側に申し立てようとした。

B17：（他の労働者たちが）、真面目というんじゃなくて……悪い意味で会社に順応してるから。そういうこと（申し立て）する奴の権利があるのはうっすら知ってても、「そういうのは会社に対して損失を与えるから失礼なことなんだ」という、多分もともと僕みたいな（労働者に対して）、「新人のくせにそういう権利ばっか主張しやがって」みたいな（ものが根にある）。ていうのは、それこそ一〇年前。一〇年前くらいから今の生保バッシングをうけることと根が同じ（ことが起こっていた）[32]。

B17氏は職場の中で、権利自体はあるものの労働条件に関する異議申立てをすることも許されない。それは自らの権利を守るための試みを「会社に失礼なこと」「権利ばっかり主張しやがって」と非難し、「会社に順応」した周囲の影響が大きい。職業生活は、さまざまな点から運動への参加を阻害してしまうのである。

職業を通じた運動のあり方

活動家たちは職業生活を通じて政治に対する問題意識を獲得するものの、社会運動が可能になるか否かは彼らの人間関係やキャリア、使うことの出来る時間に依存する。しかし、家庭での子育てと同様に、活動家たちは職業生活を通じて運動することも出来る。これはサミット抗議行動や他の社会運動参加に見られるように、サミット抗議行動と同様に、職業生活や家庭生活そのものをオルタナティブな社会として刷新する試みとも取ることが出来る。

小学校教員であるA4氏は、男女平等のための試みとして、筆者の出身小学校にて、名簿における男子と女子を混合するための運動（男女混合名簿運動）を行う。平和運動や反核運動、途上国開発の運動を熱心にやって来た彼女であったが、そうした運動参加とはまた異なる、社会を「足元から変えていく」感覚があったという。

A4：（男女混合名簿については）女の人（先生）から多々声が上がりました。「男女混合名簿っていうのは政治課題だけじゃないんだ、教育の実践の問題なんだ」って言ってくれたのはやっぱり女の先生で。すぐこの話すると思い出すんだけど、男女混合名簿を学校の中に導入した途端に、朝会の列が男女混合になったんです。で、校長の思惑を気にするような二、三クラスだけは、男子女子一列ずつの並び方。その他のクラスは、男子と女子バラバラに並んでいるわけです。で、朝会で校長先生が喋っているとき、後ろに私たち、並んでるじゃないですか、先生たちがね。で「Ａ４さん、見てごらん、いい景色だよね。これが混合名簿やった甲斐があるってことよね」

（筆者：確かに、今にして思うと、あの体験は新鮮でした）

Ａ４：だからね、それが「当たり前」だという（風にしたい）。その試みを、つぎの先生たちに引き継いでいきたいと思ってる。[33]

Ａ４氏のように、周囲の人間関係に支えられ、問題を解決しようとする試みとはまた別に、個人的に仕事のやり方を通じて社会を変えようと考えているのがＡ６氏だ。Ａ６氏は、サミット抗議行動にも関わった。建築会社に勤め、住居・施設の建造に携わっている。勤め先の社長を「職人肌の人」[34]であると語り、ある程度社会を変革したいといった意識や政治的な意識は共有している。しかしその一方で、「運動するくらいなら仕事しろ」[35]と言われるのが怖く、あまり表立って活動できないという。しかし、職業生活の中でささやかにでも環境保全や森林保護を行いたいと語っている。

Ａ６：本当は大工だから、建築を通して世の中を変えて行く方向に行くべきじゃないかって方向に行くべきだと僕は思ってて、まだあんまり出来てないんですけど、実際自分の現場で道産の材料を使ったりとか、そういうことはやってるんですけども。あと省エネルギーの提案をしたりとか。（中略）知り合いの建築関係の仕事している人が、伝統工法の保存に関する活動をしてて「そういう市民活動もあるんだな」と思って。あと植林したりとかね。大工と反原発もね、無関係ではないんですけど、(壁を触って)こういう材料も、実際青森県とかから来てる場合もあって、今再処理工場から放射能が出てる。青森県産のこれから育つ木がちょっとね、放射能濃度が高い。住む人も大変だけど、大工さんって木を切ったりするから、(放射能を)吸い込んでるんですよね。そう考えた時に、一番被ばくが多いかなと。[36]

Ａ６氏の語りを見るかぎり、職業生活は、必ずしも集合的に日時を定めてするタイプの運動参加を促進するようには考えられない。多くの人は時間がなく、運動参加は「危険」や「無意味」といった目で見られることも少なくない。また彼のように、「運動しているくらいなら仕事をすれば」といった目でみられる不安を抱く人も多いだろう。しかし、政治参加や社会運動は家庭生活や職業生活と離れているのではなく、むしろ不可分になっており、運動は「日々の活動」の中にあるのではないかと語る人々もいる。これに関しては、第四節で再び記述する。

フルタイムの仕事に就いているかぎり、多くの場合職業生活は運動参加を阻害することになる。本研究の聞き取りの中でも、多くの中心的活動家が「ＮＰＯの専従」「無職」「専業主婦」といった、時間に比較的余裕がある人々であることからも、それはある程度明らかである。そうした意味で、フルタイムの仕事に就いている人々は、社会運動において周辺的な位置付けを占めざるを得ない場合も多くある。しかし彼らは、職業生活を社会運動として意味づけ直すことが可能である。これはサミット抗議行動の参加者や、活動家たちが自らの運動を「オルタナティブな社会の形成」として位置づけ直すのと同じ行動とも言える。職業生活は、活動家たちにとって稼得の手段であると同時に、社会に働きかけていくひとつの回路でもあるのだ。

三　地域の中で運動が変わる

家庭生活、職業生活と並んで、人々の運動参加を規定するものとして「地域生活」がある。また多くの人々は、ある地域に居住し、周囲の人々と協調しながら生活している。この地域は、自治体であったり国家であったりといったものも含むが、同時に地域の人間関係といったものも含む。その場で誰かと継続的に生活することにより、人々はある問題に気づいたり、運動に参加する契機を得ることになる。

地域の特色・地域の問題

社会運動に参加する契機が地域の問題であるという活動家は少なくない。日々、ある地域に住居を構え生活する人々にとって、住まいの問題や地域の問題は生活を脅かす危機となりうる。彼らはこうした問題や危機に気づき、同じ地域で過ごす人々と議論を交わし、運動に参加する。

地元に根づいた住民運動・市民活動は数多くあるが、その中でも運動が盛んな地域として知られるのが沖縄である。米軍基地の問題、婦女暴行の問題、環境汚染の問題などは、グローバルな問題でもあるが、何より地域の問題であった。沖縄の活動家たちにとって、米軍基地の問題は自らが生きる場の問題であり、労働運動とはまた異なる形で「生き死に」を決定するものでもあったのだ。B14氏は六〇代の専業主婦で、沖縄を代表する女性運動家でもある。運動に参加したきっかけとして、以下のように語る。

B14：もう気がついたらそういう環境の中に、沖縄の中にいるわけで。ただ私の場合は目の前に基地があったわけじゃなくて、首里の生まれなので。でもやっぱりどこに住んでいようと復帰前の直接米軍が支配していた頃っていいうのは露骨でしたから。毎日のように事件事故が、今でも沖縄の新聞（を）見ると毎日のように見出しが出てますけど当時はもっともっとひどかったので。常に沖縄を意識させられるっていう。「特殊な沖縄」。新聞の表現としてはこういうのが出てくるわけですよ。「特殊な沖縄の地位」……つまり米軍に支配されているこの沖縄の地位っていうのは何なのか、常に問い直されているっていうのがもう日常的にありましたので。自分たちの権利を奪われ、ある意味では弾圧が続いてるっていうところで常に毎日のように日常的にそれが話の中に、活字でもそういうのが出てくるし大人たちの話とかもそうだし。で、だんだんだんだん高校生くらいになってくると自分たちで問題意識（を）持つようになってくるので、高校二年くらいの時からはデモ行進に自ら参加してますし、新聞に投稿したりホームルームで議論したりとか。高校生になるとある時期からそればっかりの繰り返し。[37]

B14氏にとっては、沖縄での毎日の生活が既に「事件事故」の中で営まれるものであった。「権利を奪われ」「弾圧が続いてる」沖縄をいかにして平和な、過ごしやすい場に変えるかというのは、彼女と彼女の周囲にいる「高校生」「大人」における非常に大きな問題意識としてあったのだ。

サミット抗議行動に参加した、運動系団体に専従職員として務めていたB8氏もまた、運動に参加した契機として自らの地域での生活を語る。

B8：出身は長崎で、そういう意味では平和教育がある所ですよね。その意味では昔から平和問題というか、核兵器の問題ですけども、そういうことには関心がありましたね。大学に入ったのが一九九五年ですけども、その年は沖縄で例の少女暴行事件があった年でもあります。その時は大学の一回生のときで、自分自身特別、社会運動とかそう言ったものに関わっていませんでしたけれども、その事件というのは一つの大きな衝撃としてあった訳ですよね。もともと核兵器の問題に多少の……多少と言うのは、「他の土地の人よりも少しある」という程度の意味ですけれども、そういう問題には多少関心があったので。[38]

彼はシンクタンクの一員として反グローバリズム運動、環境運動などにも参加するものの、問題意識の根底には「核」や「原子力」、また「平和」をめぐる問題が常にあった。B14氏もまた、一九九五年の「少女暴行事件」に強い衝撃を受けた一人だった。それは、誰に対しても等しく衝撃を与える問題ではある。しかし、沖縄に住み、基地の問題を我が事として引き受けざるを得なかったB14氏と、長崎に住み、戦争や核に特別な意味を感じざるを得なかったB8氏において、事件と地域生活、そして運動参加は特別な関連を持っていると言える。

地域の問題が自身の問題であったB8氏やB14氏と違い、地域における人間関係が運動への参加を促したという人々も存在する。現在大学生であり、運動に携わっているC11氏はその一人だ。大学でのスクウォット（空間占拠）運動やホームレス支援運動を行う。周囲の学生たちが親や友達に遠慮し、身分を隠しながら運動しているのに対し、彼は「周りみたく、（運動を）やっちゃいけないものと思ったことがない」[39]と語る。その理由を以下のように語っている。

C11：高校の頃からすごくマルクスとか好きだったから、むしろそれと結びつけてた部分はあるんですよね。それは家庭の影響もあるし、多分一番は家庭の影響なんですけど、やっぱりお母さんが共産党員だったから……それでそういう教育を受けてきて、やっぱり家庭ですね。ほとんど。ほとんどそれで家庭だと思います。

（筆者：もともと国立市にお住まいだったことも大きかったと、先日仰ってましたね。）

C11：そういうコミュニティで、幼なじみも共産党だったんで……知識人、芸術家だとかそういう（人が珍しくない）街だったので、学校自体がすごいそういう雰囲気、雰囲気ではないけど、そういう人たちが多かったかなと。[40]

「親が共産党」という点では、前節にて紹介したA2氏と共通しているが、同時に彼は「そういうコミュニティ」に感化された側面も大きいと述べている。「幼なじみも共産党」で、比較的政治的・社会的な意識が高いとされる人々（知識人、芸術家）が多い街で幼いころから過ごした。

B14氏、B8氏、C11氏の語りは、地域に固有の問題、また地域に固有の問題がなくとも政治的な意識の高い人が沢山いれば、政治的な課題を認知しやすく、また比較的外からの目を気にせずに運動参加ができることを示している。彼らは活動の中で名前を出すことも厭わず、周囲の目を気にせず活動に携わっている人々だと言えるだろう。

生きることと運動すること

地域に活動家同士の紐帯があること、また固有の政治的課題があることは、人々の運動参加を支えている。では、家庭や職業生活がそうであったように、地域もまた彼らのオルタナティブな社会となり得るのだろうか。本研究では、イベント的な社会運動に参加する一方で、自らの住む地域を変えようとする活動家たちの「オルタナティブな社会」づくりを見ていきたい。

A22氏は、「バブルまっさかり」の時代に大学に入学した四〇代後半の男性だ。軽薄な大学の空気や人間関係に飽き飽きし、社会運動家たちがたむろする「（左翼）界隈」へと足を運ぶ。具体的には学生や「貧乏人」が多く住む東京・高円寺が、彼らの「地域」であり「界隈」であったと言える。やがて彼らの活動は、大学の卒業や退学を経て、自分たちが住む高円寺という地域に根ざした社会運動となる。元々は彼が以下で語る通り若者中心の運動であり、「恋愛至上主義」や「バブル期」の「資本主義」に対抗する活動であったが、運動は若者だけではなく、元々地域に住んでいた人々を巻き込み、中古品のリサイクルや居場所のない上京者の語らいといったものに変貌していくのだ。

Ａ22：俺が大学入ったくらいは、バブルまっさかりで、強力なバブルで、ある種恋愛至上主義っちゅうかプルカツ（カップル）至上主義になってる、お台場とかいろんなとこに行って消費をすると。昔、比較的ちょっとバイトすると金が儲かるっちゅうか、そういう恐ろしいシステムがあって、学生レベルでも全然金があるっていう恐ろしい時代があったんだよ。（中略）（バブル期の活動家たちの中では、）界隈っつうタームが非常に重要で、要するにそういう人がいて、面白い人が集まって鍋会とかをやってるっていう、実際にそこに属してるのかわからないようなそういう集まりみたいなやつが何個もあると。要するに、バブル期のプルカツ的な、対幻想的な喜びとはまた別の、交流的な喜びがあるから、そこに逃げこむというか、アジール的にそこに行って過ごすという、戦略的な（ことをしていた）[41]。

Ａ22氏や他の仲間たちは、デモや学習会といった社会運動にも参加する。しかしその参加を規定するものとして、元々あった「恋愛至上主義」「資本主義」への疑問に加え、地域での商店主としての問題意識や、地方政治に対する疑問、何より家を出ればすぐに会える範囲――「界隈」「逃げこむ」先に仲間がいる、という条件があった。彼らは自らの問題意識によって街（界隈）をつくり、また街での彼らの交流が集合行動を支えていた。

前節で紹介した元小学校教員のＡ４氏もまた、家庭生活、職業生活と同様に、地域での生活の中で運動を成し遂げることが出来た、と語っている。地域生活を通じて、自分と違う境遇で生きている人のことを知る。「育休取れない人」や「パートタイムで生きている人」と交流し、語り合うことは、また新たな視点から自分の活動を見直すことにも繋がった。

Ａ４：そうですね……教員だったらまだ、私は育児休業取れましたけど、その人取れなかったんですね。生後八週から保育園に行くわけです。取材があってバッと帰って来れないとか、それぞれのやり繰りが大変で。また、夫のほうが普通の会社員で、妻もパートタイムで、パートタイムの中でいじめがあるんだよとか。それから「上司が嫌な奴でさ」みたいなね。だけども、働き続けるためには、その多くを飲まなければいけなくて。（それに対して、）「どうしてそれを戦わないの」みたいなことは言えないですよ。そうやって働き続けていくんだよね、っていろいろなことを聞く……面白いって言うと語弊があるね、世界は一様ではないんだと、いっぱいあるんだと。どれに価値があるんだとか無いとかとは言えない。でもそうやって話しているうちに「憲法九条変えちゃいけないよね」「何それ、九条って」とか、そういう話がスッとできる。それをしようというために、オルグ[42]ろうとして仲良くしてるわけじゃ全然ないんだけど、そういうことだよね。[43]

地域生活が社会運動参加を支えるということももちろんだが、地域の中で自分と異なる状況に置かれている人と語ることは、社会運動の中で「正しい」「守るべき」と考えてきた規範を問いなおすことにもつながる。こうした過程が運動参加そのものを問いなおすことにも関連していると、「『どうしてそれを戦わないの』みたいなことは言えないですよ」という彼女の語りから分かるだろう。職業生活や家庭生活と同じく、地域生活を営む上での人々との付き合いや、政治的な課題に対する認識が、運動参加を支えることは確かである。しかしその一方で、これもまた職業・家庭生活と同じく、社会運動参加を離れて生活を営むということが、社会運動の意味や、運動参加そのものの意義を問いなおす試みにもなりうる。

集合的におこなう運動と地域に根ざした運動を別種の行動として捉える人もいる。C13氏は20代の男性であり、今は農業に従事している。大学時代は学生運動や新卒一括採用反対運動に携わっていた。しかし、「同世代の人間に全く共感してもらえない」「すごい批判をされている」[44]として社会運動には携わっていない。その代わりに彼が見出したのは、コミュニティやまちづくりといった活動であった。

C13：別に左翼じゃなくても、「オリンピックとかで商店街とかがつぶれていく」っていうのは憤りを感じている人が多くて。本当はそういう人と左翼は手を組めるはずなんだけど、（従来の左翼の運動は）なんかすごい大々的に運動してしまうから……そういう人の姿も見えないし、なんか周りからも「所詮左翼だな」って思われちゃう。だからこう、まちづくりと絡めて何かこう、運動を浸透させてくっていうのがすごくいいなって。なんか、何だろうハーバーマスの「サロン」。あれすごくいい、俺そういうのすごい分かって、そういう場所がないと、まあ昔でいうと学生会館とか自治寮とかだったんですけど、そういうのがないと運動も何もないと思うんで。俺はそういうものを作っていきたいというのがあって、まあ農業に行き着いた。[45]

C13氏にとって地域での活動は、イベント的に開催される「大々的な運動」「左翼の運動」の欠点を乗り越えるポテンシャルを持っている。C13氏は、まちづくりに焦点を当てることで、彼の言う「左翼」であるところの活動家たちが本来手を取るべき人々と協調できるのではないかと語る。彼はすでに集合的な社会運動に参加していないが、自らの地域活動が、集合的な運動を補完すると信じているのだ。

地域生活もまた、職業生活や家庭生活と同じく運動への参加のあり方を決定することがある。活動家が運動においてどのような位置を占め、どういった役割を担うかということは、彼らがどの地域に住み、どのような活動家とネットワークを築いてきたかということと無関係ではないだろう。またその一方で、地域生活が運動の意味や定義を変化させることもある。地域での生活を通じて、活動家たちはイベント型の運動だけが「社会運動」でなく、またそれを担う「左翼」や「活動家」だけが社会を作るのではないことを改めて認識するのだ。

共有される価値観の限界

同じ地域にいて、利害関係を共にし、ときに同じ政治的な課題を共有することにより、活動家たちの地域生活は運動を支える。ときとして、地域での生活そのものが運動になる。しかし、同じ地域に住んでいる以上に共通点がない場合、たとえ政治的な問題を共有していたとして、「問題」とされる範囲は限りあるものとなってしまう。沖縄や長崎の人々にとって、確かに反基地や米軍の問題は重要である。しかし、それが軍隊全般の問題や基地全般の問題となってしまえば、共感は薄れてしまうだろう。これと同様に、活動家たちがより広範囲の課題を扱おうとした時、それは地域生活において重要だと言われる問題と異なってしまうのではないか。そのようなとき、地域生活は運動参加とどのような関連を持つことになるのか、ここで検討しておきたい。

A31・A32氏は、北海道壮瞥町で平和運動を行う五〇代の活動家である。パンを製造し、町民に販売して生計を立てており、土地柄もあり地域の人々とはかなり濃密な関係を形成している。地域密着型の政治意識を持っている人々に対し、孤立感を抱くことも少なくないという。

A32：なんか（政治的な話題を）言い出す気になれないというかさ、遠慮しちゃわない？　それはパンのお客さん、女性がやっぱり多いからさ。うん、勇気持って話してみようっていうのもなかなか……よっぽど自分自身に勢いがついてないと。それをやったのがイラク攻撃の時だよね。あの時はなんとしても絶対、絶対みんなおかしいと思ってるだろう、っていう頭でいたから。

（筆者：あんまり理解は得られなかったんですか。）

A32：共感……そんなにみんな深刻に考えてない。「戦争ってよくない」とは思ってくれるけど……「ところで、なんでそんな躍起になんの?」みたいな感じ……。[46]

壮瞥町で農業や建設業を営んでいる人々にとって、「戦争」が良いものでないことは、頭では共有できる。しかし「なんでそんな躍起になんの?」という言葉に象徴される通り、あえて立ち上がるほどのことでもないと感じられてしまうのだ。社会運動が無力だと見なされ、冷笑されることはあるが、こうした反応は時折、活動家たちに対して、運動に参加しようという気持ちを挫くことにもなりうる。

活動に対する冷笑や、無力感の認知は、活動家であれば誰でも感じるところである。C14氏とC15氏は、大学を拠点として運動する活動家たちである。彼らの大学は比較的政治的な議論が活発ということもあり、大学を取り巻く禁酒・禁煙の問題、授業料の問題などは学生内でよく話題に上るという。しかし、デモや直接行動の参加というと、とたんに冷めた目で見られてしまうのだと語っている。

C15:(友達に)運動してるってことを言ってない。デモ行ってるとかは、言う必要もないし、すごい仲いい友達一人には言ったし、デモにもその人は来たんですけど……成功例はたしかに一人いるんですけど、そもそも大学っていうものに関して話すってことがまったくないので。次の休みはサマーランドに行こうみたいなそんな感じで、そういう脆い会話で成り立たせてる関係性に、私は面倒くさくしたくないし。

C14:すげえ、なんか中二病っぽい。

(筆者:結構C14さんはぺらぺら、友達に運動してるって言う方ですか?)

C14:あんまり仲良くない友達知ってるんですよ。僕がやってることを。俺もだって七割くらい友達減りましたもん。毎日正門前で何か事件(を起こしたりしているから)、(友達が)Facebook(の繋がりを)切ったりして。[47]

二人にとって大学の生活は、生活の多くを共にする仲間がおり、そうした仲間と「授業料」や「禁酒・禁煙」といった利害を共にしているという点でも普通の人々の「地域生活」に近い部分がある。そして、彼らが直面する問題はA32氏の問題と同じく、仲間たちが「地域（大学）」の問題以上の関心を、政治に対して持ってくれないことにあった。こうした場合、家庭生活においてB10氏がしたのと同様に「運動してるってことを言ってない」（C15）という戦略を取るか、あるいは家庭生活の中でC14氏が取ったように、「僕がやってることを」公開する（C14）といったものがある。しかし後者の場合、運動に共感的でない友人を失ってしまうリスクがある。いずれにせよ、地域生活と運動参加との関連は、家庭生活や職業生活において生じる問題ときわめて類似した構造をもつものとして考えられる。

四　離脱と復帰をつなぐ媒介としての日常生活

本書では、活動家たちが参加したサミット抗議行動とそれ以外の社会運動の分析を通じて、社会運動の中に活動家間の選好や理想とする社会運動の像があること、その選好や理想を作る上で、運動内の権力や平等、自治や管理といった要素を考慮することを明らかにした。その一方で、組織化された、特定の手段を持ち、予め定められた時間と場所において行う集合行動――「イベント」的な社会運動から逃避する人々も存在することがわかった。

彼らは、自分のキャパシティを超えた負担に耐え切れず、その後の活動にも経験が活きていないといった「燃え尽き」感から活動を離脱するが、ここには運動の準備の過程における居場所のなさや、孤立、役割の押し付けといった要素が働いているものと思われる。規模の大小にかかわらず社会運動を離脱する彼らは、その後運動に参加できないフラストレーションを、職業生活や家庭生活を通じて克服する場合がある。自らの職業活動を通じて社会を変革しよ

う と試みる活動家は、先述した通り、世代や性別、職業によらず存在する。A28氏は三〇代の女性であり、整骨院の院長をしている。脱原発運動やラディカルなデモンストレーションにも多く参加しているが、しかしその一方で、職業生活もまた社会運動であるという認識を忘れない。サミット抗議行動が活動家としての「デビュー」の機会となったものの、友人を抗議運動に誘い、危険な目にあわせたとして友人の「取り巻き」たちから関係を絶たれていた。こうした一種のトラウマから、活動家の仲間たちとは交流を持っていたものの、表立って運動に参加しなかった。彼女は日常生活に運動の契機を見出し、それを通じて運動を行うことになる。

A28：本当は色々（活動を）やりたいんだけどやれないな、って思った時に「あれ（サミット）だけで終わった」って言われるのも癪だなって。それはメーデーとかをやるとかやらないとかじゃなく、もっと漠然と思ってた。でも、最近気づいたのは、「なんだ私、毎日やってることが、アクティヴィズムじゃん」と思い始めて。患者さんに「私もう仕事やめたい。もう、ちょっとしんどすぎる。営業時間も長いし、休みも決まってない」って言うお姉ちゃんが来て、「やめたっていくらでもあるから」って、そう言うふうに言うことこそアクティヴィズムだなって。だから毎日やってんじゃん、って思ったら結構気が楽になった。時間はないし、自分はやっぱり経営のこと考えなきゃいけなくて、頭の中がそれで一杯になっちゃって、どうしても時間的にそっち（活動）に割く余裕がなくって、でもそっちもやりたいけど……、って言うジレンマがすごくあったんだ。[48]

整骨院を営むA28氏は、友人との関係が困難に陥ったことに加え、いつも「経営」のことで頭がいっぱいであり、サミット抗議行動以降、しばらくフラストレーションを感じていたのだ。しかし、彼女は考えを変え、他人へと優しい言葉をかけること、資本主義経済や労働に縛られない新しい生活の可能性を提示することもまた、アクティヴィズムなのだと語る。Ａ28氏がそう感じた背景にあるものは、「(活動を) やりたいんだけどやれないな」「でもそっち(運動) もやりたいけど」、という活動参加へのモチベーションであったこと、そのモチベーションが発揮できなかった点を強調する必要があるだろう。そして、彼女ほど明示的にではなくとも、社会運動に関われない中でいかに他の生活を通じて運動を行っていくか、ということを考え、日常を過ごす人々はいる。

Ａ30氏は財団の理事長であり、サミット抗議行動にも精力的に関わった。二〇代のころは全共闘の活動家として直接行動にも赴いたというが、今はＮＰＯやボランティアと言った市民活動に関心を寄せている。

Ａ30：それと……そこ (機動隊、警察との武力的な衝突) は権力との対決の場じゃなくて、例えば日々の、こういう財団活動の中でも、権力との対決っていうか、権力と闘い続けてるって局面がたくさんあるわけだから。学生の時は、ああいう街頭に出て機動隊と向き合うことが闘ってるかのような錯覚に陥るけども、今の六〇にならんとする年齢の時には、闘いっていうのは日々の生活の中でやる話だから、こんな所 (社会運動の中) で、極端に言えば「つまんない喧嘩するなよ」と言うのは言いたくなるよね。[49]

Ａ30氏は札幌を代表する財界人として、議会や行政への働きかけも頻繁に行ってきた。彼自身も市長選に出馬するなど、「権力との対決」を日々感じながら活動している。彼はＮＰＯのミーティングやアピール行動に常に参加できる時間的余裕がなく、また、対立的な行動をすることも職業柄難しい。そういう意味ではＡ30氏の職業生活は社会運動参加を支えるものではなく、いわゆる「社会運動」の中での役割は周辺的と言わざるをえないかもしれないが、しかし彼は、日々の職業生活を社会運動として捉え、オルタナティブな社会の実現に努めているのだ。

運動に参加出来ないフラストレーションを解消するのは、職業生活に対する意味付けの変更だけではない。余暇をいかにして使うかもまた、彼ら、彼女らの「アクティヴィズム」なのである。A5氏ほか、サミット抗議行動のキャンプに参加した人々は、「キャンプ」のように大規模で国際的なものではないものの、その後も「自律ビアガーデン」や、自ら調達した農作物や資材を使い、音楽をかけながら野外フェスティバルを楽しむ「手さぐりフェス」[50]といった形で、キャンプの体験に触発されながら余暇を過ごしている。

A5：「自律居酒屋」ってその後にやったんですよ。「自律的にやるってことがどういうことかとか、皆の中でやってみてなんとなく分かったってのもあったりして、『自律ビアガーデン』もやったんですよ。大通公園のビアガーデンをやってる、すごい端っこの資料館の一二丁目くらいの方で、「高いお金取られてビアガーデンやるんだったら、芝生で飲むんだから自分たちで好きにやろうよ！」って言って、邪魔にならないように陰になったところで皆集まって敷物しいて、皆が作って来たものを出して、そこにビール配達してもらって、瓶も回収しに来てもらうじゃないですか。で、またすごい安いんですよ、多分会費も千円とかそれぞれ払って、好き勝手に（飲む）。お金もかからないし、ごみも残んないような感じでざっときれいになったり、多分一二人くらいでやったんだと思うんですけど。その、要は、資本に絡め取られて「お金なきゃ何にも出来ない」って事じゃなくて、やり方次第では出来るし、そもそも公園とか路上っていうのは自由で開放されたものだ、そういうのは教えてもらってて、刺激されてる。それを後でも楽しもう！みたいなのは皆にあって、やったら出来ちゃったみたいな。[51]

余暇を通じたA5氏たちの「自律居酒屋」から見られるのは、彼らが集合行動による燃え尽きを回避しながら、ゆるく集まり、無意識的にであれ集合行動のための紐帯を維持しているという実態である。活動家たちは、集合しなければ紐帯を維持することができない。しかし、集合して手段を用い、社会運動をするにあたり、キャリアを阻害したり地域での評判が悪くなったりといった事態は十分に有り得る。また、手続きや理念をめぐり、対立する可能性もある。だからこそ、一部の活動家たちは個人的に職業生活を通じ運動することを選ぶのである。

一方で、A5氏のような活動家たちは、日常を運動化するとともに、活動家たちとともに日常を過ごすことを選ぶ。彼女たちはその後も、それぞれのペースで、脱原発運動や地域の活動、選挙運動に参加している。それは、こうした日常とも運動とも言いがたい、政治化されたゆるい日常を共有しているからとも考えられるのかもしれない。

活動家たちにみられる「政治化されたゆるい日常」は、第五章第四節、第六章第三節・第四節で論じられた、運動からの「離脱」と「復帰」に強く関連するものでもある。サミット抗議行動をきっかけに運動をやめた、第五章で言及したA27氏、A1氏や、自らの人生を通じて「考える」ことと「動く」ことの間で揺れ、それらすべてを運動として認識しているA9氏とB4氏のように、運動を一時的にあるいは永久に離脱する人々がいる。本節で紹介したA28氏、A30氏、そしてA5氏も、運動を日常化された形で行っていたのは、前述したとおりだ。

では、「離脱」と「復帰」を分かつものは何なのか。その問いを、各章の後半にて投げかけてきた。その中で見えてきたのは、イベント型の集合行動だけでない運動、例えば周期的な読書会や海外での研究生活といった活動を「運動」とみなすこと（A9氏、B4氏）が挙げられる。彼らは既に大規模な社会運動やフォーマルな社会運動組織に関与していたために「活動家」というアイデンティティが形成されたからこそ、一時的に動くことをやめ、考えることをも「社会運動」として捉えられたのだと考えられる。では、「復帰」はベテラン活動家たちにのみ許される行動なのかといえば、そんなことはない。活動家として運動に貢献していなくとも、「復帰」できる方途は確かにある。それを示すのが、本章一節目に挙げたA2氏とA10氏の発言だ。

A10氏は、活動家の母を持ち、社会運動への参加が半ば義務化された生活を送っていた。ところが、同じく活動家の家族を持つ同世代の友人たちは、だんだんと社会運動から距離をおいてしまう。しかし最終的には、「殆どの人

（が）戻ってきたんですけどね。戻ってきたっていうのは、運動に」と語った。幼いころに社会化されたものの、「戻ってきた」活動家としてA2氏がいる。彼は「民青」や「共産党」に代表される、家族が携わっており、また自らも参加せざるを得なかった社会運動から距離を置くものの、就職後、また異なる形で活動に参加することになる。

なぜA2氏やA10氏の友人たちがこのような「復帰」を果たしたかといえば、家族による「政治的社会化」があったためだろう。では、どのような過程を経て彼らは政治的社会化されたのか。それはまさに家族間での日常の共有を通じてであり、例えば本章で挙げたような「かわいいポーズを教えないこと」、「警察とやりあっている姿を見せる」ことなどがあるだろう。日常の活動が共有される場は、もちろん家庭に限られない。本節にて紹介した職業生活や余暇生活を通じた、「他人へと優しい言葉をかけること」「資本主義経済や労働に縛られない新しい生活の可能性を提示すること」といった活動ももちろん含まれる。

なぜ活動家たちは、社会運動に復帰し得るのか。ひとつは前章にて示したように、「考えること」もまた社会運動として捉えられ、集合して行うタイプの組織化された社会運動とそう間断のないものとして考えられるからだろう。もうひとつとして、日常生活を通じて共有されたしきたりやマナー、慣習や規範が、社会運動を離れてもなお生活習慣として共有されているためと考えられるのではないか。つまり、社会運動サブカルチャーは、家庭や余暇、場合によっては職場や地域のなかで、振る舞いや作法の形を通じて連綿と伝えられており、集合して従事するタイプの社会運動への復帰を促すことにもなるのではないか。

五　本章のまとめ

ここで本章をまとめよう。本章の問題意識は、活動家たちの私生活は、運動参加のあり方をどのように規定するのかというものだった。活動家たちは運動において役割を持ち、時としてそれは運動内での権力関係を伴うものになる。運動への参加のあり方は、活動家たちの職業や性別、居住地域や家族との関係から生まれるライフスタイルによって規定されることが予測されるため、それを検討するのが本章の試みだったと言える。

活動家たちの家庭生活、職業生活、地域生活に即して分析したところ、当初の問題意識とは少し異なる側面が明らかになってきたと言える。第一に、私生活は運動参加に対して影響を及ぼす。家庭内に活動家がいれば運動参加を促進する方向に働く。政治的な問題を抱えていたり、活動家の多い地域に住んでいれば運動参加は比較的誰にもとがめられない形で行うことができる。また、職業生活は活動家たちが政治的な問題関心を持つきっかけになるものの、運動参加にあたっては阻害要因となることも多い。冒頭でも主張した通り、こうした議論は個々人を取り巻く文脈に依存するため、決して体系的には論じられない。しかし、本章は、個々人を取り巻く運動参加の「文脈」がたしかにあるということを示した点で意義がある。活動家たちの日常生活は、問題意識の形成や社会運動参加の際の逃避といった形で運動参加に影響し、知識や技能といった資源という形で運動の参加そのものを支えるものだからだ。

また、この点以外にもいくつかの知見がある。第二に、サミット抗議行動や他の社会運動と同じく、職業生活や地域生活、家庭生活は、それ自体「オルタナティブな社会」として活動家の中で存在しているのだ。活動家たちはイベント型の社会運動によって社会を変革しようとする一方で、自らの生活の場を通じて社会を変えようとしていることがわかる。第三に、こうした日常での活動がイベント型の社会運動に参加できないフラストレーションを解消する機会となり得る。また、場合によって活動家たちは、日常生活を通じて共有されたしきたりやマナー、慣習や規範を、社会運動を離れてもなお生活習慣として営むことがある。彼らは日常生活を通じて社会運動サブカルチャーを反映・再生産することにより、イベント型の社会運動への「復帰」を容易にする。

マッカーシーとゾルド（1973）やマックアダム（1986）などの資源動員論者は、運動参加を促す「資源」として、個々人のライフヒストリーにおける立ち位置と、運動参加の変化との関連を論じていた。例えば、学生や専門職のほうが、組織で労働に従事している人々よりも運動参加が容易である、というものだ。しかし本書が明らかにした要素を見る限り、話はもう少し複雑であるように感じられる。ある職業に就いていることで、集合的な運動への参加は限られるが、職業を通じて活動が続くこともあり得る。さらに活動を通じて日常生活を共有することで、社会運動サブカルチャーの再生産や強化がなされ、集合的な活動への「復帰」を促し得るということだ。

活動家にとって、意識するとしないにかかわらず、家庭、職場、地域を通じた日常と、参加を要するデモや学習会といった、いわゆるイベント型の社会運動は、両者ともに政治的な意図をもって行われる社会運動であると言える。さらに、イベント型の社会運動への参加が地域や家庭での生活を変革することもあれば、職場や地域での生活を元に社会運動に対する考え方を変えることがある。また、イベントからの逃避の末に日常を通じた運動を選ぶこともあれば、日常の運動を通じて培った振る舞いや慣習が、再度イベントへの復帰を促すこともある。日常と出来事は、「社会運動サブカルチャー」を通じて連関している。

〈注〉

1 「日本民主青年同盟」の略。日本共産党の青年組織であり、一五歳から三〇歳の同盟員による活動組織である（日本民主青年同盟ウェブサイト、http://www.dylj.or.jp/introduction/、二〇一四年一月一九日最終アクセス）。

2 A2氏インタビュー、二〇一〇年三月三日、於札幌市豊平区。

3 同上。

4 同上。
5 A10氏インタビュー、二〇一〇年四月四日、於東京都新宿区。
6 A10氏インタビュー、二〇一〇年八月二日、於東京都新宿区。
7 同上。
8 C14・C15氏インタビュー、二〇一三年九月三〇日、於東京都新宿区。
9 同上。
10 同上。
11 A3氏インタビュー（フィールドノートより）、二〇一三年九月一九日、於札幌市豊平区。
12 A4氏インタビュー、二〇一三年八月八日、於札幌市北区。
13 B3氏インタビュー、二〇一〇年五月一一日、於東京都文京区。
14 A5氏・B23氏・C1氏・A28氏インタビュー、二〇一三年九月一九日、於札幌市中央区。
15 B10氏インタビュー（フィールドノートより）、二〇一三年九月二三日、於福岡市博多区。
16 同上。
17 C2氏・C3氏インタビュー、二〇一二年一〇月一五日、於東京都港区。
18 同上。
19 A10氏インタビュー、二〇一〇年四月四日、於東京都新宿区。
20 A4氏インタビュー、二〇一三年八月八日、於札幌市北区。
21 同上。
22 同上。
23 同上。
24 B3氏インタビュー、二〇一〇年五月一一日、於東京都文京区。

25 A12氏インタビュー、二〇一〇年五月二六日、於札幌市中央区。
26 同上。
27 A12氏インタビュー、二〇一〇年五月二六日、於札幌市中央区。
28 C7氏インタビュー、二〇一二年一〇月一六日、於東京都文京区。
29 同上。
30 同上。
31 同上。
32 B17氏インタビュー、二〇一三年八月二日、於東京都新宿区。
33 A4氏インタビュー、二〇一三年八月八日、於札幌市北区。
34 A6氏インタビュー、二〇一三年九月一七日、於北海道美唄市。
35 同上。
36 A6氏インタビュー、二〇一〇年三月一二日、於札幌市北区。
37 B14氏インタビュー、二〇一一年九月二四日、於沖縄県那覇市。
38 B8氏インタビュー、二〇一〇年九月一〇日、於東京都文京区。
39 A22氏・C10氏・C11氏・C12氏インタビュー、二〇一二年一一月二五日、於札幌市北区。
40 同上。
41 A22氏・C10氏・C11氏・C12氏インタビュー、二〇一二年一一月二五日、於札幌市北区。
42 運動組織への勧誘行為を指す。。
43 A4氏インタビュー、二〇一三年八月八日、於札幌市北区。
44 C13氏インタビュー、二〇一三年一一月一四日、於東京都台東区。
45 同上。

46 A31・A32氏インタビュー、二〇一三年八月一一日、於北海道壮瞥町。
47 C14氏・C15氏インタビュー、二〇一三年九月三〇日、於東京都新宿区。
48 A28・A29・B22氏インタビュー、二〇一〇年八月一一日、於札幌市手稲区。
49 A30氏インタビュー、二〇一〇年八月一二日、於札幌市中央区。
50 「手さぐりフェス二〇一四」ウェブサイト、http://tesagurifes.blog.fc2.com/ 二〇一四年八月三一日最終アクセス。
51 A5氏インタビュー、二〇一〇年三月一〇日、於札幌市北区。

第八章　本書での知見の整理と結論

本章では、第四章、第五章、第六章、第七章を通じて得られた知見を整理するとともに、今一度本書の先行研究と分析枠組みに沿って概観したい。その上で、本書が先行研究との比較の上でどのようなオリジナリティを持ち、既存の社会運動論に対してどのような貢献をなしうるかについて、今一度確認したい。

本書では、活動家たちがある限られた空間に集結し、限られた時間の中で社会運動を行うという、「出来事（非日常）」であるサミット抗議行動の変遷を対象とし、またその前後で、活動家たちが社会運動とかかわる「日常」を検討してきた。その際に特に重要な先行研究であったのは、個人の立場に焦点を当てて社会運動を分析するマクドナルドの「経験運動論」であった。経験運動論は、社会運動論を「個人化・流動化の時代を生き、既に集合的アイデンティティによって定義されない人々が、社会運動の過程を共有することにより、自らとは異なる他者と経験を共有し、また経験の差異を乗り越える試み」として捉えた。こうした理論枠組みは、ある統一された目標や目的の下集合して何かをするというよりも、場を共有し語り合い、学び合うといった形で「居場所」化する日本の社会運動を分析する際にもある程度適合的であったと考えられるだろう。

しかし、経験運動論は、個々人の「経験」を重視する一方で、それが政治行動・社会運動であるがゆえに生じる、経験や体験の形式や様式に配慮してきたとは言いがたい。そこで本研究は、社会運動に携わるものたちの「こだわり」や、組織的・集合的な社会運動の場にみられる「しきたり」に注目し、その源泉となる社会運動サブカルチャーに注目した。それによって、経験運動が他でもなく社会運動・市民活動・政治活動……といった、ある政治性をもつがゆえに生じる、経験の共有や差異の乗り越えのあり方を検討しようとするのが、本研究の理論的課題であったと言える。

サミット抗議行動はそのフロントステージとバックステージを通じて「出来事（表の表）」という側面と「日常（表の裏）」という側面を併せ持つ。その一方で、活動家たちの日常も、集合して行うタイプの社会運動という「出来事（裏の表）」と職業生活や家庭生活といった「日常（裏の裏）」に彩られている。本研究は、日常と出来事、それぞれの中での活動家たちの振る舞いや規範は、活動家たちが共有する「社会運動サブカルチャー」に基づいていることを明らかにした。

本章では、本研究の経験運動論に対する貢献と、また社会運動サブカルチャーという概念を用いることによる社会運動研究への貢献、今後の「活動家」研究の可能性と新たな問いを提示することにより、本書の締めくくりとしたい。

論じたものの整理

本研究は、人々が共に存在し、過程を共有するという経験運動の場として二〇〇八年G8サミット抗議行動を事例とした。さらに、このサミット抗議行動の前後にある、人々が「活動家」として携わる環境運動や人権運動、さらにそれを進めるための資金獲得や組織メンバーの人選を分析した。その一方で、「活動家」たちが運動を離れて営む職業生活・家庭生活にスポットを当てた。なぜこのような手続きを踏んだかというと、活動家たちの社会運動サブカルチャーが反映される場には、ふたつの側面があると考えられたためである。ひとつには、従来論じられてきた組織行動としての社会運動という側面、もうひとつにはそれぞれの個人が生活の中で経験する政治という側面であった。本研究はこの両者を分析することにより、社会運動に参加する者たちの振る舞いや価値観、あるいは共有する規範やしきたりを、より明確な形で描き出そうとした。

サミット抗議行動は、設営というバックステージと、多くの参加者たちを巻き込んで行うフロントステージに区別される「イベント」であった。活動家たちは運動の過程を共有することにより、異なる理念を持つ人々や、普段から異なる論理の中で働く人々と理解し合い、社会運動に携わる上での問題意識を深化・拡大することが出来た。その一方、サミット抗議行動の中でさまざまなイベントを実現するという、言わば手段を目的化した運動は、活動家たちにとってあらゆるバックステージ・フロントステージを政治にかかわる活動として認識させてしまう。その結果はしばしば、活動家たちによる人間関係の断絶として現れる。普段から異なる組織の中で、違う問題を扱って活動してきた人々は、互いに手法をめぐって衝突し、ときに経験の差異を認め合うことになる。担ってきた運動や世代によって、抗議行動のキャンプを単なる「宿舎」として捉えるか、それ自体「オルタナティブな社会」として捉えるかは異なるのだ。メディア活動やシンポジウムといった活動は、それだけでも活動家たちの主張や意志を表に出し、議論を呼び起こす点で重要だが、活動家たちにとっては自らのプレステージを示し、弾圧を事前に防ぐといった意味があった。

こうした手法についての意味付けが、活動家たちが行う普段の社会運動や日常においてもよく見られることは、第六章と第七章の分析からも明らかである。活動家たちは、サミット抗議行動以外の集合行動においても日常生活においても、運動そのもの、日常そのものをある目的のための手段でなく、「オルタナティブな社会」として過ごす。いつも携わっている運動、日常のすべてが社会運動的な理念を実現する場だからこそ、運動のあらゆる手続きや運動を離れて過ごす日常においても、活動家たちは衝突し合うことになってしまう。そして、一部の参加者たちは、衝突や理念的対立の末に社会運動そのものから離脱することになる。またその中で、社会運動のサブカルチャーを手がかりに復帰する人々も見られる。

運動のバックステージである場所の確保や参加者・スケジュールの管理、議論における合意形成にもまた、活動家によって異なる意味が込められていた。場所を確保することは、多くの場合共に活動するステークホルダーを設定することであり、どこからどこまでが「社会運動」の範疇であるかを決定する主体的、主観的であると同時に状況的な営みでもある。同時に、活動家たちを管理することは、「イベント」としての社会運動を成功させ、動員を促す一方で、ともに行動する人々を信頼しないことにも繋がり、彼らの自発性を妨げてしまうことになる。管理されたもとでの意志決定は、「合意形成」という名前が与えられているものの、あくまで仮初めのものでしかない場合も少なくない。しかし一方で、長い時間をともにすることによる信頼関係の形成に役立つことになる。

バックステージをめぐって表出したさまざまなことがらは、サミット抗議行動ほど顕著ではないものの、活動家たちがふだんから従事している活動にも共通して現れている。活動家たちは日々、動員を拡大したいと願いながらも、ステークホルダーが拡大し、自らが対処しようとする問題の根幹が揺らぐという事態を危惧する。運動を管理することによって、それまでともに活動してきた人を差別し、裏切り、排除してしまうのではないかと頭を悩ませることになる。活動家たちは、管理という規範と、自発性や寛容という規範の中で、家庭や職業生活においても日々ジレンマを抱きながら生活することになる。ここで興味深いのは、離脱した活動家たちが、言わば政治化された日常を送りながら集合行動に参加できないフラストレーションを解消している点だろう。

さらに、サミット抗議行動は、キャンプやインフォセンターといった場で食住といった日常の行動を活動家同士とともに行うことによって、社会運動を日常生活に近接させ、オルタナティブな社会をより身近な形で経験するイベントでもあった。この中で活動家たちは、抗議の目標や目的を十全に把握しなくとも、みずからの普段用いている技能やノウハウによって、オルタナティブな社会の中での役割を獲得し、運動にコミットしていく。その一方で、食事や部屋割りに関する決まりごとは、生活習慣や活動家たちの出自の違いを浮き彫りにするだけでなく、どの政治課題を重要視するか、運動に対して何を貢献できるかを示す要素でもある。これもまた、普段の社会運動にしばしば見られるものだ。サミット抗議行動でない社会運動に参加するにあたっても、参加頻度や、その運動に供出できる資源、担うことのできる役割によって、運動内での役割や立ち位置が決定する。しかしこれを支えているのは、職業や家庭、階層やその他の属性といった、活動家個々人を取り巻く生活の構造そのものなのだ。

サミット抗議行動を「イベント」として検討することは、従来の社会運動論のとった方法からは少し色彩が異なり、社会運動研究から逸脱しているように見えるかもしれない。本研究は、サミット抗議行動を、国際情勢や多国間の関係といった政治的機会に左右されるものとして描いていない。サミット抗議行動がその過程で、政府や国際機関といかに関与し、いかなる政治的変化を及ぼしたかという点も議論していない。本書はサミット抗議行動の政治的影響力を度外視し、むしろコンサートや見本市、スポーツコンテストや博覧会といった催事に近いものとして扱っている。

しかし本書では、サミット抗議行動を徹底して「イベント」として検討することにより、社会運動の先行研究が捉えそこねてきた、他の社会運動にも共通して見られる要素を浮き彫りにしようとしている。それは主観的な経験に焦点を当ててきた経験運動論もまた捉えそこねてきた、言うなれば「政治的な体験に共通する経験のあり方」である。第四章から第七章までを通じて見られた、性や民族に対する差別をどう処理するかという問題、活動家たちを管理するのか、自発性に任せるのかといった間での苦悩、動員を広げるか、運動の原則を徹底するかといったジレンマなど、本書がサミット抗議行動と、他の集合行動の分析を通じて明らかにしてきた要素は、各章でも言及してきた通り、日本と海外とを問わず先行研究が断片的ながら明らかにしてきた要素と多くのところ重なる（Polletta forthcoming, 2005, 2002; Players forthcoming, 2010, McAdam 1988, 伊藤 二〇〇六、富井 二〇一二など）。

前節でも論じたとおり、今まで中心的に扱われることのなかった社会運動のサブカルチャーが、具体的にどういった個人的な「しきたり」や組織的な「こだわり」によって表出され、どのようなコミュニケーションによって伝播・反映・再生産されるのかを検討した点は本書の貢献である。また、その中で「社会運動と文化」論に属し、社会運動論の問題意識を持たない研究の知見を利用しながら、活動家の意味世界を明確に提示することで、先行研究の知見を新たな視角から浮かび上がらせることに成功した。これについては、次頁以降で詳しく検討したい。

先行研究に対する意義の整理

本書が提示した分析枠組として、集合的で組織化された「出来事（非日常）」と、活動家たちが個人で、ときに私生活を通じて従事する社会運動として「日常」がある。さらに本書は、分析の単位として「組織」と「個人」を提示した。「組織」による「出来事」を分析してきた動員論的社会運動論は、運動のダイナミズムという「動態」を論じることになる。これに加え、本書では、「個人」の「日常」という、ルーティン化された「静態」的な社会運動のあり方に注目してきた。では、「出来事と日常」、「組織と個人」そして「動態と静態」という視点から社会運動を論じることで、社会運動論に対してどのような貢献が可能なのか。本節ではそれを明らかにしたい。

「出来事（非日常）」と「日常」

本書は主要な分析枠組みの一つとして、「出来事」と「日常」が挙げられる。「出来事」は、時間と空間を区切って、組織化されて行われるタイプの社会運動であり、本書ではサミット抗議行動（第五章）と「サミット抗議行動の前後に行われる社会運動」（第六章）が「出来事」として扱った。

これに対して、本研究で用いる活動家たちの「日常」という概念は、いくつか複合された意味を有している。第一に、食住や、地域・職場でのコミュニケーションを通じて行う個人的な営みという意味である。こうした営みは、第七章「活動家たちの家族・職業・地域生活」にて扱った。第二に、食住を通じた社会運動は、活動家たちの日常生活だけでなく、実はサミット抗議行動の中でも行われている。なぜなら、サミット抗議行動は、限られた空間と時間の中で、活動家同士が食住をもともにする活動だったからだ。そのため本書は、サミット抗議行動の「バックステージ」という設営過程を「日常」として扱った。第五章第二節、第五章第三節がそれに当たる。第三に、「日常」は、「出来事」としての性格が強いサミット抗議行動に対する他の社会運動を示してもいる。すなわち、「活動家たちが日常的に行っている社会運動」であり、具体的には所属している組織やネットワークでのミーティングやデモ、学習会といった行動を指す。本書では、第六章で扱う環境運動やフェミニズム運動が該当する。

以上の説明から分かるように、本書の分析枠組みにおいて、社会運動と活動家の日常は複雑に絡み合っている。第五章第一節・第二節では、デモ、シンポジウム、メディア活動といった、サミット抗議行動のなかの組織化された行動として「出来事の中の出来事（表の表）」を取り上げた。第五章第三節・第四節では、資金調達、会議、食事の供給といった、サミット抗議行動の中で営まれる個人的な活動として「出来事の中の日常」を扱った。第六章は、活動家たちが普段から営む組織化された社会運動として「日常の中の出来事」を、第七章は、活動家たちの家庭・職場・地域での生活という「日常の中の日常」を記述した。

ここで、先行研究の検討に立ち戻ろう。社会運動論は、基本的には組織化された集合行動という「出来事」の側を分析してきた。これに対し、経験運動論、「社会運動と文化」論、ライフスタイル運動研究などが「日常」の側を研究してきた。本書もまた、経験運動論に属するものとして、個人化された社会運動を検討するものである。なぜなら、流動化・個人化された現代社会において、統一されたフレームや政治的機会・集合的アイデンティティによる「組織化された集合行動」を想定することが不可能なためである。

その一方で、経験運動論が主張するいくつかの論点に対しても、本書は疑義を呈するものである。経験運動論は、「異なる出自や属性を持つ他者が理解し合い、経験を共有する場」としての日常を社会運動として捉える。しかし、その場で語られる物事、直面する諸問題が「政治的」であるかぎり、経験を共有するやり方には、何らかの様式や形式があるのではないか。経験運動であれ、従来の運動論が検討してきた社会運動であれ、活動家の振る舞いや慣習を拘束する「社会運動サブカルチャー」が存在するのではないか、というのが、本書の問題意識だった。

社会運動サブカルチャーの存在を仮定し解き明かすにあたり、本研究はライフスタイル運動のように「日常」だけを対象化するわけにはいかない。なぜなら、社会運動サブカルチャーがあったとして、それは個人的な私生活の中だけで育まれるわけではなく、人間関係やコミュニケーションを媒介として伝達・伝播・再生産されると考えられるためだ。そうしたコミュニケーションの場として、従来の社会運動論が論じてきた「出来事」があるのではないかと想定した。日常と出来事を往還して分析する中で、「社会運動と文化」論が発見した、活動家たちをめぐる燃え尽きや運動忌避、復帰といったさまざまな要素も検討できるのではないかと考えた。

本書はサミット抗議行動という、時間と空間が区切られ、明確に「終わり」を持つ社会運動を検討した。第四章第一節にて指摘したとおり、こうした「出来事の中の出来事」への着目は、参加の多様性を生む。そこには従来の社会運動論が論じてきた「目標に共鳴して参加する人々」や「資源を持つ人々」のほかに、「目標に共鳴しないが参加した人々」「義務感によって参加した人々」といった参加を生む。こうした「多様な参加」を発見し、この発見に基づいて活動家たちの日常を研究することで、本書は社会運動論に対してどのようなインパクトを与えられるのか。次項にてさらに詳しく述べたい。

社会運動における「組織」と「個人」

本書の分析枠組みとして「出来事」と「日常」があるが、このふたつと大きく重なる形で存在するもう一つの分析枠組みが「組織」と「個人」である。「組織」による集合行動を検討してきた従来の社会運動論に対して、経験運動論は「個人」に光を当ててきた。しかし、前節で述べたように、集合的アイデンティティや社会運動組織、統一されたフレームがもはや機能しなくなった社会運動においても、やはり人々が共有するものとして「社会運動サブカルチャー」が存在するのではないかというのが、本研究の問いであった。

動員論的社会運動論は、社会運動の「参加・発生・発展・持続」を検討してきたと言われる（片桐 一九九五、

Johnston and Klandermans eds. 1995）。しかし、社会運動の「参加」を問う研究で対象とされるのは個人であるのに対し、「発生・発展」は組織を対象としている。「持続」は個人のレベルでも組織のレベルでも見られると言えるが、基本的に社会運動論は、組織と個人を混同して論じてきたと言えるだろう。

なぜ、社会運動論は、個人と組織を区別することなく論じてきたのか。その理由は、個人を組織に従属するものとして見なしてきたためと考えられる。そのために、個人の「参加」は運動を「発生」あるいは「発展」させる要素として捉えられ、個人の運動継続が、そのまま運動を「持続」させるものとしてみなされた。それに対し、本書は動員論的運動論と経験運動論に注目し、「組織」の観点からだけではなく、「個人」をも重要な検討領域として独立させて検討した。

例えば第六章では、イラク三邦人誘拐事件の保護活動に携わった者やフェミニズム活動家の語りから、個々人が「参加」にこだわるゆえに運動が発展しないさまや、他者の離脱を招くさまを描いてきた。また、二〇一一年以降の脱原発運動の事例から、運動の「発展」や「持続」が個人の「参加」「持続」と同一ではないことが明らかになった。これは、社会運動を論じるにあたり個人と組織が同一視されないという証明でもあるだろう。

以上の知見を持って本書は、社会運動の「参加」が多様なグラデーションを持っており、単に組織的な社会運動の盛衰を左右するだけではないという、「参加」の広い可能性を主張したい。第六章と第七章とを通じて、筆者は社会運動参加の多様なあり方を描いてきた。それは例えば、個人での学習（「考えること」）やライフスタイル運動といった「組織」（出来事）に関与しない形での参加、一度は離脱してしまうものの再度復帰する形での参加、あるいは参加逃避意識や役割葛藤の上での参加など、個人が運動にかかわるさまざまなあり方に着目出来る。

本書の貢献は、上述したような、いままで社会運動論が主題化し得なかった議論を主題化するという点にあるだろう。本書は経験運動論の蓄積を踏まえながら社会運動サブカルチャーという概念を用いることで、視点を言わば「組織のなかの『個人』」から「組織」と「個人」の交渉へと転換し、社会運動におけるあらたな主題の提示を行うものである。

さらに本書は、サミット抗議行動という、基本的には組織によって行われる出来事の「動態」と、活動家たち個人の日常という「静態」を検討した。サミット抗議行動の「動態」として、サミット抗議行動における人間関係の変遷（第四章第二節・第三節）と、そこで伝達され、場合によっては衝突する社会運動サブカルチャーのありよう（第五章）を見てきた。

「動態」と「静態」

動員論的社会運動論は、「動態」と「静態」に関しても、「組織」と「個人」と同様の論じ方で議論したと言える。集合行動論者らは、社会運動体の「運動総過程図式」や「社会運動のナチュラル・ヒストリー」といった概念を用いながら、社会運動のダイナミズムを議論してきた（塩原 一九七六）。集合行動論は運動の発生要因を「個人の不満・不平」に求めるが、それによって生じる社会運動は組織現象である。集合行動論者は、社会運動の発生と発展を論じる中で、個人は組織に従属する要素として論じられ、個人の運動参加と社会運動の発生・発展を同一視してしまいがちな暗黙の傾向を有していた。運動の盛衰という動態の中に、個人の参加という静態を流し込んで検討を行ってしまった結果、「個人」と「組織」という完全に合致するはずのない変数を対応させてしまったと言えるだろう。だからこそ、社会運動のダイナミズムという非日常に属する「動態」とは別に、本書は個人の日常生活という「静態」に即して社会運動を分析する必要があると考えた。第六章と第七章で論じた活動家と社会運動の関わりは、それぞれ異なる社会運動におけるある一時点を回顧した語りをもって現れている。それらは「動態としての社会運動」という視点からは断片的で分散したもののように見えるが、社会運動に関わる個人が直面する共通した静態として確認可能だ。

さらに「静態としての社会運動」を検討することで見られる諸要素は、「動態としての社会運動」に影響を与えている。本書はサミット抗議行動の中の人間関係形成・断絶を「動態」として捉えて検討した。その結果、活動家たちによる関係形成と断絶の裏側には「運動の手法・考え方の伝達を通じた相互理解」と「運動の手法、やり方に込めた意味付けをめぐる衝突」があると判明した。つまり、活動家同士の相互理解や衝突といった運動の動態を左右するものとして、静態を検討して見られた社会運動サブカルチャーが働いているのだ。

本書は、動態としての社会運動の中でその貢献を主張せざるを得なかった「社会運動の文化」論に対して新たな視点を付け加えるものであろう。「社会運動と文化」論に属する研究が論じてきた、社会運動参加者をめぐる多様な「参加」にまつわる一連の研究の意義を再定義するものである。社会運動組織あるいは活動家をめぐる「中断」（Taylor 1989）や「不参加」（伊藤二〇〇六）、「役割葛藤」（富井二〇一二）や「燃え尽き」（富永二〇一三、Rodgers 2010）は、間接的に社会運動論の主要な問いと関連付けて論じられざるを得なかった。しかし、上述した論者らが見出した要素は、「静態としての社会運動」をめぐるより大きな問いに応えうる。それは、活動家たちをめぐる意味世界はどのようなものなのか、という問いである。

第二章でも紹介した、「社会運動と文化」研究のまとめを行った野宮（二〇〇二）の論考は、「社会運動と文化」論の問題意識を以下のように論じている。

運動の内部や組織はその外見から想像するほど一枚岩ではないことは論じられてきた。しかし、なぜなのか、何がそれを一枚岩にさせないのか。そしてその根拠はどこにあるのか。一枚岩でないことの結果何がおきるのか。
（野宮二〇〇二：一九）

本研究は経験運動論による運動の捉え方を引き継ぐとともに、野宮の問いかけに代表される「社会運動と文化」論の問題意識を引き継いでいる。具体的には、「社会運動サブカルチャー」を共有する、出自も属性も異なる個々人が、経験を共有する場として社会運動を捉えた。その結果、上述したような、活動家個人におけるさまざまな運動との関わり方が主題化された。「組織」でなく「個人」に焦点を当てて、本書によって主題化されたさまざまな関わり方をより深く議論することが、「何が運動を一枚岩にさせないのか」「一枚岩でないことの結果何が起きるのか」という問いかけに答えることにつながるのではないか。

今後の課題

前節では、本書が「社会運動サブカルチャー」という概念を提示し、分析視角を「出来事（非日常）」と「日常」、「組織」と「個人」、さらに「動態」と「精緻化」へと精緻化することにより、社会運動の研究に新たな視点を加える点を示した。

もう一つの本書の貢献として、経験運動論に関するものがある。経験運動論は基本的に、異なる出自や属性を持つ人々が経験を共有できる場を「社会運動」として捉えてきた。経験運動論とその潮流に連なる諸研究が主張する通り、運動は「居場所」である。しかし、そこは単に異なる他者が相互に理解し合い、ともに経験を共有するだけではない、政治的な事柄を体験した者だけが共有する「経験」の同一性がある。また、「社会運動サブカルチャー」を身体化し、「居場所」を作り上げるにあたって、能力や出自が活動家たちの役割を決定する側面を議論した。だとすれば、経験運動論者らの指摘は、現代の社会運動を捉える上でいささか楽観的にすぎる部分があるとも言えるだろう。「経験」の共有の作法が、「出自・属性」に基づいているという可能性を踏まえた上で、慎重に引き続き研究する必要がある。

また、今後の課題として、「社会運動サブカルチャー」概念が共有される範囲はどこまでであるのか、どのような要素において細分化されるのか、ということを検討する必要があるのではないかと考えられる。

第二章にて議論した通り、社会運動は集合的なアイデンティティに基づく集合行動というよりも、個人化・流動化するアイデンティティに基づく経験運動として捉えられる。サミット抗議行動とそれ以外の社会運動とを問わず、本書が対象とした活動家たちの振る舞いは、集合的なアイデンティティに基づいているとは主張できない。「G8に反対する」や「原発再稼働反対」、「レイシズムを乗り越える」といった目標や目的を持って集まった活動家たちは、活動を続ける中で運動の原則とはなにか、自分にとってどのような要素が重要なのか、という点に悩むことになる。

社会運動が「集合的アイデンティティ」から「流動性」「経験」に基づくものへと移行しつつあることを考えると、運動はそれぞれの活動家たちの属性や経験、好ましいと感じる規範や価値に基づく多様な居場所へと分化していく過程でもあるのではないかと思われる。サミット抗議行動の参加者は、抗議行動を経て、自らと類似した境遇の人々や、近い世代の人々、手法に対する好みが近い人々とともに活動を行うことになる。本書にて示したフェアトレード運動、震災復興運動や環境運動の参加者たちもまた、同じ目的を持っている、共通の「敵」がいるというだけでは連帯しえず、誰をステークホルダーにするか、自らの運動の正しさをどれほど疑っているか、政府との距離をどれくらい保っているかといった点から、自らが参加するべき運動の方向性を測り、参加や離脱を決定していたと言える。だとすれば、社会運動サブカルチャーは、ある種のクラスター化された「同好の士」たちによってさまざまに分化するものではないだろうか。

第二章にて、本書に直接関連がない議論として省略したが、カウンターカルチャー論がサブカルチャー論へと移行した過程は非常に興味深い。一九八〇年代以降において、「マスカルチャーに対抗するものとしてのカウンターカルチャー（社会運動）」はすでに、その説明力を喪失しつつあった。例えば、ロザベス・モス・カンターの分析（Kanter 1973）によると、一九六〇年代に隆盛をきわめ、「カウンターカルチャー」的な価値観に基づいて形成されたコミューンは、少なくともカンターの調査した三〇超のコミューンのうち、その半数以上が解散や分裂へと向かうことになる（Kanter 1973: 246-248）。また、コミューンでなくとも、大々的に「支配的な文化」や「価値」に対する挑戦を企てた、学生運動など多くの試みは、党派分裂やセクト化といった過程を経て（安藤 二〇一三）、現在はそれぞれ分化した形で生き長らえている（Johnston and Klandermans eds. 1985: 9-11）。

安藤やカンターの議論において、社会運動参加者は、共通して考えることと動くことの間での葛藤や、徹底した平等の中で生じてしまう差別に頭を悩ませる。しかしその一方で、彼らの振る舞いや言葉遣い、好ましいと感じる時間の過ごし方や関係の作り方を作り出す場は、ただひとつのコミューンやセクトといった共同体に収束するものではなく、おそらく同一の社会運動サブカルチャーに基づくとは考え難い部分も多数あるだろう。「流動化」「個人化」というタームを持ち出すまでもなく、運動の分裂やさらなる分化は活動家をめぐる常態だとも考えられる。

時代によらず、活動家たちは自らの世代や体験、居住地域や職業によって、彼らは自分に相応しいと感じる政治課題を選び、それに応じた振る舞いを好み、居場所を作るのではないか。さらに、活動家たちの選択に応じて、社会運動サブカルチャーはさまざまに分散し、さらに下位のカルチャーへと分化していくのではないか。こうした領域への研究の展開は、今後の課題として追究していきたい。

参考文献

Activist-Trauma Support, 2005, "Activist Trauma: Mutual Support in the Face of Repression," Harvie, D, Milburn, K., Trott, B. and Watts, D. eds., 2005, *Shut Them Down! : The G8, Gleneagles 2005 and the Movement of Movements,* Dissent! and Autonomedia : 257-262.

雨宮処凛、二〇一〇、『反撃カルチャー――プレカリアートの豊かな世界』角川学芸出版

天野恵一・国富建治、二〇〇八、「往復書簡 反戦運動と反グロ運動をめぐって」『反安保実NEWS』二〇：二一―六

安藤丈将、二〇一三、『ニューレフト運動と市民社会――「六〇年代」の思想のゆくえ』世界思想社

青木聡子、二〇一三、『ドイツにおける原子力施設反対運動の展開――環境志向型社会へのイニシアティヴ』ミネルヴァ書房

ATTAC フランス・コリン・コバヤシ・杉村昌昭、二〇〇八『徹底批判 G８サミット』作品社

Barr, Dermot and Drury, John, 2009, "Activist Identity as a Motivational Resource: Dynamics of (Dis) empowerment at the G8 Direct Actions, Gleneagles, 2005," *Social Movement Studies* 8(3): 243-260.

Bernstein, Mary, 1997, "Celebration and Suppression: The Strategic Uses of Identity by the Lesbian and Gay Movement," *American Journal of Sociology 103(3): 531-565.*

Bob, Clifford, 2005, *The Marketing of Rebellion: Insurgents, Media, and International Activism,* Cambridge University Press.

Breiger, Ronald L., 1974, "The Duality of Persons and Groups," *Social Forces* 53(2): 181-190.

Byrd, Scott C. and Jasny, Lorien, 2010, "Transnational Movement Innovation and Collaboration: Analysis of World Social Forum Networks," *Social Movement Studies* 9(4): 355-372.

Chesters, Graeme and Walsh, Ian, 2010, *Social Movements: The Key Concepts,* Routledge.

Clemens, Elisabeth S., 1993, "Organizational Repertoires and Institutional Change: Women's Groups and the Transformation of U.S. Politics, 1890-1920," *American Journal of Sociology* 98(4): 755-798.

Clemens, Elisabeth S., 1996, "Organizational Form as Frame: Collective Identity and Political Strategy in the American Labor Movement, 1880-1920," McAdam, D. McCarthy, John D., and Zald, Mayer N. eds., *Comparative Perspectives on Social Movements, :Political Opportunities, mobilizing Structures, and Cultural Framings,* Cambridge University Press: 205-226.

Della Porta, Donatella and Mosca, Lorenzo, 2005, "Global-net for Global Movements? A Network of Networks for a Movement of Movements," *Journal of Public Policy* 25(1): 165-190.

Della Porta, Donatella and Reiter, Herbert eds., 1998, *Policing Protest: The Control of Mass Demonstrations in Western Democracies,* University of Minnesota Press.

Della Porta, Donatella and Diani, Mario, 2006, *Social Movements: An Introduction,* 2nd ed., Blackwell Publishing.

Della Porta, Donatella, Andretta, Massimiliano, Mosca, Lorenzo and Reiter, Herbert, 2006, *Globalization from Below :Transnational Activists and Protest Networks,* University of Minnesota Press.

Della Porta, Donatella, Peterson, Abby and Reiter, Herbert eds., 2006, *The Policing of Transnational Protest,* Ashgate Publishing.

Della Porta, Donatella ed., 2007, *The Global Justice Movement: Cross-National and Transnational Perspectives,* Paradigm Publishers.

Della Porta, Donatella ed., 2009, *Democracy in Social Movements,* Palgrave Macmillan.

Doerr, Nicore, 2009, "Language and Democracy 'in Movement': Multilingualism and the Case of the European Social Forum Process," *Social Movement Studies* 8(2): 149-165.

Dominguez, Silvia, 2010, *Getting Ahead: Social Mobility, Public Housing and Immigrant Networks,* New York University Press

Dubet, François, 1994, Sociologie de l'expérience, Seuil.（＝二〇一一、山下雅之（監訳）・濱西栄司・森田次朗訳『経験の社会学』新泉社）

Fantasia, Rick and Hirsch, Eric L., 1995, "Culture in Rebellion: The Appropriation and Transformation of the Veil in the Algerian Revolution," Johnston, H. and Klandermans, B. eds., *Social Movements and Culture,* University of Minnesota Press: 144-162.

Feigenbaum, Anna, Frenzel, Fabian and McCurdy, Patrick, 2013 *Protest Camps,* Zed Books

Fernandez, Roberto, M. and McAdam, Doug, 1988, "Social Networks and Social Movements: Multiorganizational Fields and

Recruitment to Mississippi Freedom Summer," *Sociological Forum* 3(3): 357-382.

Flesher Fominaya, Cristina, 2007, "Autonomous Movements and the Institutional Left: Two Approaches in Tension in Madrid's Anti-globalization Network," *South European Society and Politics* 12(3): 335-358.

Flesher Fominaya, Cristina, 2010, "Creating Cohesion from Diversity: The Challenge of Collective Identity Formation in the Global Justice Movement," *Sociological Inquiry* 80(3): 377-404.

Freeman, Jo, 1979, "Resource Mobilization and Strategy: A Model for Analyzing Social Movement Organization Actions," Zald, Mayer N. and McCarthy, J.D. eds., *The Dynamics of Social Movements*, Winthrop Publishers: 167-189.(＝一九八九、牟田和恵訳「フェミニズムの組織問題」塩原勉編『資源動員と組織戦略――運動論の新パラダイム』新曜社、一四七―一七八)

古市憲寿・本田由紀、二〇一〇、『希望難民ご一行様――ピースボートと「承認の共同体」幻想』光文社新書

二木信、二〇〇八、「デモを生み出し楽しむ方法と技術――Ｇ８サミット騒動体験記」『季刊ａｔ』一四：八六―九四

Givan, Rebecca K., Roberts, Kenneth M. and Soule, Sarah A., 2010, *The Diffusion of Social Movements: Actors, Mechanisms, and Political Effects,* Cambridge University Press.

Glass, Pepper, 2010, "Everyday Routines in Free Spaces: Explaining the Persistence of the Zapatistas in Los Angeles," *Mobilization* 15(2): 199-216.

Goodwin, Jeff and Jasper, James M., 1999, "Caught in Winding, Snarling Vine: The Structural Bias of Political Process Theory," *Sociological Forum,* 14 (1): 27-54.

Goodwin, Jeff and Jasper, James M. ed., 2003, *Rethinking Social Movements: Structure, Meaning, and Emotion,* Rowman & Littlefield Publishers.

Gorringe, Hugo and Rosie, Michael, 2008, "It's a Long Way to Auchterarder! 'Negotiated Management' and Mismanagement in the Policing of G8 Protests," *The British Journal of Sociology* 59(2): 187-205.

Gould, Roger V., 1991, "Multiple Networks and Mobilization in the Paris Commune, 1871," *American Sociological Review*, 56(6): 716-729.

Gramsci, Antonio, 1971, *Selections from the Prison Notebooks,* International Publishers.（＝一九八一、獄中ノート翻訳委員会訳『グラムシ獄中ノート 第一巻』大月書店）
Greaber, David, 2009, *Direct Action: An Ethnography,* AKPress.
G８メディアネットワーク、二〇〇八、二〇〇九、『G８メディアネットワーク二〇〇八 報告書』G８メディアネットワーク
Habermas, Jürgen, 1981, "New Social Movements," *Telos* 49: 33-37.
Haenfler, Ross, Johnson, Brett and Jones, Ellis, 2012, "Lifestyle Movements: Exploring the Intersection of Lifestyle and Social Movements," *Social Movement Studies* 11(1): 1-20.
濱西栄司、二〇〇五、「社会運動の個人化――社会的排除・ホームレスギャング・拒食症・落書き・エスニシティ――（Kevin McDonald, Struggles for Subjectivity: Identity, Action and Youth Experience,(Cambridge University Press, 1999)」『京都社会学年報』一三：一一五―一二五
濱西栄司、二〇一〇、『新しいグローバル運動の社会学――経験運動論とメカニズム』京都大学大学院文学研究科行動文化学専攻博士論文
原口剛、二〇一〇、「ドキュメント青空大学」青空大学連絡会編『「青空大学――パペットをつくろう！」論考集』大阪市立大学都市研究プラザ、二―九
長谷川公一、一九八五、「社会運動の政治社会学――資源動員論の意義と課題」『思想』七三七：一二六―一五七
長谷川公一、一九九〇、「資源動員論と『新しい社会運動』論」社会運動論研究会編『社会運動論の統合をめざして』成文堂、三―二八
橋口昌治、二〇一一、『若者の労働運動――「働かせろ」と「働かないぞ」の社会学』生活書院
畑山要介、二〇一一、「フェアトレードは商業化されているか？――商業性と運動性の関係の変容を通して――」『年報社会学論集』二四：一九二―二〇三
Harvie, David, Milburn, Keir, Trott, Ben and Watts, David, 2005, *Shut Them Down! : The G8, Gleneagles 2005 and the Movement of Movements,* Dissent! and Autonomedia.

Haug, Christoph, 2014, 'Meeting Arenas、Goodwin, j. and Jasper, J.M. eds., *The Social Movements Reader: Cases and Concepts:196-212*
Haug, Christoph, 2013, "Organizing Spaces: Meeting Arenas as a Social Movement Infrastructure between Organization, Network and Institution," *Organization Studies* 34(6): 705-732.
Haunss, Sebastian and Leach, Darcy K., 2007, "Social Movement Scenes: Infrastructures of Opposition in Civil Society," Purdue, D. ed., *Civil Societies and Social Movements: Potentials and Problems,* Routledge: 71-87.
速水健朗、二〇一三、『フード左翼とフード右翼――食で分断される日本人』朝日新聞出版
樋口直人、二〇一四、『日本型排外主義――在特会・外国人参政権・東アジア地政学』名古屋大学出版会
本郷正武、二〇〇七、『HIV/AIDSをめぐる集合行為の社会学』ミネルヴァ書房
稲葉奈々子、二〇〇九、「ハイリゲンダム・サミットにおける『社会的排除に反対する行進』と反グローバリズムの闘い――ともに記憶をつくる」『大阪経済法科大学　アジア太平洋研究センター年報』七：二六―三三
稲葉奈々子、二〇一〇、「国境を超える社会運動と直接民主主義――二〇〇八年洞爺湖サミット抗議行動における『持たざる者の運動』からの考察――」『茨城大学地域総合研究所年報』四三：七五―八四
稲増一憲・池田謙一、二〇一〇、「バイコットと社会参加の社会心理学的研究――JGSS-2008データを用いた検討」『日本版総合的社会調査共同研究拠点研究論文集（10）』七三―八五
伊藤奈緒、二〇〇六、「社会運動の参加／不参加選択をめぐる意味構築――アイヌ民族による権利獲得運動を事例として――」『社会学評論』五六（四）：七九七―八一四
蒲島郁夫、一九八八、『現代社会学叢書 六 政治参加』東京大学出版会
警察庁、二〇〇七、「北海道洞爺湖サミットの成功に向けて」『焦点』二七五：一―一三
Jennings, M. Kent and Niemi, Richard G., 1981, *Generations and Politics: A Panel Study of Young Adults and Their Parents,* Princeton University Press.
Johnston, Hank and Klandermans, Bert eds., 1995, *Social Movements and Culture,* University of Minnesota Press.

Juris, Jeffrey S. 2008, "Spaces of Intentionality: Race, Class, and Horizontality at the United States Social Forum," *Mobilization* 13(4): 353-371.

Juris, Jeffrey S., Bushell, Elica G., Doran, Meghan, Judge, J.Matthu, Lubitow, Amy, Maccormack, Bryan and Prener, Christopher, 2014, "Movement Building and the United States Social Forum," *Social Movement Studies* 13(3): 328-348.

開田奈穂美、二〇一一、「地域開発問題における問題の変質とアクターの「入れ替わり」に関する考察――諫早湾干拓事業を事例として」『年報科学・技術・社会』二〇：一―三六

神長恒一・ぺぺ長谷川、二〇〇〇、『だめ連の働かないで生きるには?!』筑摩書房

金谷美紗、二〇一四、「揺れるシナイ半島――イスラーム過激派の台頭と民主化への影響」『中東研究』二〇一三年度（三）：五二―六三

Kanter, Rosabeth Moss, 1973, *Commitment and Community: Communes and Utopias in Sociological Perspective*, Harvard University Press.

片桐新自、一九九五、『社会運動の中範囲理論――資源動員論の展開』東京大学出版会

Kavada, Anastasia, 2010, "Between Individuality and Collectiveness: Email Lists and Face-to-face Contact in the Global Justice Movement," *International Journal of E-Politics* 1(1):41-56.

Keniston, Kenneth, 1968, *Young Radicals: Notes on Committed Youth*, HBJ College & School Division.（＝一九七三、庄司興吉・庄司洋子訳『ヤング・ラディカルズ――青年と歴史』みすず書房）

金尚均（編）、二〇一四、『ヘイト・スピーチの法的研究』法律文化社

Kitts, James A., 2000, "Mobilizing in Black Boxes: Social Networks and Participation in Social Movement Organizations," *Mobilization* 5(2): 241-257.

国際交流インフォセンター／キャンプ札幌実行委員会、二〇〇八、『洞爺湖サミット 国際交流インフォセンター／キャンプ（札幌・当別）報告集 オルタナティヴ・ヴィレッジ 私たちの小さな村のこころみ』国際交流インフォセンター／キャンプ札幌実行委員会

越田清和、二〇〇八、「ピースウォーク顛末記」『季刊運動〈経験〉』二六：一二九―一三一

Kuhn, Gabriel, 2011, *Soccer vs. the State: Tackling Football and Radical Politics*, PM Press.（＝二〇一三、甘糟智子訳『アナキストサッカーマニュアル――スタジアムに歓声を、革命にサッカーを』現代企画室）

栗原康、二〇〇八、『G8サミット体制とはなにか』以文社

栗原康、二〇一三、「豚小屋に火を放て――伊藤野枝の矛盾恋愛論」『現代思想』四一（三）：二〇二―二一二

黒山一鉄、二〇〇八、「新自由主義と大衆的対決を実現した反帝国際共同行動――08年洞爺湖サミット反対闘争の総括論」『展望』三：二六―六二

救援連絡センター、二〇〇七、『救援ノート 逮捕される前に読んどく本　第八改訂版』救援連絡センター

Lichterman, Paul, 1996, *The Search for Political Community : American Activists Reinventing Commitment*, Cambridge University Press.

Maiba, Hermann, 2005, "Grassroots Transnational Social Movement Activism: The Case of People's Global Action," *Sociological Focus* 38(1), 41-63.

Maeckelbergh, Marianne, 2007, *The Will of Many: How the Alterglobalization Movement is Changing the Face of Democracy*, pluto Press.

Maskell, Peter, Bathelt, Herald and Malmberg, Anders, 2006, "Building Global Knowledge Pipelines: The Role of Temporary Clusters," *European Planning Studies* 14(8): 997-1013.

松本哉、二〇〇八、『貧乏人大反乱――生きにくい世の中と楽しく闘う方法』アスペクト

松本勲、二〇一〇、「反G8日記」『アナキズム』一一：一二四―一五四

McAdam, Doug, 1982, *Political Process and the Development of Black Insurgency, 1930-1970*, University of Chicago Press.

McAdam, Doug, 1986, "Recruitment to High-Risk Activism: The Case of Freedom Power," *American Journal of Sociology* 92(1): 64-90.

McAdam, Doug, 1988, Freedom Summer, Oxford University Press.

McAdam Doug, McCarthy, John D. and Zald, Mayer N., 1996, *Comparative Perspectives on Social Movements: Political Opportunities, Mobilizing Structures, and Cultural Framings*, Cambridge University Press.

McAdam, Doug, Tarrow, Sidney and Tilly, Charles, 2001, *Dynamics of Contention*, Cambridge University Press.

McCarthy, John D. and Zald, Mayer N. 1977, "*The Trend of Social Movements in America: Professionalization and Resource Mobilization*", CRSO special working paper, General Learning Press.
McCarthy, John D. and Zald, Mayer N., 1977, "Resource Mobilization and Social Movements: A Partial Theory," *American Journal of Sociology* 82(6): 1212-1241.（＝一九八九、片桐新自訳「社会運動の合理的理論」塩原勉編『資源動員と組織戦略――運動論の新パラダイム』新曜社、二一―五八）
McDonald, Kevin, 2002, "From Solidarity to Fluidarity: Social Movements beyond 'Collective Identity'—the Case of Globalization Conflicts," *Social Movement Studies* 1(2): 109-128.
McDonald, Kevin, 2004, "Oneself as Another: From Social Movement to Experience Movement," *Current Sociology* 52(4): 575-593.
McDonald, Kevin, 2006, *Global Movements: Action and Culture*, Wiley-Blackwell.
目加田説子、二〇〇三、『国境を超えるネットワーク――トランスナショナル・シビルソサエティ』東洋経済新報社
Melucci, Arberto, 1985, "The Symbolic Challenge of Contemporary Movements," *Social Research*: 52(4): 789-816.
Melucci, Arberto, 1995, "The Process of Collective Identity," Johnston, H. and Klandermans, B. eds., *Social Movements and Culture*, Routledge: 41-63.
Melucci, Arberto, 1996, "Individual Experience and Global Issues in a Planetary Society," *Social Science Information*, 35(3): 485-509.
Micheletti, Michelle, 2003, Political Virtue and Shopping: Individuals, Consumerism, and Collective Action, Palgrave Macmillan.
ミサオ・レッドウルフ、二〇一三、『直接行動の力「首相官邸前抗議」』クレヨンハウス
宮台真司・石原英樹・大塚明子、一九九三、『サブカルチャー神話解体――少女・音楽・マンガ・性の三〇年とコミュニケーションの現在』PARCO出版
門野里栄子、二〇〇五、「〈親の背中〉が語る時――沖縄反戦地主二世に見る平和の継承――」『ソシオロジ』五〇（２）：一九―三五
仲田教人、二〇〇七、「ドイツ反G８運動と方法としてのアナーキズム」『未来』四九二：一―五
仲田教人・栗原康、二〇〇八、「オルタ・グローバリゼーション運動とキャンプの歴史」、洞爺湖サミット 国際交流インフォセン

ター／キャンプ（札幌・当別）報告集『オルタナティヴ・ヴィレッジ 私たちの小さな村のこころみ』国際交流インフォセンター／キャンプ札幌実行委員会、二〇一七

中澤秀雄、二〇〇五、『住民投票運動とローカルレジーム――新潟県巻町と根源的民主主義の細道、一九九四―二〇〇四』ハーベスト社

成田佳祐、二〇〇八、「随感随筆ドイツ反G8」『アナキズム』一〇：五四―七三

Negri, Antonio, Scelsi, Raf Valvola, 2007, Interregnum: *The Crisis of the Left in the World*, Seven Stories Press.（＝二〇〇八、廣瀬純訳『未来派左翼――グローバル民主主義の可能性をさぐる』、NHK出版）

西城戸誠、二〇〇八、『抗いの条件――社会運動の文化的アプローチ』人文書院

西澤由隆、二〇〇四、「政治の二重構造と『関わりたくない』意識――Who said I wanted to participate?」『同志社法學』五五（五）：一二一五―一二四二

noiz、二〇一〇、「経験の権力、無垢の権力」、『アナキズム』一三：三五―四九

のじれん（渋谷・野宿者の生活と居住権をかちとる自由連合）、二〇〇八、「反G8キャンプへの派遣参加報告」『ピカピカのうち』三三：七―一二

野間易通、二〇一二、『金曜官邸前抗議――デモの声が政治を変える』河出書房新社

野宮大志郎（編）、二〇〇二、『社会運動と文化』ミネルヴァ書房

Nomiya, Daishiro, 2009, "Under a Global Mask: Family Narratives and Local Memory in a Global Social Movement in Japan," *Societies Without Borders* 4(2): 117-140.

野宮大志郎・西城戸誠（編）、二〇一六、『サミット・プロテスト――グローバル化時代の社会運動』新泉社

大林真也、二〇一三、「流動的集団における助け合いのメカニズム――経験的研究と数理的研究によるアプローチ」『社会学評論』六四（二）：二四〇―二五六

Offe, Claus, 1985, "New Social Movements: Challenging the Boundaries of Institutional Politics," *Social Research* 52(4): 817-868.

大橋正明・越田清和・小倉利丸、二〇〇八、「G８の何が問われているのか——私たちはどのように行動するのか」『インパクション』一六二：六—三三
大畑裕嗣、二〇〇四、「モダニティの変容と社会運動」曽良中清司・長谷川公一・町村敬志・樋口直人編『社会運動という公共空間——理論と方法のフロンティア』成文堂、一五六—一八九
Olson, Mancur, 1965, *The Logic of Collective Action: Public Goods and the Theory of Groups*, Harvard University Press.（＝一九九六、依田博・森脇俊雅訳『集合行動論——公共財と集団理論』ミネルヴァ書房）
ピープルズ・プラン研究所、二〇〇八、「反洞爺湖G８サミット行動をめぐって——日本に反グローバリゼーション運動は上陸したのか?」『ピープルズ・プラン』四四：一二八—一四二
Pekkanen, Robert, 2006, *Japan's Dual Civil Society: Members without Advocates*, Stanford University Press.（＝二〇〇八、佐々田博教訳『日本における市民社会の二重構造——政策提言なきメンバー達』木鐸社）
Players, Geoffrey, 2011, *Alter-Globalization, :Becoming Actors in a Global Age*, Polity.
Players, Geoffrey, forthcoming, "Alter-Europe: From Post-Democracy to 'Multiple Democracy'?"
Polletta, Francesca, 2002, *Freedom is an Endless Meeting: Democracy in American Social Movements,* University of Chicago Press.
Polletta, Francesca, 2005, "How Participatory Democracy Became White," *Mobilization* 10(2): 271-288.
Polletta, Francesca, forthcoming, "Social Movements in an Age of Participation".
Rallet, Alain and Torre, André, 2009, "Temporary Geographical Proximity for Business and Work Coordination: When, How and Where?," *SPACES online* 7(2): 3-25.
Ramirez-Pasillas, Marcela, 2008, "Resituating Proximity and Knowledge Cross-fertilization in Clusters by Means of International Trade Fairs," *European Planning Studies* 16(5): 643-663.
Ramirez-Pasillas, Marcela, 2010, "International Trade Fairs as Amplifiers of Permanent and Temporary Proximities in Clusters," *Entrepreneurship & Regional Development* 22(2): 155-187.

ロックダブコレクティブプロジェクト、二〇〇八、『合意形成、その促進そして解放』（翻訳：poetry in the kitchen 翻訳部）http://sssslide.com/www.slideshare.net/perota/ss-11207740　二〇一四年八月二三日最終アクセス

Rodgers, Kathleen, 2010, "'Anger is Why We're All Here': Mobilizing and Managing Emotions in a Professional Activist Organization," *Social Movement Studies* 9(3):273-291.

Rosie, Michael and Gorringe, Hugo, 2009. "The Anarchists'World Cup": Respectable Protest and Media Panics," *Social Movement Studies* 8(1): 35-53.

佐藤健二・吉見俊哉（編）、二〇〇七、『文化の社会学』有斐閣アルマ

Skocpol, Theda, 1979, *States and Social Revolutions: A Comparative Analysis of France, Russia and China*, Cambridge University Press.

Scott, James C., 1985, *Weapons of the Weak: Everyday Forms of Peasant Resistance*, Yale University Press.

塩原勉、一九七六、『組織と運動の理論――矛盾媒介過程の社会学』新曜社

白石草、二〇〇六、「まるごと！事実婚ライフ」『日経 WOMAN』ウェブサイト http://www.nikkei.co.jp/close/nwoman/?id=20060101rm290rm&Page=1、二〇一〇年二月二〇日最終アクセス

Smelser, Neal J. 1962, *Theory of Collective Behavior,* Free Press.（＝一九七三、会田彰・木原孝訳『集合行動の理論』誠信書房）

Snow, David A. and Robert D. Benford, 1988, "Ideology, Frame Resonance and Participant Mobilization," *International Social Movement Research* 1: 197-217.

Snow, Dvid A., 2007, "Framing Peocesses, Ideology, and Discursive Fields," Snow, D.A., Soule S.A. and Kriesi, H. eds., *The Blackwell Companion to Social Movements*, Blackwell Publishing :380-412

曽良中清司・長谷川公一・町村敬志・樋口直人（編）、二〇〇四、『社会運動という公共空間――理論と方法のフロンティア――』成文堂

絓秀実、二〇〇六、『1968年』ちくま新書

砂田一郎、一九七八、「市民運動のトランズナショナルな連携の構造――各国反原発運動間のコミュニケーションの発展を中心に」

『国際政治』五九：八一―一〇七

田原牧、二〇〇八、「情況への発言 墓守日誌（3）反G8闘争――『おとしまえ』はいま、どこをさまようのか」『情況 第三期』九（七）：九七―一〇一

高畠通敏、一九七六、「運動の政治学」『年報政治学』岩波書店：二五―四三

高橋徹、一九九六［一九六八］、「日本学生運動の思想と行動」似田貝香門・梶田孝道・福岡安則編『リーディングス日本の社会学 一〇 社会運動』東京大学出版会、一四五―一七七

高田昭彦、一九八六、「青年によるアイデンティティ探求と〝もう一つの〟社会の形成――六〇年代青年の求めたライフ・スタイル」『成蹊大学文学部紀要』二二：一六―六四

Tarrow, Sidney, 1998, *Power in Movement: Social Movement and Contentious Politics, 2nd ed.*, Cambridge University Press.（＝二〇〇六、大畑裕嗣監訳『社会運動の力――集合行為の比較社会学』彩流社）

Taylor, Verta, 1989, "Social Movement Continuity: The Women's Movement in *Abeyance*," *American Sociological Review* 54(5): 761-775.

Taylor, Verta and Whitter, Nancy, 1995, "Analytical Approaches to Social Movement Culture: The Culture of the Women's Movement," Johnston, H. and Klandermans, B. eds., *Social Movements and Culture*, University of Minnesota Press: 163-185.

徳永理彩、二〇一〇、「『セイファースペース』の可能性――フェミニストの直接行動と社会運動」『アナキズム』一三：一〇五―一一七

富井久義、二〇一二、「運動にあらたに参与する構成員の運動の理念とのつきあい――遺児学生があしなが運動において形成する重層化した秩序――」『社会学ジャーナル』三七：一三七―一五五

富永京子・大澤傑、二〇一二、「定期的な政治的機会の開放による抗議レパートリーへの影響――WTO閣僚会議とTRIPS協定をめぐるNGO行動を事例として」『Sociology Today』二〇：二六―三九

富永京子、二〇一三a、「社会運動のイベント性が生み出す運動参加――二〇〇八年北海道洞爺湖G8サミット抗議活動を事例として」『ソシオロジ』五七（三）：一〇九―一二六

富永京子、二〇一三b、「グローバルな運動をめぐる連携のあり方――サミット抗議行動におけるレパートリーの伝達をめぐって」『フォーラム現代社会学』一二：一七―三〇
富永京子、二〇一三c、「社会運動における離脱の意味――脱退、燃え尽き、中断をもたらす運動参加者の人間関係認識――」『ソシオロゴス』三七：一七〇―一八七
Touraine, Alain, 1984, *Le retour de l'acteur: essai de sociologie*, Fayard. (=1988, *Return of the Actor: Social Theory in Postindustrial Society*, University of Minnesota Press.)
Traugott, Mark ed., 1995, *Repertoires and Cycles of Collective Action*, Duke University Press.
Tuğal, Cihan, 2009, "Transforming Everyday Life: Islamism and Social Movement Theory," *Theory and Society* 38: 423-458.
Turner Ralph and Killian Lewis, 1957, *Collective Behavior*, Prentice-Hall.
Van Dyke, Nella and McCammon, Holly J. eds., 2010, *Strategic Alliances: Coalition Building and Social Movements*, University of Minnesota Press.
Wall, Derek, 1999, *Earth First! and the Anti-Roads Movement: Radical Environmentalism and Comparative Social Movements*, Routledge.
Wang, Dan J. and Soule, Sarah A., 2012, "Social Movement Organizational Collaboration: Networks of Learning and the Diffusion of Protest Tactics, 1960-1995," *American Journal of Sociology* 117(6): 1674-1722.
Wasserman, Stanley and Faust, Katherine, 1995, *Social Network Analysis: Methods and Applications*, Cambridge University Press.
渡邊太、二〇一二、『愛とユーモアの社会運動論――末期資本主義を生きるために』北大路書房
渡邊勉、二〇〇一、『政治構造と社会運動――社会運動の合理的選択理論』東北大学大学院文学研究科 博士論文
Wood, Lesley J., 2012, *Direct Action, Deliberation, and Diffusion: Collective Action after the WTO Protests in Seattle*, Cambridge University Press.
矢部史郎、二〇〇八、「洞爺湖サミットに反対する国際旅団は、現地キャンプで何をしたか」『リプレーザ』七：二六六―二七五
山口智美・斉藤正美・荻上チキ、二〇一二、『社会運動の戸惑い――フェミニズムの「失われた時代」と草の根保守運動』勁草書房

山田真裕、二〇〇四、「投票外参加の論理――資源、指向、動員、党派性、参加経験」『選挙研究』一九：八五―九九
山本英弘、二〇〇五、「参加理由からみるイラク戦争抗議運動――質問紙調査における自由回答の分析から」『社会学研究』七七：一二五―一四七
山本英弘・渡邊勉、二〇〇一、「社会運動の動態と政治的機会構造――宮城県における社会運動イベントの計量分析、一九八六―一九九七」『社会学評論』五二（一）：一四七―一六二
與倉豊、二〇一二、「地方開催型見本市における主体間の関係性構築――諏訪圏工業メッセを事例として」『経済地理学年報』五七（三）：二二一―二三八
〇八年G8サミット反対実行委員会、二〇〇九、『〇八年G8サミット反対闘争報告集』〇八年G8サミット反対実行委員会
二〇〇八年G8サミット市民フォーラム北海道、二〇〇九、『二〇〇八年G8サミット市民フォーラム北海道最終報告書』二〇〇八年G8サミット市民フォーラム北海道

あとがき

友達とずっと友達でいたいという思いと、家族とずっと家族でいたいという思いが、私に研究を続けさせ、この論文を書かせた。

育った土地を出て、別の土地で過ごすようになって六年間近く経つが、ずいぶんいろいろなことがあったと思う。結構出歩いたのでたくさん友だちができたが、なくした友だちもいっぱいいる。家族もだいたいいなくした。祖母が亡くなったのはともかく、そのあといろいろあって父とは会えなくなり、家をなくした。親族ともずいぶん疎遠になった。

その中で、なんでみんな普通に生きているだけなのに、かつてはあれほど愛していたのに、友達と友達でなくなってしまうのか、なぜ家族が離れ離れになってしまうのか、ということを不思議に感じた。そのことを、自分の問題意識と関連させながら書いてみたいと思った。できれば書いていく中で、友達とそのまま友達で、家族とずっと家族でいる方法が見つかればいいと思った。

私たちは生きている中でこだわりやしきたりができる。譲れないものやこうでなければならないというものができる。選好も生まれるし優先順位もできる。相容れないものもたくさん出てくるだろう。「わかり合えるはずだ」と思って生きているが、私たちの譲れないもの、守りたいもの、優先するものは生活のあらゆる微細な振る舞いに現れる。それは、生きていくためのお金をどこから調達するか、どこで生きていくか、といった大きなものから、日々何を食べて生きるか、どんな音楽を聴くか、余暇はどう過ごすか、なんて小さなものもある。そういうことがいちいち衝突したから、離れざるを得なかったし、ばらばらにならざるを得なかったのだろう。
しかし、何かを一緒に目指しているとき、寝食をともにしているとき、つまり過程を共有する中で、確かにある瞬間、信頼できていると思うことがあった。愛していると感じられることがあった。今ではもう遅すぎるが、その思い出さえあれば、もう十分だという気もしている。

政治に関心を持ったのは、中島興世氏との交流が大きい。先生とお話したことは数限りないが、ある友人が選挙に出馬した時の、「政治に関わることが、その人の人生にとっていいことであるとは限らない」という発言が、今も頭から離れない。その時から、人が生きる上で政治に関わるとはどういうことで、その人の人生にどのような影響を及ぼしうるものなのか、なんとなく考えるようになっていた。はじめてお会いしてから、もう十年が経つ。あの頃の理想とはずいぶんかけ離れてしまい、何度かお会いする今でも、どことない後ろめたさがある。しかし、いまこういう形で、自分の思っていることが過去と繋がっていることをお伝えしたいし、数年をかけて解くべき問題意識を与えてくださったことを、心より御礼申し上げたいと思う。

先に書いたような事情もあって、私には「居場所」がない。だからこそ、ある場ある時を共有し、経験を共有さえすれば違う人が分かり合えるのだ、という経験運動論の主張に対して、何がしか思うところもあったのかもしれない。ほかの「家族」にとってどうかは分からないが、すくなくとも私の好ましいとする思い出は、家や地域ですごす日常より、むしろ法事や誕生日パーティー、親族の食事会といった出来事の側にあったことも、その思いに拍車をかけた。
自分の研究生活もまた、日常というよりは出来事の連続といったほうがふさわしく、私にとって博論の執筆は、多くの友達との色々な出来事に支えられた気がする。研究者としての規範や倫理、こだわりやしきたりを全うしているとは言えない私の日常は、つねに出来事を通じた人間関係に守られていた。

上智大学ＫＨ研究会、ふわ研、ネオナショナリズム研究会、反レイシズム共同研究、社会運動論基礎勉強会、IMO研究会、社会運動論研究会、数理社会学研究会、Essex Summer School、INSNA、ASNA、EASN、数理社会学会、日本社会学会、関東社会学会、関西社会学会、日本選挙学会、International Sociological Association を通じて出会った先生方、先輩方、同僚がいなくては、今ここにいることもできなかったと思う。私は毎年、あるいは二年おきや三年おきのイベントのたび、みんなに会いたくて、追いつきたくて研究を続けていたような気がする。

とりわけ、共同研究者・共同執筆者であった樫田美雄先生、大澤傑氏、Vinicius Furuie, Ernesto Cruz Ruiz、共同で学会等のオーガナイザーを行った高橋康二先生、寺地幹人先生、Christoph Haug は、単に出来事を共有する以上に、本当にいろいろなことを教えてくださった。お世話になった方々の名前を挙げていけばきりがないのだが、矢澤修次郎先生、高田昭彦先生、園田茂人先生、中筋直哉先生、橋本努先生、肥前洋一先生、稲葉奈々子先生、樋口直人先生、松井隆志先生、西城戸誠先生、木村正人先生、本郷正武先生、濱西栄司先生、加藤伸吾先生、藤田泰昌先生、西脇靖洋先生、竹中健先生、明戸隆浩氏、曺慶鎬氏、青木義幸氏、富井久義氏、小杉亮子氏、浜田忠久氏、Alisa Puuistanen、Annamari Konntinen 先生、John Young-Sin、Joshua Rickard、Hyun Jeong-Im、との議論は、本研究の各所に活きている。

上智大学ＫＨ研究会の先輩方は、常に基礎的な点から議論を組み立てる手助けをして下さった。彼らの穏やかさと丁重さに憧れ、こんな先輩になりたいと思ったが、まだなれていない。数理社会学研究会の先輩方からは、いつも触れ合っている活動家の人びとや彼らのサブカルチャーを社会学的考察の対象として見なす冷静さをいただいた。彼らとのフランクで時に子供っぽいやりとりに、自分の緊張がどれほどほぐれたかわからない。社会運動論研究会の先生方ほど厳しく、率直な方々には世界のどこをあたってもお会いできなかったが、思いやりにあふれ、誰より嘘をつかない、真摯な研究者の方々であり、私もそうなりたかった。時代の最先端を走るネオナショナリズム研究会、反レイシズム共同研究の先生方からいただいた鋭いご指摘にどれほど応えられるものかはわからないが、本書はおそらく我々が解こうとする問いに関連するものでもあると思う。社会運動論基礎勉強会の先輩、後輩、同期とは、飾らず、背伸びせず、その時の問題意識を打ち明けることができた。

出来事に狂う一方で、慣れない土地で少しずつ日常を形成する必要があった。その過程で、日々接している先生方、先輩方、同期、後輩たち、友人には感謝してもしきれない。東京大学大学院人文社会系研究科社会学研究室の先生方と同僚には、心より感謝の意を申し上げたい。振れ幅が大きく、なじもうとすると過度になじみすぎ、離れようとすると過度に離れてしまい、なかなかうまく適応できなかった自分に対しても、皆さん優しかった。佐藤健二先生は、私以上に私の研究の未来や可能性を把握して下さった。先生がいなければとうにこの対象と向き合うこともやめていたし、社会運動論に貢献したいという気持ちも失せていたと思う。松本三和夫先生、赤川学先生、出口剛司先生には、博士論文の審査過程を通じて、あたたかい励ましとご助言をいただいた。

佐藤ゼミの三浦倫平先輩、武岡暢先輩、原田峻先輩、鈴木親彦氏、塩谷昌之氏、品治佑吉氏の助けがなくては、この博士論文も完成していない。常松淳先生、土屋敦先輩、米澤旦先輩、開田奈穂美先輩、河村賢先輩、姫野宏輔先輩、藤田研二郎氏、張継元氏、馬渡玲欧氏といった方々と過ごした日々もいい思い出だ。上智大学総合グローバル学部でお世話になった野宮大志郎先生は、あまりに不安定な私の生活についていつも心配をおかけしてしまった。自分ひとりでは到底得られないような機会を沢山いただいた。すべて思い出そうとしても思い出せないほどだ。この論文を書く過程で、早稲田大学文学学術院の山田真茂留先生のご助言から、いつも新鮮な気づきを得ることができた。山田ゼミの畑山要介先輩、高橋かおりさん、酒井宏明くんと毎週お会いできるのがいつも楽しみだった。統計数理研究所の吉野諒三先生からいただいたアドバイスやデータは、まだまだ活かすことができていないが、本書の問題意識の端緒となっている。明治大学の大畑裕嗣先生には、研究会、学会、そして博論審査の折に、いつも、私のやりたいこと、やってきたことを見てくださった上で、素敵なコメントと力強い励ましを頂いた。もう先生はお忘れになられたかもしれないが、論文がなかなか陽の目を見ず、苦しんでいた私を、先生の一言が救って下さった。

修正の過程を支えてくれたのは、武田俊輔先輩だった。出来事から出来事を移動する、慌ただしい独りの旅が終わった時、いつも彼が待っていていてくれていた。大勢の友達との騒がしい会合を終えた後、彼と静かな時間を過ごすのが好きだった。居場所と日常をもたない私に、それに近いものをいつもくれた。

いつも距離にかかわらずお世話になっている友人の名前を挙げるときりがないが、とりわけ岡本英輝、和田慈、本田純一、金澤悠介、五十嵐彰には心よりのお礼を申し上げたい。岡本が私の提供したささやかな機会に刺激を受け、喜んでくれるたび、もっと長くこの世界にいたいと思うようになった。和田とはいつも、色々な場所で他愛無い話をしながらお互いの作業をした。査読を乗り越えたとき、助成金を獲得したとき、和田がいっしょに心から喜んでくれたからこそ、こうして続けられているのだと思う。本田がこの文章を読むものか否か、私にはもう分からないが、ずいぶん迷惑をかけてしまった。しかし彼なしで私の生活が成り立ったとは到底思えない。本書の第四章は金澤の助力なしでは書き得なかったが、それはそうとしてもっと多くの大切なものをもらった。これからも助けあって研究していきたい。お互いに孤独な研究生活の中、五十嵐氏とは、執筆中、チャットをし、ずいぶん励まされた。

長いこと一緒に過ごした人々のうち家族と呼べる存在は妹と母親だけになったが、土地を離れて、何もかも失ってはじめて、最も身近なふたりの女性を、家族という組織の構成員でなく、ふたりの異なる個人として尊重できるようになった。私たちはもう前のままではいられないし、かつてのように日常を共有することもないだろう。だからこそ、これから起こり来る色々な出来事を通じて、新しい関係を築くことができるんじゃないかと思う。

最後に、私の日常と出来事を形成する上で不可欠な人びと、私の先生であり、友人であり、先輩であり、インフォーマントの方々であり、社会運動の時間と空間を共有した人々にお礼を申し上げたい。このような論文を書くらいだから一目瞭然なのだが、私はこの世界の常識について驚くほど無知だった。彼らの「こだわり」や「しきたり」と、それをめぐる連帯の形成や理念の衝突に、強く共感する瞬間があれば、失望を抑えきれなかったときもあった。この論文で使っているひとつひとつの表現を見て、遺憾に思う方も多くいらっしゃるのではないかと思う。研究論文という媒体であることや、社会学の研究であるという点を踏まえていくつかの表現を選んだため、必ずしも社会運動(あるいは市民活動、アクティヴィズム、政治運動)的にみて正しい選択をしたとはとてもいえないだろう。この点についてはどうかご寛恕いただき、その上でご感想やご批判をいただければとても嬉しく思う。

自分が理念の面でも行動の面でも、フレームに完全に同調することもできず資源を振り向けることもできず、「活動家」「アクティヴィスト」になりきれないことが辛かった。そういう中、日常こそが運動だと教えてくれたのもまた社会運動に携わる人々だった。二三歳から二八歳になるまでの間、六年近い期間は驚くほど長いようで短く、そのわりに自分の身にもずいぶん色々なことがあった。そのたびに励ましてくれ、優しく迎えてくれ、ときには相談しながら身の回りのいろいろな事柄を処理したが、今にして思えばそれはすべて社会運動だったのだろう。

本書は東京大学大学院人文社会系研究科二〇一四年度博士論文『社会運動のサブカルチャー化――「二〇〇八年G

8サミット抗議行動」での経験に焦点を当てて』を書籍化したものである。

二〇一一年度の調査に関しては布施学術基金、生協総合研究所研究助成金、二〇一二年度・二〇一三年度、二〇一四年度の調査は科学研究費補助金（特別研究員奨励費）による。また一部は、独立行政法人日本学術振興会「組織的な若手研究者等海外派遣プログラム」（二〇一二年度）、アメリカ文化研究財団「アメリカ文化研究奨励金」（二〇一三年度）、大学共同利用機関法人 情報・システム研究機構 統計数理研究所の援助によるものである。

また、本書の刊行は科学研究費 研究成果公開促進（学術図書、二〇一六年度）による。

本書の刊行にご尽力下さったせりか書房 船橋純一郎氏に深く感謝の意を申し上げる。

富永京子

著者紹介

富永　京子（とみなが　きょうこ）

1986 年生まれ、立命館大学産業社会学部准教授。

専攻は社会運動論・国際社会学。北海道大学経済学部卒。東京大学大学院人文社会系研究科博士課程修了後、日本学術振興会特別研究員（PD）を経て、2015 年より現職。

著書に『社会運動と若者』（ナカニシヤ出版）、『奇妙なナショナリズムの時代』（共著、岩波書店）、『サミット・プロテスト』（共著、新泉社）。主な論文として、「社会運動における離脱の意味」（『ソシオロゴス』37 号）、「社会運動と『逮捕』」（『年報社会学論集』27 号）など。


社会運動のサブカルチャー化――Ｇ８サミット抗議行動の経験分析

2016年 9月30日　第 1 刷発行
2017年 8月10日　第 2 刷発行

編　者　富永京子
発行者　船橋純一郎
発行所　株式会社 せりか書房
〒 101-0064　東京都文京区千石 1-29-12　深沢ビル二階
電話 03-5940-4700　http://www.serica.co.jp
印　刷　中央精版印刷株式会社
装　幀　工藤強勝

ISBN 978-4-7967-0356-7